T4-ADM-254

BRIEFWECHSEL

HUSSERLIANA

DOKUMENTE

BAND III
BRIEFWECHSEL

TEIL 10
EINFÜHRUNG UND REGISTER

VERÖFFENTLICHT VOM HUSSERL-ARCHIV (LEUVEN)
UNTER LEITUNG VON
SAMUEL IJSSELING

EDMUND HUSSERL

BRIEFWECHSEL

Band X
EINFÜHRUNG UND REGISTER

In Verbindung mit
ELISABETH SCHUHMANN
herausgegeben von
KARL SCHUHMANN

KLUWER ACADEMIC PUBLISHERS
DORDRECHT / BOSTON / LONDON

Library of Congress Cataloging-in-Publication Data
Husserl, Edmund, 1859-1938.
    [Correspondence]
    Briefwechsel / Edmund Husserl ; in Verbindung mit Elisabeth
  Schuhmann herausgegeben von Karl Schuhmann.
      p.   cm. -- (Husserliana Dokumente ; Bd. 3)
    Contents: Bd. 1. Die Brentanoschule -- Bd. 2. Die Münchener
  Phänomenologen -- Bd. 3. Die Göttinger Schule -- Bd. 4. Die
  Freiburger Schüler -- Bd. 5. Die Neukantianer -- Bd.
  6. Philosophenbriefe -- Bd. 7. Wissenschaftlerkorrespondenz -- Bd.
  8. Institutionelle Schreiben -- Bd. 9. Familienbriefe -- Bd.
  10. Einführung und Register.
    Includes bibliographical references and index.
    ISBN 0-7923-1925-7 (set : alk. paper)
    1. Husserl, Edmund, 1859-1938--Correspondence. 2. Philosophers-
  -Germany--Correspondence. 3. Philosophy. 4. Phenomenology.
  I. Schuhmann, Elisabeth. II. Schuhmann, Karl. III. Title.
  IV. Series.
  B3279.H94H89   1993 Bd. 3
  193 s--dc20
  [193]   92-27500

ISBN Set: 0-7923-1925-7

ISBN	0-7923-2173-1	Band I	Die Brentanoschule
ISBN	0-7923-2174-X	Band II	Die Münchener Phänomenologen
ISBN	0-7923-2175-8	Band III	Die Göttinger Schule
ISBN	0-7923-2176-6	Band IV	Die Freiburger Schüler
ISBN	0-7923-2177-4	Band V	Die Neukantianer
ISBN	0-7923-2178-2	Band VI	Philosophenbriefe
ISBN	0-7923-2179-0	Band VII	Wissenschaftlerkorrespondenz
ISBN	0-7923-2180-4	Band VIII	Institutionelle Schreiben
ISBN	0-7923-2181-2	Band IX	Familienbriefe
ISBN	0-7923-2182-0	Band X	Einführung und Register

Published by Kluwer Academic Publishers,
P.O. Box 17, 3300 AA Dordrecht, The Netherlands.

Kluwer Academic Publishers incorporates
the publishing programmes of
D. Reidel, Martinus Nijhoff, Dr W. Junk and MTP Press.

Sold and distributed in the U.S.A. and Canada
by Kluwer Academic Publishers,
101 Philip Drive, Norwell, MA 02061, U.S.A.

In all other countries, sold and distributed
by Kluwer Academic Publishers Group,
P.O. Box 322, 3300 AH Dordrecht, The Netherlands.

Printed on acid-free paper

All Rights Reserved
© 1994 Kluwer Academic Publishers
No part of the material protected by this copyright notice may be reproduced or
utilized in any form or by any means, electronic or mechanical,
including photocopying, recording or by any information storage and
retrieval system, without written permission from the copyright owner.

Printed in the Netherlands

INHALTSVERZEICHNIS

Einführung in die Ausgabe	1
Verzeichnis der Briefpartner Husserls	71
Chronologisches Verzeichnis der Briefe Husserl	77
Chronologisches Verzeichnis der Briefe an Husserl	113
Veröffentlichungen Husserls	133
Werkentwürfe und Vorträge Husserls	137
Vorlesungen und Übungen Husserls	139
Namenverzeichnis	145
Institutionenverzeichnis	177
Verzeichnis geographischer Namen	193
Nachweis der veröffentlichten Manuskripte	207

EINFÜHRUNG IN DIE AUSGABE

I

„Ein Brief ist doch ein Besuch", hat Husserl gelegentlich bemerkt (III, 29).[1] Selber brachte er, der weithin als solipsistisch geltende Denker, in seinem langen Leben vielen seiner Zeitgenossen eine nicht geringe Anzahl solcher zum Teil ausführlicher Besuche. So galt ihm zum Beispiel schon 1886 eine durch äußere Umstände erzwungene neuntägige Briefpause gegenüber seiner Braut als empfindlich (I, 3), und noch ein halbes Jahrhundert später führt er seinen eigenen Worten zufolge eine „überreiche Correspondenz" (IV, 76).[2] Seine Feststellung: „Ich habe unmenschlich viel Briefe zu schreiben" (IX, 400) ist ebensosehr Seufzer über die „Allotria" (III, 340) zeitraubender Korrespondenzführung wie Ausdruck der Genugtuung darüber, daß er den vielfachen drängenden Forderungen einer Zeit und Gesellschaft, in der er sich verwurzelt weiß, durchaus gerecht zu werden vermag.

Dabei galt das Briefeschreiben Husserl immer nur als zweitbeste Art des Gedankenaustauschs mit seinen Mitmenschen. Dies vor allem gegenüber befreundeten Personen. Seinen Wunsch nach persönlicher Aussprache statt eines Briefwechsels auf Distanz bringt er nicht nur gegenüber dem Jugendfreund Masaryk, der inzwischen zum Staatspräsidenten der Tschechoslowakei aufgestiegen war, zum Ausdruck (I, 115), sondern auch gegenüber dem eher unbekannten Baudin. Es sei doch „schöner, sich persönlich, von Freund zu Freund ... auszusprechen, in der Lässigkeit, aber auch wirksameren Kraft persönlichen Ausdrucks, statt brieflich, gebunden durch die Conventionen literarischer Formung" (VII, 17). So sehr er in seinen Briefen diesen Konventionen Genüge tat – oft ist er dennoch ein herzenswarmer Briefschreiber, der sich auch in verschiedenen an ein und demselben Tag geschriebenen Briefen ganz auf die besonderen Nöte und die Situation des einzelnen Briefpartners einzustellen vermag –, so wenig sieht er in ihnen das für eine persönliche Beziehung zum Adressaten entscheidende Moment. Briefe bleiben auch ihm bloßes „Mittel der Verständigung zwi-

---

[1] Zitate aus Husserls Briefen werden im folgenden im Text selber in Klammern nachgewiesen durch Angabe von Band- (in römischen) und Seitenzahl (in arabischen Ziffern) der vorliegenden Ausgabe.
[2] Dennoch ist festzuhalten, daß Husserl als Briefschreiber nicht entfernt so fruchtbar war wie etwa Leibniz, Locke, Voltaire oder auch Georg Christoph Lichtenberg.

schen Abwesenden"[3] und sind insofern ein unbefriedigender Ersatz für das persönliche Gespräch, den wirklichen Besuch.

Da sie oft nur Unvermeidlichkeiten darstellen, sind es teilweise äußere Konstellationen, die Husserl zum Schreiben veranlassen. So wird er im Januar 1916 „eine Art Schreibmaschine" (III, 341), als er anläßlich seiner Ernennung zum Professor in Freiburg auf die vielen Glückwunschbriefe antworten muß, oder schon vorher, als er 1914 zum herannahenden Weihnachtsfest seinen „Schreibtisch etwas in Ordnung" bringen will (III, 337). Daß Husserl seiner Tätigkeit als Briefschreiber nur beschränkte Bedeutung beilegt, zeigt sich auch darin, daß er manchmal erst zur Feder greift, wenn er nicht in der Lage ist, seine Zeit ersprießlicher zu nützen. Ein langer Brief an den ihm persönlich nahestehenden Bell kommt 1922 nur zustande, weil er, von der Lehrtätigkeit des Tages ausgelaugt, „nun doch nichts Rechtes mehr arbeiten kann" (III, 43). Ähnlich schreibt er zwei Jahre später aus seinem Weihnachtsurlaub dem von ihm ebenfalls sehr hochgeschätzten Ingarden: „Heute ist Regenwetter eingetreten, und sogleich schreibe ich Ihnen" (III, 222).

Einer der Gründe, die Husserl das Briefeschreiben schwer machten, war das verständliche Unvermögen so gut wie aller seiner Korrespondenzpartner, die ihm geläufige Gabelsberger Stenographie (älterer Version) zu lesen. In der zweiten Hälfte des 19. Jahrhunderts war es üblich, daß Studenten die Vorlesungen ihrer Professoren so gut wie wörtlich mitstenographierten. Husserl ging früh über diese Gepflogenheit hinaus, indem er auch eigene Manuskripte, sofern sie nicht für den Druck bestimmt waren, zunächst wohl bloß der Kürze halber ebenfalls in Stenographie abfaßte. Das war ihm schon vor 1900 so sehr zur Gewohnheit geworden, daß der Gebrauch der gängigen Langschrift ihm eine nicht ganz selbstverständliche Anstrengung bedeutete. Schon 1897 frug er bei Natorp an, ob er ihm „künftig in stenographischer Schrift" schreiben dürfe (V, 64), und noch 1932 richtete er die gleiche Frage an Gurwitsch (IV, 105). 1930 hatte er Pannwitz den Grund solcher Anfragen mitgeteilt: „Ich kann mich nur stenographierend frei aussprechen" (VII, 216). Was anfänglich eine Frage persönlicher Bequemlichkeit gewesen sein mag, hatte sich im Lauf der Jahre zu einer Art Kommunikationshemmnis entwickelt.[4] Husserl hatte sich in eine unbequeme Lage manövriert. „Wenn ich recht von innen her mich ausströmen

---

[3] So die Definition des Briefs bei Georg Steinhausen, *Geschichte des deutschen Briefes. Zur Kulturgeschichte des deutschen Volkes*, I. Theil, Berlin 1889, S. III.

[4] So muß er etwa August Messer gestehen, er habe angefangen, ihm zu schreiben, aber „leider habe ich den Entwurf nach alter Gewohnheit stenographiert, so daß ich Ihnen auch diesen nicht zugehen lassen kann" (VII, 175).

soll, philosophisch, aber auch persönlich, muß ich stenographieren" (III, 10). Aber gerade das war ihm so gut wie in allen Fällen verwehrt. Nur den wenigen, die seine Stenographie erlernt hatten (Heidegger, Fink) oder sie von Haus aus mehr oder weniger beherrschten (Landgrebe, Mahnke), konnte er darum in einer auch ihn selber zufriedenstellenden Weise schreiben.

Insofern ist vor der Annahme zu warnen, in Husserls Briefen fänden sich noch am ehesten seine letzten und tiefsten Einsichten ausgesprochen, bewegten sie sich doch im Raume einer sozusagen privatesten Öffentlichkeit. Dennoch weiß jeder Kundige, wie sehr Husserls Briefe sein Denken, insbesondere auch seine größeren Arbeitsvorhaben beleuchten, so daß ihre Kenntnis für das Verständnis seiner Philosophie unentbehrlich ist.[5] Auch bei Husserl steht „die Korrespondenz als unmittelbarste uns überlieferte Bekundung des Lebens nicht zufällig und getrennt neben den Schriften, sondern bildet eine unlösbare Komponente von ihnen".[6]

Dazu paßt, daß Husserl das Problem seiner Stenographie sehr wohl zu meistern wußte – sei es, daß seine abgesandten Briefe eigene Abschriften stenographischer Entwürfe darstellen, oder daß er in einigen Fällen die langschriftliche Abschrift seiner Frau, in den Jahren nach 1923 seinen Assistenten Landgrebe und später Fink für die Schreibmaschine überlassen konnte.[7] Wie auch immer: Wenn Husserl auf ihn besonders berührende Briefe nicht nur „im Kopfe" Antwortbriefe entwarf (III, 344), sondern sich tatsächlich schriftlich „auszuströmen" begann, tat er dies automatisch in Stenographie (III, 10). Noch 1934 beschreibt er, wie es ihm in solchen Fällen zu ergehen pflegt: „Plötzlich überfällts mich ... u. halb unbewußt werfe ich auf irgend einen Papierzettel stenographisch Briefe hin" (VII, 219).

Meist aber dauert es geraume Zeit, bis er Zeit und Ruhe zu wirklichen Antwortbriefen findet. Oft muß er die Ferien abwarten (I, 35), und es ist

---

[5] Man denke etwa an die erhellende Rolle, die Briefzitate in den Einleitungen zu den verschiedenen Bänden der *Husserliana* spielen.

[6] Ernst Behler, „Einleitung", in Bd. XXIII der Kritischen Friedrich-Schlegel-Ausgabe, Dritte Abteilung: *Briefe von und an Friedrich und Dorothea Schlegel*, Paderborn und Zürich 1987, S. XXX, über Schlegel.

[7] Vgl. Ludwig Landgrebe, „Erinnerungen an meinen Weg zu Edmund Husserl und an die Zusammenarbeit mit ihm", in Hans Rainer Sepp (Hrsg.), *Edmund Husserl und die phänomenologische Bewegung*, Freiburg/München 1988, S. 22: „Nebenher gab es für mich andere Aufgaben, vor allem das Tippen seiner Korrespondenz, das für mich sehr lehrreich war, weil es sich dabei zumeist um die Berufung von Philosophen auf Lehrstühle der Philosophie anderer Universitäten handelte." Seine Briefe mehr persönlichen Inhalts hat Husserl Landgrebe also nicht in vollem Umfang anvertraut.

jedenfalls nicht ungewöhnlich, daß er auch liebsten Freunden erst nach Wochen (z.B. IV, 73 und III, 95), Monaten (II, 35), einem halben Jahr (III, 484), ja nach „mehr als einem Jahr" antwortet (III, 55). Und dies, obwohl ihn ihre Briefe sehr erfreuen, er sie wiederholt liest und „auf meinem Schreibtisch ... ständig vor meiner Nase" liegen hat (III, 484). Er bittet sogar immer wieder um briefliche Nachrichten, obwohl er im voraus weiß, daß er kaum Zeit zur Beantwortung finden wird. So schreibt er an von Spett: „Bitte schreiben Sie mir wieder und seien Sie nur nachsichtig (wie Sie mir es mit Handschlag versprochen haben), wenn meine Antworten auf sich warten lassen" (III, 540). So sehr er sich deswegen in der Schuld seiner Briefpartner weiß (III, 55 und 253), sieht er doch meist keine Chance, diesem Zustand beizeiten abzuhelfen. Zwar will es einmal vorkommen, daß er erst sehr spät antwortet, weil er es „zu gründlich machen" (III, 420) wollte und statt des beabsichtigten Briefs eine halbe Abhandlung niederschrieb, die dann abzuschließen er nicht die Zeit fand. Manchmal auch überlistet er sich selber: „Ich schreibe am Besten sofort", da abzusehen ist, daß die Antwort sonst wieder auf sich warten läßt (III, 300). Oft ist es jedoch so, daß er „fast nicht weiß, wo und wie ich den verbindenden Faden wieder anzuknüpfen habe" (IX, 20). Den Normalfall beschreibt ohne Zweifel Husserls Brief von 1920 an seine Cousine Flora Darkow: „Selbst in den Ferien konnte ich mir keinen Tag Ruhe gönnen u. wichtige wissenschaftliche Correspondenzen müssen oft viele Monate liegen bleiben" (IX, 162).

Der Grund für diese Hintansetzung des Briefwechsels und für seine in Husserls Augen nur sekundäre Bedeutung ist weniger in zeitweiliger Mißgestimmtheit, in drängenden Nöten des Tages, ja nicht einmal darin zu suchen, daß er persönlich lieber irgendwelche ihn gerade interessierende philosophische Probleme verfolgte, als daß er seinen Pflichten als Korrespondenzpartner genügt hätte. Gewiß, all das spielt hin und wieder eine Rolle. 1892 sind „Verstimmungen, Sorgen und drängende Arbeiten" die Ursache seines Stillschweigens (I, 9). 1907 schreibt er erst spät, da er „von Tag zu Tag in Athem gehalten" ist „durch eine schwierige analytische Untersuchung", die er lieber nicht unterbricht (II, 15; vgl. III, 95). 1921 will er von seinem Feriendomizil aus zwar schreiben, aber sobald er seine großen Manuskriptkoffer öffnet, ist er verloren: „Alsbald packten mich alte Probleme, alte Pläne und nun sind 7 Wochen vergangen" (III, 21). 1930 findet er die innere Ruhe zum Schreiben erst, als „die Reihe schwieriger Überlegungen, die mich seit zwei Monaten leidenschaftlich beschäftigen, zu einem gewissen Abschluss gekommen" ist (VI, 179). Und noch 1936 will er sich nicht durchs Briefeschreiben ablenken lassen, um „die innere Continuität" der ihn soeben beschäftigenden Gedanken „nicht zu verlieren" (IV, 76). Wenn Husserl dabei lediglich seinen persönlichen Neigungen nachgäbe, wäre all das indessen von untergeordneter Bedeutung. Doch den tieferen und allgemeinen Grund seines häufigen Schweigens deutet ein Brief von 1922 an: „ich werde aus aller Welt so mit Anfragen, mit Msc.sendungen u.dgl. in Anspruch genommen, daß ich meine Lebensarbeit einfach im Stiche lassen müsste, um nur z.Th. den oft recht deprimierten Correspondenten zu genügen" (II, 7).

Damit ist ein Stichwort geliefert, das in Husserls Briefen immer wieder auftaucht und sowohl von ihm selber als auch von ihm befreundeten Briefpartnern[8] angesprochen wird: Husserls Lebensarbeit oder Lebensaufgabe. Zwar handelt es sich dabei um einen seinerzeit gängigen Ausdruck.[9] Auch Husserl verwendet ihn in den Jahren 1905 (VI, 147) und 1906 (II, 32) – vorher kommt er in seinen Briefen nicht vor – kaum anders als die Zeitgenossen. Ab 1908 – ein Zusammenhang mit der inzwischen abgeschlossenen Ausbildung und sicheren Beherrschung der Methode der phänomenologischen Reduktion ist nicht auszuschließen – bedient er sich des Ausdrucks jedoch in emphatischer Weise (IX, 40). Diese seine „ungeheure Lebensaufgabe" (IX, 46) wird ihn von nun an nicht mehr loslassen. Ihretwegen nimmt er 1923 einen Ruf nach Berlin nicht an (III, 442 und 218; VIII, 112). Sie spricht er auch auf dem gedruckten Dankzettel an, den er 1929 den Gratulanten zu seinem 70. Geburtstag schickt.[10] Und noch Jahre später seufzt er unter der Last seiner „allzugroßen Lebensaufgabe" (IV, 199).

Was es damit auf sich hat, sei mit wenigen Worten umrissen. Als seine Lebensaufgabe betrachtet Husserl nichts Geringeres als „eine völlige Reform der philosophischen Wissenschaft" (IX, 171), „eine völlige Umwälzung des ganzen Stils, der notwendigen Problemstellung der gesamten Philosophie der Jahrtausende" (IX, 78), aus welcher Revolutionierung „eine völlig neuartige Philosophie" entstehen soll (III, 485). Als Husserlsche Phänomenologie gewinnt die Philosophie nämlich erstmals in ihrer jahrtausendealten Geschichte „den sicheren Gang wirklicher Wissenschaft"[11] (VI, 460). Doch damit nicht genug.

---

[8] Beispielsweise 1922 von Pfänder (II, 170), 1924 von Fritz Kaufmann (III, 346) und 1933 von Reiner (IV, 462).

[9] In vorliegender Ausgabe sprechen etwa Dilthey (VI, 43 und 51) und Eucken (VI, 92) von ihrer „Lebensarbeit" (vgl. auch Schröder über Frege: VII, 245).

[10] In vorliegender Ausgabe viermal abgedruckt (II, 112f.; III, 87 und 385f.; V, 187f.).

Es geht ihm nicht bloß um eine Positionsänderung im Spezialfach Philosophie. Deren Besonderheit liegt schließlich darin, daß sie nicht unverbunden und gleichgültig neben den sonstigen Wissenschaften steht, sondern als Grundlegungsdisziplin „die Grundlagen- und Methodenprobleme aller positiven Wissenschaften" in sich befaßt (IX, 75). Die Umwälzung der Philosophie meint darum zugleich eine Umwendung aller Wissenschaften. Ja, noch weiter erstreckt sich dieser revolutionäre Anspruch. Aufgrund der universalen Lebensbedeutsamkeit der Wissenschaften im Rahmen der die ganze Erde erobernden europäischen Gesamtkultur steht hier letzten Endes nicht weniger auf dem Spiel als eine grundlegende „Umbildung der Menschheit, die sie allererst in eine wahre und echte Menschheit verwandeln würde" (III, 163). Husserls Lebensarbeit gilt also alles in allem nichts Geringerem als dem, wenngleich vermittelten, Wirken „für eine neue wahrhaftige Menschheit" (III, 25).

Diese seine Lebensaufgabe steht im Zentrum von Husserls gesamtem Tun und Lassen. Ihr gegenüber haben seine persönlichen Interessen, Wünsche oder Vorlieben zurückzutreten. So ist ihm das Briefeschreiben an liebe Freunde nur allzu oft verwehrt. „Ich sehne mich vergeblich danach Ihnen **ausführlich** zu schreiben", gesteht er etwa Ingarden (III, 276). Denn die Treue zur Lebensaufgabe – zu seiner „Mission", wie Husserl es zumindest seit 1916 (III, 405) mit einem erhabenen Terminus immer wieder nennt – hat unbedingten Vorrang. Angesichts der Größe dieser Aufgabe muß er mit seinen Kräften haushalten. Eine so weit ausgreifende Aufgabe wie die seinige ist fast „zuviel für den Einzelnen" (II, 80). Den meisten Korrespondenzpartnern gegenüber betont er denn auch, daß, mit ihr gesegnet (oder vielleicht besser, geschlagen) zu sein, „kein Glück, sondern ein schweres Schicksal" ist (III, 224): „Das Schicksal hat mir auferlegt die schwierigsten Probleme, die der Menschheit je gestellt werden konnten, übernehmen zu müssen" (III, 450). Husserls Mission ist „eine ungeheure Last ... , der ich mich nie entledigen kann" (IX, 163f.). Durch ihre Größe und die Last der damit verbundenen Verantwortung ist sie fast wie ein Mühlstein an seinem Halse. Jedenfalls droht sie ihm das Geschäft des Briefeschreibens zu ersticken.

Fest steht, daß Husserl eine dergestalt uferlose und schier unbewältigbare Lebensaufgabe sich nicht leichtfertig, ja noch nicht einmal absichtlich und mit Berechnung gestellt hat. Nur weil er, „von Problem zu

---

[11] Diesen Ausdruck entlehnt Husserl der Vorrede zur 2. Auflage von Kants *Kritik der reinen Vernunft* (B VII).

Problem getrieben, nicht anders konnte" (III, 450), weil er den im Laufe seines Denkerlebens ihm „zugewachsenen absoluten Forderungen" sich stellen mußte (IV, 409), weil seine Gedanken auch für ihn selber „ein absolutes Muss" (VI, 371) darstellten, dem er sich nicht zu entziehen vermochte, ist ihm im Lauf der Jahre „unvermerkt" diese so einzigartige und außerordentliche Lebensaufgabe zugefallen (VIII, 183). Erst im Rückblick ging ihm auf, daß in seinem Denken „Größeres, viel Größeres geworden" war, „als ich je ahnen konnte" (II, 80). Und ebenfalls erst im Nachhinein konnte er feststellen: „Ich meine, gerader, zielbestimmter, prädestinierter, ‚dämonischer' ist eine Entwicklung nie gewesen" (IV, 412).

Mit letzterem Hinweis auf den Daimon, auf das Göttliche im sokratischen Sinne, das ihn in seiner Entwicklung geleitet und, ohne daß er sich dessen zunächst bewußt geworden wäre, auf seinen Höhenweg geführt hat, ist es Husserl durchaus ernst. Eine äußerst unwahrscheinliche Entwicklung wie die, welche den in die Jahre gekommenen, mit sich und der Philosophie hadernden Hallenser Privatdozenten zum wissenschaftlichen Begründer des einzig gangbaren Wegs der Menschheit zum „seligen Leben"[12] werden ließ: eine solche Entwicklung kann, wie Husserl seit 1908 betonte, nur „von oben her" gelenkt sein (IX, 40 und 164; III, 432; IV, 165; VII, 14).[13] Zwar ist, was Husserl dergestalt als nicht von ihm selber entworfene, sondern ihm von Gott zuerteilte Lebensaufgabe (vgl. IV, 412) begriff, zunächst lediglich die Summe jener Probleme, die ihn, statt von oben her, einfach „von innen her" (III, 25; VIII, 183) umtrieben; Probleme also, von denen er persönlich nicht lassen konnte. Aber in ihrem teleologischen Zug – daß sie ihn von unten aus zu den höchsten Höhen menschlicher Existenz und Berufenheit konsequent emporgeführt hatten – sieht er den Rechtsgrund für seine Auffassung, daß er „von innen her u. von oben her berufen" sei (V, 183; vgl. IX, 40). „Ich bin immer die Wege gegangen, die mir so sehr aus tiefster Innerlichkeit her vorgezeichnet waren, daß ich sie als von oben her bestimmte ansehen mußte", interpretiert er diese seine Daseinserfahrung (III, 433). Was ihm tiefste persönliche Notwendigkeit ist, steht, gerade weil es notwendig und unabänderlich ist,

---

[12] Dieser seinem hochgeschätzten Fichte entnommene Ausdruck gehört zum festen Bestand Husserlscher Formeln (vgl. IV, 409; V, 138; VI, 225).

[13] Eine Spur des hier spielenden, bei Brentano und seinem Urschüler Carl Stumpf bekannten Gottesbeweises aus der unendlichen Unwahrscheinlichkeit der faktischen geordneten Weltentwicklung angesichts der Möglichkeit unendlich vieler anderer Entwicklungen findet sich übrigens in Husserls Entwurf zu einem Brief an Brentano von Anfang 1894 (I, 15f.).

nicht in der freien Verfügungsmacht der Person und macht insofern ihre spezifische göttliche Berufung – macht, um noch einmal Fichte zu zitieren, die B e s t i m m u n g des Menschen aus.

Husserls Mission ist ihm eine von Gott her anvertraute und auferlegte Pflicht, die er „als reiner Functionär des Absoluten" (VII, 218) auszuführen sich lebenslang bemühte und auch mühen mußte, wie schwer ihm das angesichts der wechselnden, kaum jemals förderlichen Zeitumstände – die ihm feindlich gesinnte Fakultät in Göttingen, der Weltkrieg, das Elend Nachkriegsdeutschlands und schließlich der Ungeist der Naziherrschaft – im einzelnen auch fallen mochte. Im Gegenzug dafür darf er aber ganz konkret darauf vertrauen, daß jene Teleologie, die ihn über so vieles, ja fast über alles gesetzt hat, ihm aus eben jenen teleologischen Gründen die Erfüllung der daraus erwachsenden Pflichten auch prinzipiell möglich macht. Daher sein vertrauensvolles Wort: „Ich kann nicht glauben, daß ich abberufen werden soll, wo ich viel zu sagen habe, u. gerade das, was zu sagen meine Mission war" (III, 224). Dieses Vertrauen auf eine fürsorglich die Welt durchwaltende Teleologie, auf den Finger Gottes in seinem eigenen Dasein, spricht Husserl einmal in fast kindlicher Weise aus: „Ich kann nicht an den Unsinn glauben, dass all die, wie ich sicher sein m u s s, grundwichtigen Erkenntnisse (u. allen Wissenschaftlern so hilfreiche), die ich unter unendlichen Sorgen, Verzweiflungen, Mühen, schliesslich zur Reinheit bringen konnte, nicht fruchtbar werden sollten, weil so ein Stück Fleisch plötzlich mit Stoffwechsel u.dgl. str<e>iken wollte" (III, 46f.).[14] Und: „Ich werde zu Ende kommen und solange leben, weil ich muß" (IV, 92). Der Gedanke an Kants ethischen Schluß vom Sollen aufs Können legt sich nahe.

Husserls ganze Existenz und Persönlichkeit geht auf in der rückhaltlos gelebten Hingabe an die überwältigende Aufgabe der Heraufführung einer streng wissenschaftlichen Philosophie.[15] Seine Individualität zählt darin nichts, und er kann aufrichtig bekennen: „Wüsste ich eine Möglichkeit

---

[14] Da er mit einer exzeptionellen Aufgabe betraut ist, muß Husserl auch besondere Mittel für die Möglichkeit ihrer Ausführung einsetzen, etwa in der Sorge für seine Gesundheit und Arbeitsfähigkeit. „In meinem Alter braucht man, wenn die Leistungsfähigkeit für wissenschaftliche Arbeit erhalten bleiben soll, ja auch erheblich mehr, und auch mehr für Arzt etc. Was für andere Leute ein Luxus ist, wie solch eine Engadiner Kurreise, ist für mich geradezu Lebensnotwendigkeit" (IX, 68; als Husserl dies schrieb, war er schon 67).

[15] Was er 1919 über seinen Lehrer Franz Brentano schrieb, kann ohne Abstriche auf Husserl selber übertragen werden: „Die innere Gewißheit, auf dem rechten Wege zu sein und die allein wissenschaftliche Philosophie zu begründen, war ohne jedes Schwanken. Diese Philosophie innerhalb der systematischen Grundlehren, die ihm schon als gesichert galten, näher auszugestalten, dazu fühlte er sich von innen und von oben her berufen. Ich

– ich würde mein Werk anonym publiciren" (III, 26). Sobald er seine Aufgabe erfüllt hat, kann er „ruhig abmarschieren" (IX, 76). Andererseits bedeutet diese Konstellation aber auch, daß Husserl er selber ist nur als Philosoph, und daß sein Philosophentum seine Persönlichkeit restlos in Beschlag nimmt.[16] Sein Denken ist ihm „ganz persönliches" Ringen (III, 492), und der Sinn seines individuellen Lebens und die Erfüllung seiner Mission sind untrennbar eins (IX, 54). Als er ein Jahr vor seinem Tode glaubt, die *Krisis der europäischen Wissenschaften* noch fertigstellen zu können, schreibt er darum voller Zuversicht: „Fast möchte ich hoffen, daß ich den Kampf um mein Leben – das nur war u. ist u. verbleibt, wenn es sich in der Vollendung seines Lebenssinnes vollendet – doch noch bestehe" (VII, 227). Husserls Philosophieren ist zwar Einsicht in Wahrheiten von denkbar größter Tragweite. Es ist aber auch ganz persönlicher Kampf ums Dasein und um die Rechtfertigung seiner denkerischen Existenz vor sich selber.

*

Da seine Arbeit, wie er mehr und mehr sich überzeugen mußte, weitestgespannte welthistorische Dimension besitzt, ist es nicht verwunderlich, daß Husserl vor allem in seinen späteren Jahren, als er die Konturen seines ganzen Denkgebäudes hinreichend zu überblicken vermochte, die Historizität seines Tuns und Kämpfens reflektiert und sich die Frage nach dem Verhältnis seiner Phänomenologie zu den ihr vorhergehenden Philosophien vorgelegt hat. 1934 schreibt er: „Mich selbst beschäftigt seit langem schon das Problem, wie philosophiegeschichtliche Interpretationen für den philosophischen Selbstdenker in seinem aktuellen Philosophieren bedeutsam sind" (VI, 237). Es ist das keine müßige Frage, da er den Begriff seiner Arbeit (als einer p h i l o s o p h i s c h e n) ja aus der Geschichte übernommen hat – in der Zeit seiner Anfänge so sehr, daß er kaum zu seinem eigenen, für die Zukunft der Menschheit allentscheidenden Denken durchzustoßen vermochte. Weiter ist dies keine antiquarische Frage, da nur aus dem fruchtbaren Verhältnis zur Philosophiegeschichte sich entscheiden läßt, inwieweit sie in Husserls eigenem Denken aufgehoben und

---

möchte diese schlechthin zweifelsfreie Überzeugung von seiner Mission geradezu als die Urtatsache seines Lebens bezeichnen." (*Husserliana* XXV, S. 310).

[16] Als ihm sein Schwiegersohn Jakob Rosenberg zum 75. Geburtstag 100 Mark für ein Radio schenkt, damit er Konzerte hören könne, gibt Husserl ihm, obwohl ein Radio „ein alter Wunsch" von ihm ist, das Geld wieder zurück, da er sich Radiohören erst erlauben könne, wenn „die beiden Bände des neuen Grundwerkes d<er> Ph<änomenologie> heraus sind u. ich mir Ferien machen kann, also stille Stunden habe, frei von Übermüdung. Das ist jetzt noch fern, in den freien Abendstunden bin ich zu sehr aufgebraucht um Musik hören zu können." (IX, 438).

erfüllt ist, inwiefern er also die legitime Rechtsnachfolge der Gedankenarbeit von Jahrtausenden angetreten hat. Nur auf diesem Hintergrund lassen sich also Größe und Einzigkeit der Husserlschen Mission ermessen. So betreibt er Philosophiegeschichte jener allein wahren und echten Art, „die aus den dokumentarischen Überlieferungen die Entwicklungsstufen und Entwicklungsmotive des verborgenen philosophischen Lebensstromes nach Problemen, Ideen, theoretischen Entwürfen nachzuverstehen sucht – wozu nur ein wirklicher Philosoph befähigt ist" (V, 127).

In dieser historischen Perspektive ist Husserls Phänomenologie, wie gesagt, nichts weniger als „ein Versuch, die ursprüngliche Idee der Philosophie als universaler Wissenschaft (die alle möglichen Sonderwissenschaften in sich fasst) zu erneuern und sie in Form denkbar strengster Wissenschaftlichkeit in systematischen Gang zu bringen" (VI, 181). Diese ursprüngliche Idee sieht Husserl bekanntlich als von Platon gestiftet an, und seine eigene Stellung definiert er in jedem Fall unter Bezugnahme auf die „von Plato inaugurierte Weltepoche der Wissenschaft" (VI, 225). Für Husserls Selbstverständnis ist aber von nicht zu unterschätzender Bedeutung, daß er den Deutschen Idealismus als den letzten großen Kulminationspunkt dieser Geschichte und als letzte Wiedergeburt des platonischen Idealismus vor dem Auftreten der Phänomenologie betrachtet. Zwar ist er mit seinem Lehrer Brentano der Auffassung, dieser Idealismus könne in keiner Weise auf streng wissenschaftliche Methodik Anspruch machen.[17] Aber anders als Brentano ist er überzeugt, daß bei „Abstreifung aller Begriffsromantik das Große und ewig Bedeutsame im deutschen Idealismus" sich herausschälen läßt (V, 178). Dies aufgrund der spezifisch Husserlschen Unterscheidung zwischen Weltanschauungs- und wissenschaftlicher Philosophie. Wo die letztere sich in der Phänomenologie vollendet, kulminiert die erstere im Deutschen Idealismus. Aufgrund seiner Zugehörigkeit zur Brentanoschule sowie aufgrund der späten Ausbildung der genannten Unterscheidung hat Husserl begreiflicherweise lange gebraucht, bis er den Deutschen Idealismus in dieser Weise zu schätzen vermochte.[18] Erst 1918 kann er schreiben: „Wie wenig auf mich, den Werdenden, Kant u. der

---

[17] Vgl. Franz Brentano, *Die vier Phasen der Philosophie und ihr augenblicklicher Stand*, Stuttgart 1895. Dementsprechend galt auch Husserl in seiner Vorlesung des Winters 1887/88 der Deutsche Idealismus als „der trübe Dunst der idealistischen oder besser mystischen Afterphilosophie, der zunächst an Kant sich anknüpfte" (*Husserliana* XXI, S. 220).

[18] In seinen „Erinnerungen an Franz Brentano" von 1919 schreibt Husserl diesbezüglich: „In meinen Anfängen von Brentano ganz geleitet, kam ich selbst erst spät zu der Überzeugung, ... daß in den idealistischen Systemen völlig neue, und die allerradikalsten, Problemdimensionen der Philosophie zutage drängen" (*Husserliana* XXV, S. 309).

weitere deutsche Idealismus eingewirkt hat, für dessen inneren Sinn ich zunächst völlig blind war, sosehr hat sich meine Entwicklung ihm (den weltanschaulichen Intentionen, wenn auch durchaus nicht der Methode nach) angenähert" (V, 137). Seit damals zählt er sich zu jenen Philosophen, „die den tiefsten Motiven nach die innere Gemeinschaft mit dem deutschen Idealismus theilen" (V, 185), und weiß sich „mit den Führern der deutschen idealistischen Schulen eng verbunden" (V, 178). Inhaltlich fühlt Husserl sich unter seinen Zeitgenossen also nicht den Erben Brentanos mit ihrem Insistieren auf strenger Begrifflichkeit, sondern den Neukantianern Rickert und Natorp am nächsten. Was der Deutsche Idealismus als Weltanschauung propagierte, löst der Husserlsche Idealismus in streng begrifflicher Arbeit ein (und in dieser Ausrichtung bleibt Husserl zeitlebens Brentanoschüler). Wo dieser methodisch vorgeht, bietet jener die großen und die Anwendung der Methode leitenden Intuitionen an. Nach Inhalt und Zielstellung decken sie sich; nur besitzt die Phänomenologie obendrein die letztgültige Form der Begrifflichkeit.[19] Sie ist also in jedem Fall direkte Erbin und Blutsverwandte des Deutschen Idealismus. Am deutlichsten hat Husserl dieses Verhältnis 1918 gegenüber Natorp zum Ausdruck gebracht: „Wie immer ich als ganz vereinsamter Solus-ipse mir durch unwegsames Gestrüpp Wege bahnte (und ich bin ganz sicher, daß es unentbehrliche Wege aller wissenschaftlich strengen Philosophie bleiben werden), er führte mich durch das Medium eines (vielleicht modificirten) Platonismus auf Höhen- und Fernblicke, in denen mir mit einem Mal Kant zugänglich und in weiterer Folge der tiefe Sinn der Entwicklung des deutschen Idealismus und die absolute Bedeutung der ihn leitenden Intentionen verständlich wurde. Zugleich wurde ich dessen gewiß, daß die immanenten Richtlinien meiner streng wissenschaftlichen, von den primitiven Bewußtseinsstructuren ausgehenden phänomenologischen Arbeit den zielgebenden Intuitionen dieses Idealismus zustrebten." (V, 137).

Konkretisiert hat sich dieses Verhältnis in Husserls Kriegsvorlesungen über Fichte.[20] In Fichte, nicht in den Begriffsromantikern Schelling oder Hegel, die offenbar sogar die Intention auf strenge Wissenschaft aufgegeben haben,[21] kulminiert der Kantische Idealismus. Wenngleich Husserl

---

[19] Diese Auffassung erinnert übrigens an das Verhältnis der Philosophie zur Religion bei Hegel.
[20] Veröffentlicht in *Husserliana* XXV, S. 267–293.
[21] *Husserliana* XXV, S. 6f. Darum hielt Husserl es auch für „ärgerlich und für ihn herabsetzend", wenn man ihn mit Schelling verglich, der „doch gar kein ernst zu nehmender Philosoph" sei (Karl Jaspers, *Rechenschaft und Ausblick. Reden und Aufsätze*, München 1958, S. 386f.).

die Denkkünsteleien der *Wissenschaftslehre* (immerhin einer auf Wissenschaft gerichteten Lehre!) zurückweist, weiß er doch Fichtes populäre und weltanschauliche Schriften nicht genug zu rühmen. „Begreiflicher Weise zieht mich Fichte in steigendem Maße an", hatte er schon im Kriegsjahr 1915 an Rickert geschrieben (V, 178). Dem „verehrungswürdigen Fichte" (III, 81) zollte er zeitlebens größten Respekt als dem Hauptrepräsentanten des Deutschen – fast könnte man sagen: des faszinierend deutschen – Idealismus. Dies, weil nur er in vollem Umfang zugleich Idealist und deutsch war. Denn Fichte, und nur Fichte, war „ganz ähnlich" wie Platon[22] ein Denker, der die Kraft theoretischer, wenn auch wissenschaftlich noch unausgereifter Entwürfe mit praktischer Wirksamkeit zu verbinden verstand.

Zwar hatte Husserl in seinem *Logos*-Artikel allem weltanschaulichen Philosophieren den Kampf angesagt und das alleinige Daseinsrecht streng wissenschaftlicher Philosophie verkündigt.[23] Doch in Erläuterung dieses Artikels stellt er „der immerfort begrenzten wissenschaftlichen Philosophie" die Weltanschauungsphilosophie gegenüber, welche „künftiger Entwicklung der Wissenschaft vorzuleuchten berufen ist" als Gesamtdeutung des Geists einer Epoche. Eine solche Gesamtleistung hervorzubringen, ist aber „v o r b e h a l t e n bedeutendsten Persönlichkeiten, den großen Sehern" (VI, 207).[24] Gerade weil „unsere Zeit kein großes Philosophieren und keine großen Philosophen, keine in wahrem Sinne führenden besitzt als solche, die systematisch gestaltete Ideen der umgebenden, diese vom Zentrum der Persönlichkeit her als praktische Ziele bejahenden, Menschheit darbietet" (VI, 224) – gerade deswegen muß Husserl in der gegebenen geschichtlichen Situation sich beschränken auf die streng wissenschaftliche Philosophie, d.h. auf die Aufbauarbeit „von unten" und die Ausgabe von „Kleingeld", wie er gern zu sagen pflegte. Eine große, die Zeit und die Menschen mitreißenden Gesamtschau anzubieten, ist seine Sache nicht und nicht die seiner Zeit. Fichte konnte sich in den deutschen Befreiungskriegen als Feldprediger anbieten, Husserls Feldpredigt im Weltkrieg beschränkte sich auf Universitätsvorlesungen über den „patriotischen Redner"[25] Fichte.

Dennoch ist er, wie gesagt, der legitime Erbe des Deutschen Idealismus, und seine Philosophie gilt ihm „als die echte Entelechie der deutschen Philosophie, der des ‚deutschen Idealismus', als ihre Vollendung in rein

---
[22] *Husserliana* XXV, S. 270f.
[23] Vgl. *Husserliana* XXV, S. 58: „Es gibt hier keine Kompromisse".
[24] Vgl. *Husserliana* XXV, S. 269: Fichte war „ethisch-religiöser Reformator, Menschheitserzieher, Prophet, Seher".
[25] *Husserliana* XXV, S. 269.

wissenschaftlicher Gestalt" (III, 433). Beide sind in gleicher Weise Idealismen und von Ideen bestimmt, und beide sind gleichermaßen deutsch, d.h. „in unserem Volke eigenwüchsig".[26] Noch 1936 unterstreicht Husserl: „ich u. diese im Alter vollendete Philosophie" gehören vollgültig zum Deutschland „Lessings, Herders, Schillers u. Goethes" (VII, 27). Deutschland, so ist Husserl überzeugt, ist, was es ist, nur in und durch solche Geistesgrößen, die in seinem Schoße lebten und das deutsche Volk nach ihren wirkungsmächtigen Ideen formten. „Es gibt eine Seele des deutschen Volkes", sagt er kurz nach der Niederlage Deutschlands im Weltkrieg, in der „ein Luther, Lessing, Leibnitz, Kant, Herder, Goethe, Schiller u.s.w." unauslöschlich eingegraben sind und für immer „erworbene Kräfte u. unendliche Aufgaben bedeuten" (III, 6). Ähnlich wie in Hegels Idee des absoluten Geistes sind also auch bei Husserl Kunst (Literatur), christliche Religion und Philosophie die drei innigst verschwisterten Wesenskennzeichen des deutschen Geistes.

Die geschichtliche Entwicklung nach der Zeit Fichtes und nach den Befreiungskriegen verlief allerdings so, daß im Laufe des 19. Jahrhundert die bildungstragende Oberschicht einerseits „ungleich zivilisierter, kenntnisreicher" wurde als selbst noch zu Hegels Zeiten. Aber sie war mit dem Auftreten der Romantiker zugleich „arm an lebendig ursprünglicher Geistigkeit geworden". Dem entsprach, daß „auch die instinktive, sozusagen implizierte Geistigkeit der unteren Schichten, die Kraft der historischen Werte verloren gegangen ist, und nicht mehr einen fruchtbaren Boden darstellt, bereit für die Entwicklung einer persönlichen und philosophisch zu entfaltenden bewußten Geistigkeit" (VI, 224). Dieser Mangel an gesellschaftlichem Rückhalt führte dazu, daß die idealistische Philosophie alten großen Stils „am Ende des 19. Jahrhunderts in seelenloser Technik u. literar<ischer> Verflachung ausartete" (VII, 26). Um die Jahrhundertwende bahnte sich aber eine Wende an „in der Weise einer neuen Besinnung, eines neuen Ideenwillens und eines Willens, von neuem anzufangen, und der Erfolg sind (diese Überzeugung habe ich mindest hinsichtlich der Phänomenologie) neue Anfänge" (VI, 224). Es ist die Zeit der Jugendbewegung, und sie ist zugleich die Entstehungszeit der phänomenologischen Bewegung. Für die Nachkriegszeit dann stellt Husserl hoffnungsfroh fest: „Die in dem Jahrzehn vor dem Kriege von verschiedenen Seiten her aufgekeimten und angewachsenen Bewegungen der Philosophie, Kunst, Religion, alle gerichtet auf radikale Wahrhaftigkeit, Wurzelechtheit in Denken, Schaffen, Glauben, sind in kraftvollem Anschwellen und ziehen weite

---
[26] *Husserliana* XXV, S. 268.

Kreise" (III, 24). Für die Phänomenologie als Verwirklichung der Weltmission Deutschlands schien wieder ein Wurzelboden gegeben.

Zwar waren die genannten Bewegungen allesamt bloße Anfänge. Aber gerade als wirklicher und endgültiger Neuanfang ist die Phänomenologie fest in dieser allgemeinen Fortschrittsbewegung verankert, ja steht sie an der Spitze einer Jugendbewegung, die unüberhörbaren Protest anmeldet gegen den „Prozess der Veräusserlichung, in den die europäische Geistesentwicklung am Ende des 19. Jahrhunderts hineingeraten war" (VIII, 14). Rückkehr zum ursprünglichen Leben und damit zur echten, weil geistigen Deutschheit, lautete ihre Forderung. Wenn beispielsweise kurz vor dem Weltkrieg immer mehr philosophische Ordinariate an Psychologen übertragen wurden, so meinte das nicht nur die Beschränkung von Wirkungsmöglichkeiten der jungen Phänomenologen oder gar die Beschneidung althergebrachter Pfründen. Sondern auf dem Spiel stand die Auswirkung der echt deutschen Intentionen des Deutschen Idealismus, die Wiederaufnahme seiner ursprünglichen Intentionen und ihre Auswirkung auf Wissenschaft, Kultur und Gesellschaft überhaupt, wie die neue Jugend sie forderte. „Bei der unermeßlichen Bedeutung", welche „der Philosophie für das deutsche Geistesleben zukommt", versteht es sich von selber, daß die Umwandlung philosophischer Lehrstühle in psychologische „eine schwere Schädigung der höchsten Interessen unserer nationalen Kultur und zugleich eine Beeinträchtigung ihres welthistorischen Berufs, allen anderen Völkern in der Philosophie vorzuleuchten, mit sich führt" (V, 24). Das deutsche Volk ist ganz wesentlich das Volk der Dichter und Denker (die religiösen Reformer wie Luther inbegriffen), und so ist es „die historische Mission des deutschen Volkes, ... allen anderen Völkern in der Philosophie voranzuleuchten" (V, 172).[27]

Genau diese Weltmission nimmt Husserl in seiner Phänomenologie als seine persönliche Mission auf und realisiert sie in der Endstufe der zu sich selbst kommenden Vernunft. In Husserls Phänomenologie, heißt

---

[27] Zu bemerken ist allerdings, daß diese Sätze 1912, zwei Jahre vor dem Ausbruch des Weltkriegs, geschrieben wurden. Nach Kriegsende und angesichts der deutschen Propaganda im Krieg verwirft Husserl öffentliche Aufrufe, „in denen in auszeichnender Weise von Deutschlands geistigem Weltberuf die Rede ist. Der Mißbrauch, der mit solchen Äußerungen von seiten Unberufener getrieben worden ist, die Art, wie Geistentfremdete mit Deutschland, mit unseren großen Geistern und Geistesleistungen prunkten, hat einen berechtigten Widerwillen hervorgerufen, wie überhaupt gegen die allmälig konventionell, unecht gewordene gehobene Sprache des Idealismus." (VI, 225f.). Bezugspunkt dieser Äußerung ist offenbar die Aufnahme, die Paul Natorps zweibändiges Kriegsbuch *Deutscher Weltberuf. Geschichtsphilosophische Richtlinien*, Jena 1918, in Deutschland gefunden hatte.

das, kommt das Deutschtum zu sich selber und erreicht den denkbar höchsten Gipfel seiner Verwirklichung. Wie die Erhaltung von „Stätten schöpferischer philosophischer Arbeit" nach Husserls Überzeugung „ein großes und beständiges Interesse unserer nationalen Kultur" ist (V, 126), so ist umgekehrt Husserls Phänomenologie die wahrhaft und ursprünglich deutsche Wissenschaft. Erst sie gibt „unserem herrlichen deutschen Volk"[28] die Weihe seiner göttlichen Mission für die Menschheit. So ist in unlöslicher Identität die Phänomenologie die Sache Deutschlands und ist das deutsche Volk ganz unmittelbar Husserls Volk. „In meinem ganzen Lehren und Wirken, in meinem ganzen Lebensstreben hatte ich das einzige Verantwortungsbewußtsein (in dieser Welt)[29] ‚meinem' deutschen Volk gegenüber" (III, 432), bekennt er 1921. Und nach der Niederlage im Weltkrieg kann er „für mein armes Vaterland und Volk nichts Besseres thun, als auszuwirken was mir von innen her anvertraut ist" (III, 25). Darum ist Husserl geradezu begeistert von der Idee einer Akademie zur Pflege des Deutschtums, als deren Senator er sich von Anfang an engagiert, um ihre Ausstrahlung auf die übrigen Kulturnationen mittragen zu helfen. Wird dadurch doch „die Erhöhung des deutschen Volkstums aus Kräften seiner eigenen historischen Bestimmung und schon errungenen Kulturleistung" (VIII, 14), nicht zuletzt also kraft der Kulturleistung der Phänomenologie, ins Werk gesetzt. Aus dieser Einheit des deutschen Geistes als philosophischen Geistes mit der Phänomenologie heraus kann Husserl sich auch unter Einsatz seiner ganzen Person als „ein leidenschaftlicher Patriot" bezeichnen (IX, 168) – ganz so, wie es seinerzeit Fichte gewesen war.

Hier ist dreierlei anzumerken. Zum einen, daß der genuin deutsche Charakter der Phänomenologie ihrer Weltgeltung durchaus nicht im Wege steht. Ist ja schon die historische Mission des deutschen Volkes als Volk der Dichter und Denker nicht nur innere Mission, sondern eo ipso als Weltmission zu verstehen.[30] Husserl wird nicht müde zu betonen: „Alles Große ... ist übernational, aber notwendig in nationaler Ausprägung, und diese ist nicht ein gleichgültiges und zufälliges Gewand, sondern hat in sich große und ideal höchst wichtige Funktionen für den Aufbau der Menschheit,

---

[28] *Husserliana* XXV, S. 293.
[29] Die Einschränkung bezieht sich auf Husserls unmittelbares Verantwortungsbewußtsein für seine Mission gegenüber Gott.
[30] Schon der Deutsche Idealismus hatte einen Impuls gegeben, „der über die ganze Welt sich verbreitend eine Umwandlung der Weltkultur zu bedeuten schien" (*Husserliana* XXV, S. 268). Ihn nimmt die Phänomenologie wieder auf, um ihm dank ihrer geklärten Methode diesmal zum Sieg zu verhelfen.

und damit für den der konkret wahren geistigen Welt" (III, 432, vgl. 178; VIII, 15; VI, 155). Konkret und auf ihn selber angewandt besagt dies, daß Husserl, „seitdem die Phänomenologie in mir aufgekeimt war", seine Berufung und seinen Beruf „bewußt immerfort als Beruf in dem und f ü r das deutsche Volk und d u r c h dieses hindurch für die Menschheit" auffaßte. „So lebte und strebte ich bewußt i n diesem geistigen Zusammenhang, ich sprach als Deutscher zu Deutschen und als Deutscher zu allen redlichen Menschen in aller Welt" (III, 432). Gerade weil die Phänomenologie sich in die konkrete Zeitsituation des deutschen Volkes einfügte und mit ihr unlöslich verbunden war, etablierte sie sich als für jede Kultur und jedes Volk bedeutsam und entscheidend.

Zum zweiten bedarf es hier eines Worts über Husserls Verhältnis zum Judentum. Seine ausführlichste diesbezügliche Äußerung stammt aus dem Jahr 1921: „Ich bin rein jüdischer Abstammung, habe aber nie eine konfessionelle oder ‚völkische' jüdische Erziehung genossen. Ich habe mich nie anders denn als Deutscher gefühlt und fühlen können, ich bin von meinen Kinderjahren her mit einer unendlichen Liebe in die Geistigkeit des deutschen Volks und in ihre endlosen herrlichen Horizonte hineingewachsen. ... Mein ganzes Leben, eigentlich schon von meinem 18. Lebensjahr, spielte sich so ganz außer Zusammenhang mit dem Judentum ab, daß ich eigentlich jahrzehntelang ... daran vergessen habe, daß ich eigentlich rassenmäßig Jude sei." (III, 432).[31] Dieses „Rassenmäßige" (was immer man darunter verstehen mag) war für Husserl ausgesprochen unerheblich. Er betrachtete sich vielmehr als „Lutheraner, aber jüdischer Abstammung" (III, 430). Judentum war ihm eine religiöse Angelegenheit, die sich außerhalb des Christentums bewegte, dem er als Deutscher zugehörte. Für sich selber hatte er damit nichts zu tun. Antisemit war Husserl zwar gewiß nicht.[32] Aber er ließ sich auch nicht gern auf seine jüdische Her-

---

[31] Hier sei bemerkt, daß Norbert Wagner, „Der Familienname von Edmund Husserl", *Husserl Studies* 9 (1992), S. 217f. zufolge der Name Husserl mit -er-Suffix (zur Bildung von Nomina agentis) sowie Deminutivsuffix -l (auch -le; dementsprechend schrieb sich nach Jan Kühndel, „Edmund Husserls Heimat und Herkunft", *Archiv für Geschichte der Philosophie* 51 (1969), S. 286, das älteste bekannte Mitglied der Familie 1656 „Husserle") zum mittelhochdeutschen Verbum „hussen" gehört, das intransitiv „sich schnell bewegen, rennen" bedeutet. „Huss-er-l" ist etymologisch also zu verstehen als Kosename „der kleine Renner" und wohl Bezeichnung für eine quirlige und umtriebige Person.

[32] Dies etwa im Unterschied zu seiner (anders als er orthodox jüdisch erzogenen und erst kurz vor ihrer Heirat zum Luthertum übergetretenen) Frau Malvine (vgl. Emmanuel Levinas, „La ruine de la représentation", in *Edmund Husserl 1859–1959*, La Haye 1959, S. 74, sowie Herbert Spiegelberg und Karl Schuhmann, „Als Student bei Husserl: Ein Brief vom Winter 1924/25", *Husserl Studies* 2 (1985), S. 243).

kunft hin ansprechen. Daß seine Tochter Elli durch eine unvorhergesehene Reise in Husserls Heimatort Proßnitz vorzeitig von der jüdischen Abstammung der Familie zu erfahren drohte, war ihm unangenehm (IX, 42).[33] Bemerkenswert ist auch Theodor Lessings, eines Juden, Bericht, auf seine Frage an Husserl, ob er Jude sei, habe dieser nur „peinliche Ausflüchte" gesucht.[34] Bemerkenswert vor allem deswegen, weil Husserl einzig diesen Passus aus Lessings Buch sich notiert hat (VIII, 247). Und sollte die rational kaum erklärbare Überreaktion[35] gegen Lessings angebliches Plagiat Husserlscher Gedanken nicht darin ihre uneingestandene Wurzel haben, daß Lessing – dessen eigener Lebensstil so wenig in das Bild gepflegter Gutbürgerlichkeit paßte – an einen allergischen Punkt gerührt hatte? Drohte dadurch nicht jenes Weltbild gestört zu werden, in dem Husserl den Part des geistigen Führers Deutschlands spielte? Festzuhalten ist jedenfalls, daß 1935, als ihm dem hochwogenden Antisemitismus zum Trotz von amtlicher Stelle die Abhaltung von Vorträgen in Wien genehmigt wurde – seiner Meinung nach implizit ein positives Urteil über seine Bedeutung für den neuen Staat –, Husserl mit unverhohlenem Sarkasmus, aber wohl auch mit einiger Genugtuung feststellte, „daß man mich doch nicht dem Misthaufen der Nicht-Arier zurechnet" (IV, 328).[36] Und festzuhalten ist auch, daß er in seinen Briefen die antisemitische Kennzeichnung seiner Philosophie als jüdisch zwar einen „Widersinn" nannte (III, 432), aber niemals öffentlich oder auch nur privat seine Stimme gegen die seinerzeit häufige Ablehnung von Philosophen aufgrund ihrer jüdischen Herkunft erhob (vgl. V, 106; VI, 271; V, 145; II, 111).

Zum dritten atmet Husserls Haltung gegenüber seiner jüdischen Abkunft einen gewissen kleinbürgerlichen Geist. Als Abkömmling der

---

[33] Erst als jedes seiner Kinder gegen zwanzig wurde, scheint Husserl ihnen einzeln und privat davon Mitteilung gemacht zu haben, wobei er nach einem Bericht seiner Tochter zu ihnen über „Judentum als Last, Verpflichtung und Aufgabe" gesprochen zu haben scheint (Elisabeth H. Rosenberg, „Wolfgang Husserl", unveröffentlichtes Manuskript, S. 14).

[34] Theodor Lessing, *Philosophie als Tat*, Göttingen 1914, S. 308f.

[35] Es ist dies wohl der einzige Fall, in dem Husserl einem Korrespondenzpartner unrecht tat, andernfalls er gegenüber dem Meiner Verlag nicht darauf hätte insistieren müssen, „unter keinen Umständen" (VIII, 246) in einen Plagiatsprozeß gegen Lessing hineingezogen zu werden. Zu dieser Affäre vgl. auch Ullrich Melles „Einleitung des Herausgebers" zu *Husserliana XXVIII*, S. XXIV–XXVI.

[36] Wenn Husserl „als einer unter nicht ganz wenigen" aus dem neuen nationalsozialistischen Deutschland ausgeschlossen wird, so schafft die Vielheit der Ausgeschlossenen „hier noch nicht diejenige Gemeinsamkeit, die das natürliche, dem Menschen notwendige gemeine Leben in der trauten und geliebten Gesamtheit der Nation ausmacht. Und zunächst ist die sich hier vielleicht neuartig herstellende Gemeinsamkeit in der Einsamkeit eben doch eine große Prüfung, ein großes Schicksal, das überwunden werden muß" (III, 494).

Schicht des Kleinbürgertums[37] war er immer bestrebt, die äußerliche Reputierlichkeit tadelfreien Verhaltens zu wahren durch Anpassung an die allgemein als wohlanständig akzeptierten Verhaltensmuster. Das betrifft nicht nur die Einhaltung der guten Form bei seinen Gesellschaftsabenden und bei den allsemesterlichen Seminarempfängen in seinem Haus oder die Pflege der verbreiteten Ferien- und Erholungsriten der damaligen besser situierten Beamten.[38] Kleinbürgerlichkeit zeigt sich auch darin, daß ihn das Ziel, die ungewohnte Habilitation von Frauen zu verhindern, in einen platten Zirkelschluß verfallen läßt (VIII, 216).

Nach diesem Exkurs sei wiederholt, daß Husserl für sich selber in aller Bescheidenheit, aber auch mit Entschiedenheit nach der Devise handelte: „Niemand kann mich aber hindern, nach schwachen Kräften im christlichen Geist und für Fichte und den deutschen Idealismus zu wirken" (III, 430). Das aber hieß nichts anderes als entscheidend mitwirken an der Erfüllung der deutschen Weltmission durch Ausbildung der phänomenologischen Philosophie. Wo immer nun der „Eigenwert und die alte Grösse der deutschen Nation" (III, 23) in Bedrängnis geriet, wurde damit auch die menschheitsbestimmende Wirkungsmöglichkeit der Phänomenologie bedroht. Gerade weil die deutsche Nation in ihrer Entwicklung schon seit dem Deutschen Idealismus „ihrer selbst als Träger hoher kultureller, wissenschaftlicher, technischer, künstlerischer, moralischer Missionen bewußt geworden" war (III, 6), hing die Möglichkeit von Husserls Mission vom Vorhandensein dieses Lebenselements und Nährbodens, vom Deutschtum im oben beschriebenen Sinne ab. Vor diesem Hintergrund muß auch Husserls leidenschaftliche Parteinahme zugunsten Deutschlands im Ersten Weltkrieg verstanden werden, der das geistige Deutschland mit in den Untergang zu ziehen drohte, falls Deutschland als politische und nationale Größe zugrundegehen sollte.[39] Husserls Söhne waren Kriegsfreiwillige der ersten Stunde, seine Tochter freiwillig im Lazarettdienst

---

[37] Vgl. Jaspers' Bericht über einen Besuch bei Husserl im April 1920: „Es schien mir etwas Kleinbürgerliches, etwas Enges fühlbar, das des freien Zuges von Mensch zu Mensch, des geistigen Funkens, des Sinns für Noblesse entbehrte. Husserls Freundlichkeit zwar hatte etwas Warmes, aber ohne Kraft und Größe. Er machte den Eindruck, daß er sich in dieser Atmosphäre wohl fühlte." (Karl Jaspers, *Philosophische Autobiographie. Erweiterte Neuausgabe*, München 1977, S. 93).

[38] Vor allem in den Briefen Malvine Husserls ist „Erholung" ein regelmäßig wiederkehrendes Stichwort. Bezeichnend ist auch die Bemerkung Husserls, daß seine Frau im Frühjahr „erholungsbedürftig zu sein pflegt" (II, 62).

[39] „Welches Phänomen!", ruft Husserl angesichts des Kriegs aus (*Husserliana* XXV, S. 268). Für einen Phänomeno-logen gewiß ein denkwürdiges Wort.

tätig. „Ich hätt auch gern mitgethan", gesteht er (II, 71),[40] und „wie lastete auf der Seele, daß sie nicht als thätige nationale Kraft sich in Reih u. Glied stellen konnte". Sein Trost war, daß seine Phänomenologie „a u c h ein necessarium u. ein nationaler, obschon übernationaler Wert" sei (III, 343). Husserls Kriegsbeitrag (neben den vielen von ihm gezeichneten Kriegsanleihen)[41] bestand im desto leidenschaftlicher fortgesetzten phänomenologischen Philosophieren – gewiß eine nicht alltägliche Waffe.

Jedenfalls erlebte Husserl sich in den beiden ersten Kriegsjahren als mit s e i n e m Volk eins wie nie zuvor und niemals mehr danach. „Überall ist hier Begeisterung, tiefer Ernst, feste Entschlossenheit, und so ist Gott in und mit uns", schreibt er in den ersten Kriegstagen (III, 402), die er als eine „große Zeit" erlebt: „Alles ist von dem Geiste reinster Vaterlandsliebe u. Opferfreudigkeit erfüllt" (IX, 288), und „es war herzerhebend zu sehen, wie diese strammen prächtigen Regimenter, immer neu gebildet, hinauszogen" (IX, 289).[42] Große und reine Gesinnung, heldenmütiger Opfermut in allen Volkskreisen, „Gemeinschaftsleid, Gemeinschaftsstolz, Gemeinschaftswille, kurz, lebendige Sozialität" (IX, 518), alle einzelnen nur noch „würdige Glieder des großen Ganzen" (IX, 290): auf diese idealen Werte[43] baute Husserl seine Gewißheit von Deutschlands Sieg in diesem Kampf, der nicht so sehr von der Entente gegen die Mittelmächte, als vielmehr von fremden Nationen gegen ein Deutschland geführt wurde, das an seiner idealistischen Weltmission Existenzrecht und Existenzpflicht hatte. Darum befand sich das deutsche Volk „in dem gerechtesten Kampfe, den ein Volk je zu kämpfen hatte" (IX, 158), und war Husserl vom sicheren, weil teleologisch, d.h. im Sinne der Selbstwerdung der Vernunft einzig sinnvollen deutschen Endsieg überzeugt. „Es ist absolut sicher, daß wir siegen: Diesem Geist, dieser Willensgewalt, kann ... keine Macht der Welt widerstehen!", schreibt er im August 1914, und: „D i e s e s Deutschland ist unbesiegbar!" (IX, 289).[44] Im Oktober klingt es kaum verhaltener: „Die Sorgen wachsen u. man sieht auch so viele Trauer, u. täglich mehr.

---

[40] Fast wörtlich dasselbe fünf Tage später: „wir thäten gar mit, wenn wir könnten!" (III, 403).

[41] „Aus meinem schönen Göttinger Haus, das ich im Kriege verkaufte, wurden – patriotische Kriegsanleihen!" (III, 21). Auch Husserl handelte offenbar nach der unter dem Professorenstand seinerzeit verbreiteten Maxime, falls Deutschland zugrunde ginge, habe es keinen Sinn zu überleben.

[42] Die aus Göttinger Studenten und Professorensöhnen bestehenden Regimenter 233 und 234 wurden 1914 und 1915 in Westflandern so gut wie ganz aufgerieben.

[43] Husserl teilte sie etwa mit Simmel (vgl. VI, 409).

[44] Mit dieser Auffassung, wie er sie hier gegenüber seinem Bruder Heinrich aussprach, stand Husserl in seiner Familie keineswegs allein. Heinrich Husserl selber schrieb beispiels-

Die Siegeszuversicht ist darum doch unerschütterlich" (IX, 292). Ähnlich noch im Dezember: „Nichts kann diesen Opfermut und diesen festen Siegeswillen beugen" (VI, 328). Im Juni 1915 muß dazu schon der Hinweis auf gewisse vorteilhafte Seiten des Krieges treten: „Die Leute verdienen viel durch die hochaufgeblühte Kriegsindustrie. Die Siegeszuversicht, der feste Siegeswille ist allgemein, die Opfer werden freudig getragen" (IX, 159).

Ex post dürfte hinreichend bekannt sein, daß der Phänomenologe wenig Weitblick an den Tag legte mit seinem Glauben, „Reinheit der Gesinnung" (III, 402) nebst einem „heiligen Pflichtbewußtsein" (III, 403), die er bei den Deutschen glaubte ausmachen zu können, seien kriegsentscheidend.[45] 1921 wird er rückblickend feststellen: „Man lebt ganz anders als vorher, als bis etwa 1916" (IX, 163). Obwohl er es niemals ausdrücklich gesagt hat, scheint es doch der Kriegstod seines Sohns Wolfgang im März 1916 gewesen zu sein, der Husserl auf andere Gedanken brachte.[46] Zu Anfang des Kriegs nannte er seine beiden in den Krieg gezogenen Söhne gern in saloppem preußischen Ton „unsere Jungens" (IX, 288, 293, 51 und 158); wenn er sie mit den Gefallenen verrechnete, in generalstabsmäßiger Objektivität gar bloß „Gewehre" (III, 337). Als Wolfgang Husserl tot war, scheint Husserl dieses besondere Opfer denn doch nicht ganz so „freudig getragen" zu haben, wie er zunächst und allgemein verkündet hatte. Über die Idee des „gerechten Kriegs", in dem er 1915 Deutschland gewähnt hatte, wird er 1920 erheblich vorsichtiger urteilen: „Der Krieg der Gegenwart, zum Volkskrieg im wörtlichsten und grauenvollsten Sinne geworden, hat seinen ethischen Sinn verloren". Nunmehr galt ihm der von seinen Deutschen verlorene Weltkrieg als „der universalste und tiefste Sündenfall der Menschheit in der ganzen übersehbaren Geschichte" (III, 12). Das Hochgefühl über „den alten großen Kriegsgeist" der Deutschen (IX, 289) war in sich zusammengefallen.

Diese Entwicklung machte jedoch in Husserls Augen die Notwendig-

---

weise, wenngleich bedeutend weniger idealistisch gesinnt als Husserl, ihrem gemeinsamen Freund Gustav Albrecht am 28. August 1914: „Wolle Gott, die Franzosen wären sammt den Engländern derart verprügelt u. hin u. die Russen halb vernichtet, daß sie alle klein beigeben u. zu Kreuze kriechen müssten sammt den Serben. Dann wollen wir die neue Landkarte studieren u. uns in die neuen wirtschaftlichen Verhältnisse schicken und wollen uns im Winter nach allem Schlimmen freuen, daß wir ein glückliches Ende erlebt haben." (Karte in Sektion R I Albrecht).

[45] Husserls geringe strategische Einsicht bezeugt auch Malvine Husserls Bericht an ihre Tochter gelegentlich der kurzlebigen deutschen Frühjahrsoffensive von 1918: „Papa ist ganz außer Rand u. Band u. sieht den Endsieg schon völlig in unsern Händen" (IX, 348).

[46] Ende 1916 spricht Husserl erstmals von „Kriegsirritationen" (III, 406).

keit, dem darniederliegenden Deutschland die Möglichkeit seiner Weltmission (implizit also ihm die seiner eigenen) zu erhalten, nur umso dringender. Wohl weniger die militärische Niederlage als solche,[47] sondern vor allem der drohende Untergang des deutschen Geistes und Geisteslebens hatten zur Folge, daß „der entsetzliche Zusammenbruch" des November 1918 Husserl „innerlich zu verzehren" drohte. „Ich habe unsäglich gelitten, ich war zeitweise wie gelähmt", berichtet er (IX, 56). Die neue Sachlage beschreibt er 1919 als die Pflicht – nicht der Rettung Deutschlands „als einer in noch so bescheidenem Sinne gedachten politischen Macht" (III, 5), sondern als die seiner moralischen Rettung, da nur aus ihr heraus auf die Wiedergeburt der Nation als Trägerin ihrer philosophischen Menschheitsaufgabe zu rechnen war. Als 1925 die schlimmsten Leiden der Nachkriegszeit vorüber sind, freut er sich, daß in der „ihre Weltmission neu aufbauenden deutschen Nation" jenem „hohen nationalen Idealismus" endlich wieder Raum gegeben wird, „der gerade zum schönsten Erbgut der deutschen Philosophie gehört" – dem spezifisch deutschen Idealismus also. Doch klagt er gleichzeitig, daß „ein unechter Nationalismus wie in allen Nationen so leider auch in unserer deutschen" sich breitmacht (VIII, 13). Man weiß, daß er mit dieser Diagnose nur allzu recht behalten sollte.

Um abzumessen, welche Katastrophe – „wie ein Wirbelsturm, ein Erdbeben, eine Sintflut", urteilte Husserl aus unmittelbarem Erleben heraus (IX, 91) – das Hitlerreich für Husserl bedeutete, muß man sich den Husserlschen Begriff des Deutschen und des Deutschtums vor Augen halten. Nicht so sehr, daß man ihn zum „Nichtarier" abstempelte, sondern in erster Linie, daß ihm „mit der Gegenübersetzung von ‚Deutschen' und ‚Nichtariern' das Deutschtum abgesprochen" wurde (IX, 92), griff nach Husserls Worten „an die Wurzeln meiner Existenz" (III, 98) und traf ihn „bis ins Zentrum persönlichen Daseins" (VII, 13). Was er „nie für möglich gehalten hätte" – daß nämlich die Geisteswerke, die „der deutschen Nation durch mich hindurch anvertraut" waren, per Gesetz „nicht mehr der deutschen Geistesgeschichte zugerechnet werden" sollten (III, 491f.) –, dieses gegen alle Teleologie der geschichtlichen Entwicklung gerichtete irrationale Faktum, hatte sich unbegreiflicherweise ereignen können. Für die Gegenwart bedeutete dies zwar die gnadenlose „Amputation" (IV, 314; IX, 127) von dem Volkskörper, dem Husserl sich wesensmäßig zugehörig wußte. Aber

---

[47] „Daß das alte Regime gefallen ist, welches in jeder Hinsicht versagt hat, ist wohl eine jener historischen Notwendigkeiten, die ihre Weisheit in sich tragen", urteilte Husserl 1918 (III, 201). Dennoch beklagte er, der „immer politisch auf monarchischem Boden stand", daß den Fürsten durch die Entthronung „soviel Unbill" angetan wurde (VI, 223).

wegen der genannten teleologischen Widersinnigkeit konnte dem Nationalsozialismus – dessen war Husserl sich von Anfang an sicher – keine Endgültigkeit und Weltgeltung beschieden sein. So kann er in Ruhe und Würde sagen: „Die Zukunft wird erst das Urteil sprechen, was 1933 die echte deutsche Gegenwart war, und welches die echten Deutschen waren, ob die Deutschen der mehr oder minder materialistisch-mystischen Rassenvorurteile oder die Deutschen der reinen Gesinnung, ererbt von den großen Deutschen, in verehrungsvollem Nachleben" (III, 494). Demeṅtsprechend konstatiert er mit Entschiedenheit: „Ob ich sub specie aeterni ‚Deutscher', ob meine Philosophie ‚deutsche' heissen kann und soll, das sehe ich als eine theologische Frage an, die offen bleiben mag für wen immer; an sich ist sie entschieden" (VII, 14). Theologisch deswegen, weil Gott als Entelechie im teleologischen Prozeß des Weltgeschehens waltet und dessen unumstößlicher Garant ist. Husserls Metaphysik weist ihm hier ganz unmittelbar den Weg aus der tiefsten Existenzkrise seines Lebens, in die er, der kurz zuvor bei seinem fünfzigjährigen Doktorjubliäum noch so glänzend Gefeierte und Geehrte, in hohem Alter durch das Hitlerreich gestürzt wurde. Schlechthin bewunderungswürdig ist, wie er darauf in der ihm eigenen Art reagierte: mit verdoppelter philosophischer Arbeit, die schließlich in der *Krisis der europäischen Wissenschaften* resultierte. Denn, so sagt Husserl über dieses Werk in einem würdigen, alle mythische Blut-und-Boden-Terminologie des Nationalsozialismus weit hinter sich lassenden Satz: „Ich muß doch schließlich, wenigstens vor mir selbst, rechtfertigen können, daß ich in der deutschen Philosophie (also auch in dieser Nation) kein Fremdling bin und daß alle die Größen der Vergangenheit, die ich so sehr verehrt habe und deren Gedanken in den meinen in neuen Gestalten wuchsen, mich unbedingt mitrechnen mußten, als echten Erben ihres Geistes, als Blut von ihrem Blute" (IX, 128).

Doch ist auch festzuhalten, daß Husserl durchaus bereit war, jeden Funken echten (oder doch vermeintlich echten) Deutschtums auf seiten der neuen Machthaber anzuerkennen. Als sein Sohn Gerhart in ausdrücklicher Anerkennung seiner Kriegstapferkeit Ende November 1933 offiziell für eine Professur in Göttingen in Aussicht genommen wird, fühlt Husserl sich „in eine tiefe freudige Erregung versetzt" (IX, 227). Hätte, so darf man folgern, das nationalsozialistische Deutschland sich an seine eigenen Spielregeln gehalten, jene „Nichtarier" im Amt zu belassen, die im Weltkrieg für Deutschland gekämpft hatten, so wäre nicht nur Husserl (wie er das wegen seines gesicherten lukrativen Gehalts[48] und der garantierten

---

[48] Husserls Einkommen, ein anläßlich der Ablehnung seines Berliner Rufs 1923 bedun-

hohen Witwenpension tat) im Land geblieben, sondern auch sein Sohn Gerhart.

*

Verlorener Krieg, Not der Nachkriegszeit und schließlich die Herrschaft der nationalsozialistischen Ideologie: die Zeitläufte waren nicht dazu angetan, der Husserl für seine Nation und die Menschheit von Gott anvertrauten Mission einen günstigen Nährboden und ein aufnahmebereites Umfeld bereitzustellen. Eine direkte Auswirkung seiner mühevollen Arbeit zum Besten seiner Mitmenschen, so erkannte Husserl, war durch die geschichtlichen Ereignisse ausgeschlossen. In diesem Sinne schrieb er 1919 an Metzger: „ich bin nicht zum Führer der nach ‚seligem Leben' ringenden Menschheit berufen – im leidensvollen Drange der Kriegsjahre habe ich das anerkennen müssen, mein Daimonion hat mich g e w a r n t. Vollbewußt u. entschieden lebe ich rein als wiss<enschaftlicher> Philosoph (ich habe daher keine Kriegsschrift geschrieben, ich hätte das als ein prätentiöses Philosophengethue angesehen)."[49] Damit will Husserl sich nicht aus der Verantwortung stehlen, indem er durch Rückzug in den Elfenbeinturm reiner Wissenschaft es vermiede, sich die Hände im täglichen politischsozialen Geschäft zu beschmutzen. Er fährt denn auch fort: „Nicht weil mir die Wahrheit u. Wissenschaft als der höchste Wert gilt. Im Gegentheil: ‚der Intell<e>ct ist Diener des Willens', also auch ich Diener des praktischen Lebensgestalters, des Menschheitsführers." (IV, 409). Noch schärfer spricht er diese Überzeugung ein Jahr später aus: „alle Theorie gilt mir nichts, es sei denn für eine neue Welt" (III, 16).

Husserls Verzicht auf Wirksamkeit ist denn auch nur der auf eine di-

---

genes „Einzelgehalt" (VIII, 132), betrug 1936 „nach der allgemeinen Kürzung der Gehälter immerhin noch 1039^M monatlich" (IV, 226; bis Mai 1931, d.h. bis die Notverordnung der Regierung Brüning vom Dezember 1930 griff, war Husserl auf 1500 Mark gekommen: vgl. IX, 78). Zum Vergleich: Das gekürzte Gehalt Jakob Rosenbergs als Kustos des Kupferstichkabinetts (in etwa Extraordinariatsstufe) betrug 400 Mark, Baumgartens Remuneration für einen Lehrauftrag 167 Mark (IX, 430), Landgrebes und Finks Assistentenzuschuß 150 Mark (IX, 98, 375, 434 und 476). Ebenfalls 150 Mark war das Gehalt Grimmes als Verlagskorrektor (IX, 228), Reiner war mit 100 Mark Stipendium plus Kolleggeldern seiner Sorgen „im wesentlichen enthoben" (IV, 460), und das einwohnende Dienstmädchen der Familie Husserl erhielt 50 Mark (IX, 373 und 391).

[49] Das scheint indessen keine pauschale Ablehnung der Kriegsbücher deutscher Philosophen zu sein, sondern eine Ablehnung lediglich für seine Person. Bezeugt ist, daß Max Schelers *Der Genius des Krieges und der deutsche Krieg* ihm „gefallen" hat (II, 197), und Paul Natorps bei ihm eintreffendes zweibändiges Werk *Deutscher Weltberuf* veranlaßte Husserl dazu, seine eigene Arbeit liegen und stehen zu lassen, „um es zu lesen, mich ganz hinein zu versenken" (V, 136). Er empfahl das „schöne, herzerfrischende Doppel-Kriegsbuch" auch Heidegger zur Lektüre (IV, 136).

rekte Wirksamkeit, bedingt durch die geistige und dann auch die politische Situation seiner Zeit. Fichte war der letzte große „Seher" gewesen, der „dem deutschen Volk seine erhabene nationale Idee in edler Ausgestaltung vor Augen" hielt.[50] Für Husserl, dem in einem Jahrhundert technischer (auch waffentechnischer) Kultur ohne direkten Hinblick auf große Ideen die visionäre Kraft abgeht, ist eine solche unmittelbare Wirkung auf sein Volk ausgeschlossen.[51] Die Konzentration auf die Philosophie, die vordergründige Einigelung in die Theorie, schließt aber auch bei ihm das praktische Wollen nicht aus, sondern vielmehr ausdrücklich ein: „durch sie hindurch will ich außertheoretisch wirken" (VI, 418). Zwar wird es seiner Ansicht nach „viele Jahre dauern, bis die Phänomenologie bis zu der Höhe gebracht ist, daß sie praktisch und weltanschaulich allgemein wirken kann" (IX, 111). Aber diese Wirksamkeit ist durchaus das erklärte Ziel. Nicht einem theoretischen Traum vom Menschheitsglück will Husserl nachhängen, sondern das „selige Leben" unter Einsatz aller seiner Kräfte ermöglichen und fördern. Er sucht ganz unbedingt „im Außertheoretischen das wahre Telos" (VI, 418); „das Leben der Tat nach Ideen des Geistes", so Husserl, „ist auch für mich die Norm" (VI, 94).

Nicht also das Leben in der Tatwelt einfachhin, sondern dieses Leben, sofern es nach Ideen sich formt, ist Husserls Ziel. Und diese Formung ist ihrerseits dem Leben nicht fremd und aufgenötigt oder doch zumindest gleichgültig, sondern macht es erst zu einem wirklichen und echten Leben, zu einem für Menschen lebenswerten Dasein. Husserl hat diese seine platonische Überzeugung von der Alleinwirklichkeit der Ideen (vgl. IX, 137), derzufolge alles übrige in einem letzten Sinne wirklich nur ist, sofern es an Ideen teilhat, immer wieder ausgesprochen. „Es giebt in der Geschichte nur eine Art echter, unüberwindlicher Realitäten: sie heißen Idealitäten", sagt er 1933 angesichts der heraufkommenden nationalsozialistischen Ideo-logie (III, 97). Schon 1920, nach dem Ende des Weltkriegs, hatte er an Bell geschrieben, den er als einen ganzen Menschen hochschätzte: „Es ist sehr erfreulich, daß es noch lebendige M e n s c h e n auf dieser trüben Erde giebt: Gäbe es keine, ich wollte doch nie verzweifeln und sie mir eidetisch aufbauen, fest überzeugt, daß rein gestaltete Ideen ihnen gemäße lebendige M<enschen> zeugen müssen" (III, 16f.). Gerade diese Überzeugung von der Wirkungsmacht des Idealen erlaubte es Husserl, sich auf die Ideenschau zurückzuziehen, ohne darum die letztendliche Abzielung auf das tätige Leben aufzugeben. So sehr er sich als

---

[50] *Husserliana* XXV, S. 292.
[51] Husserl ist auch an der Nutzung des neuen Mediums Rundfunk wenig interessiert (vgl. III, 76).

Diener des berufenen Menschheitsführers versteht, ist andererseits ein politischer Führer wahrer Führer nur, sofern er in seinem Handeln sich nach der vom Philosophen freigelegten und in ihrer Gültigkeit begründeten Idee des Guten richtet. Husserls Rückzug in die Grundlagendimension, heißt das, ist zugleich Grundlegung des wahren praktischen Handelns und Vorgriff darauf. Der scheinbar bloße Theoretiker ist der Praktiker des langen Atems.

Ein weiterer Aspekt dieses Verhältnisses von reiner Theorie und Praxis ist, wie erwähnt, daß erstere dank ihrer Grundlegungsfunktion zugleich auch den Maßstab für die Gültigkeit und den letzten Seinsgehalt aller praktischen Abzweckungen bereitstellt. Von der theoretischen Ideenschau her ist die sogenannte tatsächliche Wirklichkeit ihrem Seinsgehalt nach zu beurteilen – und in weiten Teilen zu verurteilen. In diesem Sinne richtet Husserl im Weltkrieg an seinen Freund von Arnim die rhetorische Frage: „K ö n n e n wir diese greuelvolle ‚reale' Welt als wirkliche Welt hinnehmen?" (IX, 138). Nur allzu verständlich, daß Husserl sich stattdessen in ein „besseres Jenseits" flüchtete, d.h. „in der Ideenwelt Zuflucht" suchte, um „die grauenhafte Erdenwelt nicht zu sehen" (IX, 56).

Husserls „völlige Weltabgewandtheit" (IX, 97) und seine „splendid isolation" gegenüber dem „trüben, übelriechenden Nebel der niedrigen Weltlichkeit" (VII, 219), sein Leben „in der Welt der Ideen ... außer Connex mit der menschl<ichen> Gegenwart" (III, 98), ist aber nicht nur ein *reculer pour mieux sauter*, sondern hat wohl auch Charakter und Funktion eines Ausweichens vor den Problemen der Realität, die in der unendlichen Welt des Idealen folgenlos ins Unendliche vertagt werden können. Realitätsflucht und Realitätsverlust können dem uninteressierten Zuschauer Husserl, auch wo er sie mit dem platonischen Begriff der Ideenwelt verbrämt, nicht in jeder Beziehung abgesprochen werden. Aber man sollte nicht übersehen, daß er innerhalb der ihm angemessenen und anvertrauten Sphäre der Idealität und reinen Theorie seine Aufgabe als Führer der ihm zuströmenden jungen Philosophen durchaus ernst nahm und wahrzumachen bestrebt war. „Ich könnte's zwar sehr bequem haben", schreibt er 1920, „aber ich bin Führer einer von meinen Schriften entsprungenen philosophischen Bewegung, und die treibt in innerer Kraft weiter. Ich muß in meiner akademischen Lehrthätigkeit den vielen bedeutenden jungen Philosophen genug thun u. meine Ideen in immer höheren Stufen ausbilden." (IX, 162). Auch für sein eigenes öffentliches Auftreten muß er immerzu dessen Wirkung auf die Mitglieder der „von mir geführten philosophischen Bewegung" (VIII, 41) in Rechnung ziehen. Denn an den

Mitgliedern dieser Bewegung hängt die Zukunft; sie sind dazu bestimmt, Husserl eines Tages zu beerben und seine Mission weiterzutragen. Im Interesse einer adäquaten Auswirkung der ihm anvertrauten menschheitsgerichteten Aufgabe sucht er seiner Bewegung darum alle jungen Denker einzuverleiben, die zu jener „völlig neuen Sorte von geistigen Menschen" gehören, „die in die Unendlichkeiten, die Unendlichkeiten über und hinter allen weltlichen Unendlichkeiten – eindringen und sie alle in Eins der Macht des sinnenthüllenden Geistes unterwerfen wollen". Diese wenigen einzelnen, die „Repräsentanten eines neuen Geistes", sucht er an sich zu binden (VII, 221). Denn nur sie sind die „zu radikaler Redlichkeit des Denkens" Befähigten und Bereiten (VII, 206), die „wirklich Verstehenden" (IV, 484), die „ganz Ernsten" (IV, 487), die „Neuen", die „Anfänger" und „ersten Wegbereiter einer neuen Zukunft" (VII, 222), die „Menschen einer echten reinen Geistigkeit" (VII, 219) und die wahren „Funktionäre der Ewigkeit" (IV, 276). Sie will Husserl unbedingt erreichen mit der grundsätzlich neuen Botschaft der Phänomenologie als strenger, für alle Ewigkeit gültiger Wissenschaft.

Einerseits muß er sich darum wehren gegen Versuche, seine Phänomenologie in der Öffentlichkeit als durch anderweitige Philosopheme überholt hinzustellen, da sonst ihre Wirkung auf die zu gewinnenden kongenialen Adressaten in der jungen Generation beeinträchtigt wird. Wenn etwa Meinong seiner Grazer Schule suggeriert, seine Philosophie sei fortschrittlicher als die Husserls, sieht dieser sich „leider in die Notwendigkeit der Abwehr versetzt; die Grazer Ruhmsucht hemmt uns in unserem Wirken für die großen Sachen, die wir vertreten u. die wir in hingebender A r b e i t fördern müssen.[52] Sie stört uns auch darin, daß wir für das unendliche Arbeitsfeld, das wir eröffnet sehen, Mitarbeiter brauchen, die doch zunächst dazu erzogen werden müssen, den Sinn und die Arbeitsweise der Phänomenologie zu verstehen." (II, 83f.).

Umgekehrt wirkt Husserl aber nach Kräften „auf alle wahrhaftigen Menschen" (VII, 207) und wirbt um jeden einzelnen, bei dem er hofft, hinreichendes Verständnis für seine eigene Philosophie voraussetzen zu dürfen. „Es machte mich ganz glücklich, daß Sie als mein ältester Schüler immer noch die tiefste Einfühlungsfähigkeit in meine neuartigen Denkweisen haben", schreibt er 1932 rückblickend an Mahnke (III, 484). Schon 1912 hatte er den Einfluß seiner Veröffentlichungen auf Phalén erhofft: „Es ist mir so, als ob diese Schriften gerade Ihnen etwas sagen könnten" (VI,

---

[52] Angesichts solcher Worte wäre es für Meinong allerdings ein Leichtes gewesen, mit dem Vorwurf der Göttinger Ruhmsucht zu replizieren.

327). 1918 unterstellt er Spranger, den er zu sich herüberziehen möchte: „In höherem Grade, als Sie es wissen, ist Ihr geistiger Horizont mit dem meinen eins geworden" (VI, 418). Ebenso heißt es ein Jahr später an die Adresse Metzgers: „In dem unsichtbaren Bunde der ‚Gottesfreunde', der ‚Brüder vom wahrhaftigen Leben' dürfen wir uns, und wie ich hoffe für allezeit, vereint wissen" (IV, 407f.). Und noch 1937 wirbt er um Kuhn: „Ich glaube, dass Sie zu den ganz Wenigen gehören, die innerlich bereit und von sich aus soweit sind, um wirklich nachverstehen zu können" (VI, 242).

Immer wieder suchte Husserl also mit jungen Denkern „zu einer wirksamen u. fruchtbaren Begründung ‚liebender Gemeinschaft'" (IV, 412) zu kommen. Dies natürlich ganz besonders mit seinen direkten Schülern, wie sie ihm zunächst in München zufielen und dann in Göttingen sowie später in Freiburg heranwuchsen. Mit der gleichen Regelmäßigkeit, wie sie unternommen wurden, mißglückten aber alle Versuche Husserls, diese Schüler zu authentischen Trägern und Weiterführern seiner Gedanken zu machen. Die Tragik des Menschenfischers Husserl bestand darin, daß seine eifrig ausgeworfenen Netze, statt voller zu werden, sich mehr und mehr leerten. Zwar fühlte er sich schon früh als „einsamer Sinnierer und Minierer" (V, 169), „als ganz vereinsamter Solus-ipse" (V, 137), der seine „eigenen, einsamen Wege" (V, 176f.) geht. Aber schließlich war es soweit gekommen, daß man „selbst im Phänomenologenkreise" die Notwendigkeit der von Husserl gegangenen Wege nicht zu sehen vermochte. Ihn beschlich das Gefühl, „ziemlich allein zu stehen" (III, 234). Die eigentliche, die konstitutive Phänomenologie, so mußte der Emeritus Husserl abschließend feststellen, war „k e i n e m meiner alten Schüler verständlich geworden" (III, 280). 1929 hatte er mit Heidegger, auf den als Fortsetzer seiner Arbeit er die allergrößten Hoffnungen gesetzt hatte, brechen müssen, da er sich in ihm getäuscht hatte. 1931 – der Bruch mit Pfänder hatte sich zu Anfang des Jahres vollzogen – war ein solcher Tiefpunkt erreicht, „daß ich mich völlig isoliert, von meinen Schülern völlig abgesondert habe, daß ich zum größten Feind der berühmten ‚Husserlschen phänomenologischen Bewegung' geworden bin" (IX, 79). Das von ihm begründete *Jahrbuch für Philosophie und phänomenologische Forschung*, in dem die Arbeiten der Phänomenologen zu erscheinen pflegten, führte er darum nicht mehr fort. Denn, so Husserls Fazit, die Arbeiten seiner vermeintlichen früheren Schüler und Mitstreiter waren dazu angetan, „den Grundsinn meiner – angeblich in ihnen fortgesetzten – Lebensarbeit z u N i c h t e zu machen" (VI, 437). Am Ende seines Lebens stand er da „als berufener Führer ohne

Gefolge" (II, 182f.), als König ohne Land. Er war „zum phil<osophischen> Eremiten geworden, losgelöst von aller ‚Schule'" (III, 286). „Es ist still, fast unheimlich still um mich herum geworden", konstatiert er 1934 (VII, 189).

War das aber nicht allzu pessimistisch geurteilt? Immerhin glaubte Husserl fünf Jahre nach seiner Emeritierung doch noch Anlaß zu Hoffnungen zu haben: „Es scheint, daß es mir ähnlich ergehen soll wie Dilthey, der eigentlich erst in den Jahren hohen Alters seine echten Schüler gewann – ein paar nur, aber von ihnen ging erst seine wahre Wirksamkeit aus" (IV, 318). Zwar erreichte er nur noch verschwindend wenige Mitglieder der inzwischen groß gewordenen phänomenologischen Bewegung. Wäre das aber ein Grund zur Beunruhigung? Wiederholt sich im Falle der Phänomenologie nicht vielleicht ein Muster, das sich schon bei der Entstehung der abendländischen Philosophie abgezeichnet hatte? Auch damals wurde ja „von ein paar griechischen Sonderlingen aus eine Umwandlung des menschlichen Daseins und seines gesamten Kulturlebens in Gang gebracht".[53] So ist es auch bei der phänomenologischen Restitution der ursprünglichen Idee der Philosophie nur eine Handvoll von Personen, die diese Idee sich anzueignen fähig und willens sind. Aber gerade sie sind jene weltgeschichtlich entscheidenden Individuen, auf die es auf lange Sicht ankommt. So ist Husserl beispielsweise voll Hoffnung, Landgrebe werde ein „Mann der Zukunft sein – einer der wenigen, die historische Existenz haben", sofern er sich rückhaltlos der Husserlschen Phänomenologie verschreibt (IV, 289). „Sie gehören zu den Wenigen, Auserlesenen, die in dieser Zeit einer fast durchaus haltlos gewordenen Menschheit die Berufenen sind, sie zu neuer Bodenständigkeit und Kraft, zu neuem Glauben und neuem Hoffen zurückzuführen", ruft Husserl ihm zu (IV, 331). Darum auch frohlockt er gegenüber Ingarden: „Landgrebe habilitiert sich in Prag, so ist dort eine phän<omenologische> Zelle – wie auch in Wien" (III, 292). In letzterer Stadt ist u.a. Schütz als der „hoffnungsvolle Fortsetzer" Husserlscher Intentionen tätig (IV, 483). Und es ist „Cairns, der Amerika für uns erobert". Von da aus, so erwartet Husserl, „wird auch England voraussichtlich phänomenologisiert" (IV, 361).

Da er dergestalt mit einer Weltmission betraut ist, setzt Husserl auch die Strategien der Missionierung ein. Sein suggestives Werben um einzelne Personen wurde schon erwähnt. Weiter sorgt er sich um das Echo seiner Werke in der Öffentlichkeit. Eine Rezension seiner *Formalen und transzendentalen Logik* durch Gurwitsch wäre ihm „sympathisch" (IV, 104),

---

[53] *Husserliana* VI, S. 336.

da dieser das Werk noch am ehesten „für eine so primitiv-verständnislose Umwelt" zu interpretieren vermöchte (IV, 105). Auch von Schütz erhofft er sich Rezensionen, die „den wenigen ganz Ernsten die leider bedeutenden Schwierigkeiten des Eindringens" erleichtern (IV, 487). Und „damit ja in allem Einstimmigkeit und s<o>z<u>s<agen> klassische Richtigkeit u. Präzision erzielt werde, bis in die letzten überaus schwierigen Tiefen" (IV, 484), rät Husserl ihm, den Entwurf zunächst an Fink zu senden: „Natürlich wollen wir (als Anonymi) Ihre wichtigen Mühen um ein gründliches und endlich den zentralen Sinn der ph<änomenologischen> Phil<osophie> nicht verfehlendes Referat über die C<artesianischen> M<editationen> und die f<ormale> u. tr<anszendentale> Logik in jeder Weise erleichtern" (IV, 484f.).

Diese Bereitschaft zu anonymen zensierenden Eingriffen im Interesse der Orthodoxie ist gewiß ein bemerkenswerter Zug im Rahmen der sektarisch kleinen Gemeinschaft, von der Husserl sich umgeben glaubt. Aber man verstehe sie nicht falsch. Er versucht nicht, sich ex cathedra gegen Kritik zu immunisieren, sondern will beim Verständnis der Sache nachhelfen, um die es ihm zu tun ist. Und gerade im Angesicht der Sachen selbst hat Husserl, der Führende, vor den wenigen, die ihm folgen, so gut wie nichts voraus. Auch sie sollen ja nichts anderes als das rein sachgerichtete Sehen erlernen und Selbstdenker werden wie er. So schreibt er an Schütz: „wir sind aufeinander angewiesen, wir Wenigen des harten Arbeitsernstes" (IV, 488). Noch schärfer ausgedrückt: „'Schüler' kann ich nicht brauchen". Denn jede Übernahme von Einsichten aus Traditionen, seien es auch die von Husserl gestifteten, anstelle der eigenständigen Erarbeitung der Wahrheit „wäre wider den Sinn des Radikalismus, den ich doch nicht bloß in Worten predige" (IV, 327). Wer als Philosoph „bloßes Sprachrohr" (IV, 272) und „Bedienter" (IV, 323) anderer Denker ist, taugt nicht für die phänomenologische Radikalität, die jede Vorgegebenheit und alle Vorgaben ausschließt. „Wir können nur wirklich autonome Selbstdenker brauchen, die sich nichts aufsuggerieren lassen" (IV, 428). Man gäbe sich selbst auf, „wenn man als Philosoph von außen her in seinen Überzeugungen im mindesten bestimmbar wäre" (IV, 323). Der wahre Phänomenologe ist vielmehr bereit, „das Schicksal der Freiheit, der Autonomie," auf sich zu nehmen (IV, 272).

Freiheit aber ist nichts Naturgegebenes – als Naturwesen ist der Mensch vielmehr in mannigfachen Traditionen verstrickt –, sondern muß in harten Kämpfen erst errungen werden. Lediglich in der Hilfe zu dieser Selbsthilfe kann Husserls Führerschaft bestehen. Phänomenologie ist für ihn genauso wie für alle anderen, die ihm zu folgen gewillt sind, „die oberste Function der auf absolute Selbstverantwortlichkeit, auf Selbstbefreiung eingestellten Menschen: des sich in freiem, echt wissenschaftlichem Denken selbst befreienden, sich als Menschen selbst stiftenden" (IV, 439). Diese Selbststiftung ist in exemplarischer Weise zwar der kleinen Phänomenologengemeinschaft, im Prinzip aber einem jeden aufgegeben, sofern er zum wahren und echten Menschentum sich erheben will. „Die Menschheit kann sich nur selbst erlösen, u. sie kann das nur, wenn wir, jeder von uns u. für sich, die Selbsterlösung vollzieht; wenn wir Einzelne den Mut finden u. d<en> großen Willen, unser ganzes Absehen auf Selbsterklärung, Selbsterkenntnis u. dann Selbstreinigung z<u> richten" (III, 218f.). Frei ist der einzelne nur, wo er „jede Knechtung der freien Persönlichkeit" von sich abschüttelt (VIII, 39) und seine Freiheit vollbewußt übernimmt, um aus ihr heraus selbstverantwortlich und in selbsterworbenen Evidenzen sein ganzes Tun und Handeln zu gestalten.

Es versteht sich, daß Husserl für sich selber diesem Ideal Genüge zu tun suchte. In seinem Philosophieren jedenfalls betätigte er sich als reiner Selbstdenker und „Autodidakt" (VI, 460), unabhängig von allen Verkrustungen der Tradition. Doch andererseits ist das genannte Schicksal der Autonomie insofern auch Schicksal, als Autonomie in erster Linie ein intellektuelles Ideal ist, nicht aber eines der ganzen Persönlichkeit. Diese ist nach ihrer affektiven Seite gerade nicht auf sich selber gestellt, sondern auf das Zusammensein mit anderen ausgerichtet und angewiesen, und insbesondere mit solchen, an denen als Vorbildern das Individuum sich emporrichten kann. In Husserl nun sind seinem eigenen Bekunden zufolge diese beiden miteinander streitenden Tendenzen gleichermaßen stark entwickelt. „Im Gemüte gebunden, im Intellecte frei, so gehe ich, wenig beglückt, meine Bahn. Immerfort geneigt anderer Ueberlegenheit vorweg anzuerkennen und mich von ihnen emporleiten zu lassen, sehe ich mich immer wieder genötigt mich von ihnen zu trennen und mir eigene Wege zu suchen." (I, 20). Nach seinem eigenen Urteil fehlt es Husserl „von Natur und Erziehung aus an innerer Sicherheit und Geschlossenheit" (IX, 40). Die intellektuelle Tendenz zur Autonomie und die affektive zur Anhänglichkeit an andere wollten sich nicht miteinander vereinigen lassen.

Wie er der ersteren mit dem Entwurf einer wissenschaftlichen, rein aus ursprünglich evidenten Intuitionen schöpfenden Philosophie Genüge getan hatte, so der letzteren vor allem in seiner Freundschaft mit der „festgefügten und rein auf das Gute gerichteten Persönlichkeit" Gustav

Albrechts. An ihr fand er in seinen Berliner Studienjahren ab 1878 „zuerst ein schönstes u. bestes Vorbild" (IX, 55), das „festigend und richtunggebend" auf ihn einwirkte (IX, 40). Als das 50jährige Jubiläum dieses exzeptionellen Freundschaftsbunds herannahte, schrieb Husserl dem von ihm noch immer in gleicher Weise Verehrten: „In unseren Berliner Studienjahren hast Du auf meine Charakterbildung tief eingewirkt, und die so schnell geschlossene Freundschaft mußte so fest sich einwurzeln, weil ich immer Deine Überlegenheit unbedingt anerkannte und ich damals auch im täglichen Zusammenleben an Deiner vielseitigen gründlichen Geistesbildung soviel Anregung hatte" (IX, 71).

Während diese Freundschaft ganz in der vorbildlichen Persönlichkeit Albrechts gründete, beruhte die zehn Jahre später (1888) mit Hans von Arnim geschlossene vor allem auf dessen klassischer Bildung. Nach von Arnims Weggang aus Halle im Jahre 1892 flaute sie allerdings ab, und einen Ersatz dafür fand Husserl sein Leben lang nicht mehr (IX, 141).

Dennoch blieb er immerzu auf der Suche nach Freunden, und zwar vor allem nach Freunden, die ihm sowohl persönlich zugetan als auch in ihrer intellektuellen Ausrichtung auf Autonomie gleichgeartet waren: kurz, nach ihm eng befreundeten phänomenologischen Mitstreitern. Viele seiner Schüler – Baudin, Cairns, Farber, Fink, Grimme, Hocking, Felix Kaufmann, Fritz Kaufmann, Patočka, Schütz, von Spett, Walther – redete Husserl zwar mehr oder weniger konventionell mit dem Titel „Freund" an.[54] Erwähnung verdienen hier aber einige Personen, denen gegenüber die Freundessuche Husserls mehr als Sache der bloßen Anredefloskel sein sollte. Daubert etwa bezeichnete er ab 1905 als seinen „lieben Freund". Dieser aber wahrte immer Abstand und beharrte auf der Anrede „Sehr geehrter Herr Professor". Offensichtlich handelte es sich dabei von beiden Seiten um bewußte Strategie, einerseits die der Vereinnahmung, andererseits die der Wahrung von Freiräumen.[55] Dies belegt ein Brief Husserls an Daubert von 1919: „Sie thun immer so, als ob mich Menschen nur als Autoren wiss<enschaftlicher> Abhandlungen interessirten u. als ob Sie es nicht verstehen wollten, daß ich Sie gerne zu meinen persönlichen Freunden zählen möchte ... Ich bleibe fest dabei Sie zu meinen Freunden zu

---

[54] Unter den Vertretern der älteren Generation bezeichnet Husserl als seine Freunde (bzw. wird als Freund apostrophiert von) Georg Cantor, Wilhelm Dilthey, Hermann Grassmann d. J., Alois Riehl, Georg Simmel, Carl Stumpf. „Freunde" im mehr persönlich-familiären Sinn waren in Halle die Familien Conrad, Krukenberg, Welcker, Wangerin; in Göttingen die Familie Jensen; in Freiburg die Familien Baumgarten, Eucken und Marchionini.

[55] Über Dauberts intellektuelle Distanz zu Husserl vgl. Karl Schuhmann und Barry Smith, „Against Idealism: Johannes Daubert vs. Husserl's *Ideas* I", *Review of Metaphysics* 38 (1985), S. 763–793.

rechnen u. überlasse es Ihnen, mich vice versa nur als Denkmaschine zu bewerten" (II, 76). Anders liegt der Fall bei einer Reihe von Schülern, bei denen sich, wie Husserl sagt, „die persönliche Freundschaft erhielt ... , trotzdem ich ihr Philosophieren nicht billigen konnte, so wenig wie sie das meine" (III, 492). Dies gilt Husserls Wort zufolge „für Hering, oder Ingarden, oder Koyré, Frau Martius, Fräulein Stein etc., die alle nicht die Kraft hatten philosophisch mit mir bis ans Ende zu gehen, die aber menschlich standhielten" (IV, 314). Schon 1917 hatte er an Ingarden geschrieben: „ich werde Sie immer zu meinen Freunden rechnen" (III, 177, vgl. 181). Noch 1924 glaubte er, daß niemand ihm „wissenschaftlich u. persönlich näher" stünde als er (III, 222). Am 13. November 1931 bedrängte er ihn („Liebster Freund"!), als er sah, daß Ingarden nicht bereit war, den transzendentalen Idealismus seines Lehrers anzunehmen: „Von allen den lieben Schülern u. philos<ophischen> Freunden mußte ich mich trennen – S i e möchte ich nicht preisgeben" (III, 280). Auf Ingardens offenbaren Protest gegen diesen intellektuellen Umarmungsversuch hin schwächte er aber noch keine zwölf Tage später ab: „Meine Freundschaft für Sie, dieses so nahe persönl<iche> Verhältnis, kann nie davon berührt werden, ob Sie den tiefsten, umwälzenden Sinn d<er> c o n s t < i t u t i v e n > Ph<änomenologie> nachverstehen u. sich zueignen oder nicht" (III, 281). Im Falle Heideggers – der ihm seinerzeit *Sein und Zeit* „in Verehrung und Freundschaft" gewidmet hatte – war er zu soviel Liberalität nicht bereit. „Heidegger, in den vielen Assistentenjahren mir zum nächsten Freund herangewachsen" (II, 113, vgl. 180; III, 234) und ebenfalls als „liebster Freund" apostrophiert (IV, 140), bereitete Husserl eine „ungeheure Enttäuschung", als er sich nicht an des Meisters Vorgaben hielt. Husserl kommentierte: „Wie ich bin, entscheide ich mich in der Freundschaft fürs Leben, und Ablösung von einem (vermeinten) Freund greift mich bis an die Wurzel meines Seins an" (III, 473). Zwei weitere bemerkenswerte Fälle sind Bell – „ich rechne ihn mit Stolz zu meinen Freunden" (III, 164) – und Mahnke („Vergessen Sie auch nicht, daß Sie in aller Welt keinen besseren Freund haben als mich": III, 472). Ersterer ist Husserl „persönlich wert" (III, 18), ganz unabhängig davon, ob er sich überhaupt mit Phänomenologie beschäftigt oder nicht, da er in letzterem Fall sich im Ausland für Husserls Deutschlands einsetzt. Bei Mahnke dagegen ist Husserls Freundschaft einerseits auf beider patriotischer Gesinnung gegründet, andererseits aber auch darauf, daß Husserl glaubte, sein Schüler identifiziere sich mit der transzendentalen Monadologie der *Méditations Cartésiennes* (vgl. III, 484). Schließlich ist hier noch die herzliche Altersfreundschaft mit Schestow zu erwähnen, den er treffend als „Verehrter Freund und Antipode!" apostrophiert (VI, 371). So konträr beider Auffassungen über den Wert begriffsmäßig-wissenschaftlichen Philosophierens auch waren, so tief waren sie sich schließlich einig in den weltanschaulich-metaphysischen Fragen.[56]

*

Wie verschieden die Arten der von Husserl gesuchten Freundschaften auch waren: sie alle bestätigen seine Aussage, er habe „ein brennendes Bedürfnis nach menschlichen Beziehungen, nach vollen und ganzen Menschen, mit denen ich mich in den grossen wissenschaftlichen Fragen, aber auch in den grossen Fragen der unseligen Gegenwart persönlich verstehen, mit denen ich mich in lebendiger Gemeinschaft des Wirkens und Strebens fühlen kann" (VI, 131). Wo die auf gemeinsame Arbeit an der Aufgabe strenger Wissenschaft gebaute Freundschaft prinzipiell eine Freundschaft unter Gleichen ist, suchte Husserl in der Freundschaft auf der Grundlage gemeinsamer Weltanschauung vor allem Vorbilder, die er verehren, und Personen, zu denen er aufblicken konnte.

Zur Gemeinsamkeit im Weltanschaulichen gehört, wie gerade der Fall Schestow exemplarisch belegt, zweifellos auch die Übereinstimmung im religiösen Grundgefühl. Überhaupt gibt ja ein diffuser religiöser Unterton, der sich etwa im häufigen Gebrauch biblischer Wendungen zeigt, Husserls Briefwechsel eine eigentümliche Färbung. Husserls religiöses Bewußtsein hat zwar kaum dogmatisch fixierbare Inhalte. Er bezeichnet sich selber „als freien Christen (wenn sich Jemand, der bei diesem Wort ein ideales Ziel religiöser Sehnsucht vor Augen hat und es für sich im Sinne einer unendlichen Aufgabe versteht, so nennen darf)" (VII, 207). Religiosität ist ihm in erster Linie das intensive religiöse Erleben. Als solches ist es aber kein bloßes Versatzstück des Husserlschen Briefwechsels, sondern, wie weiter oben schon gesagt wurde, konstitutives Element von Husserls Weltanschauung.

Als Student trat Husserl „unter dem ungeheuren und für mein ganzes Leben entscheidenden Eindruck, den das N<eue> T<estament> (das ich damals zuerst kennenlernte) auf mich machte, zur evangelischen Kirche über" und betrachtete sich seither von seiner Grundstimmung her als Christen, auch wenn er keinerlei Bezug „zum kirchlichen Leben" gewann (III, 432).[57] Daß die Lektüre des Neuen Testaments tatsächlich seine weitere

---

[56] Ähnlich wohl auch im Falle Natorps, dessen Freundschaft Husserl stets suchte, der ihm gegenüber aber auf freundliche Distanz hielt. Natorps Werke konnte Husserl jedenfalls „nicht lesen, ohne mich ganz persönlich-innerlich mit ihnen zu berühren" (V, 149).

[57] Im Herbst 1934 trat Husserl der Bekennenden Kirche bei, in der seine Freunde Walther

Lebensrichtung bestimmt und geprägt hat, bezeugt Husserl mit den Worten, daß „die entscheidenden Antriebe (die mich von der Mathematik in die Philosophie als Berufsstätte gedrängt hatten) in übermächtigen religiösen Erlebnissen u. völligen Umwendungen liegen.[58] Denn die gewaltige Wirkung des N<euen> T<estaments> auf den 23jährigen lief doch in dem Triebe aus, mittelst einer strengen philos<ophischen> Wissenschaft den Weg zu Gott und zu einem wahrhaften Leben zu finden" (IV, 408). Der Antrieb zu Husserls Philosophieren, heißt das, liegt in seiner Religiosität, wie sie sich im Umkreis des Expriesters Brentano entwickelt hat, und sein Philosophieren ist in letzter Instanz Gottsuche als Suche nach dem wahren Leben. Diese Religiosität bestimmte Husserl noch 1936 dazu, seiner Enkelin Ruth Rosenberg in ihr Stammbuch als letztes Vermächtnis des Großvaters „‚Worte des Lebens' aus dem 1ten Brief des Apostels Johannes" einzutragen (IX, 481), und sein persönliches Erlebnis des Göttlichen ermöglicht es ihm, die schweren Schicksalsschläge seines Lebens – Kriegstod seines Sohnes Wolfgang, Verlust aller Mitforscher, auf die er seine Hoffnung gesetzt hatte, Entnationalisierung durch Nazideutschland – zu überwinden. Eine Überwindung nicht auf der Grundlage methodischer Wissenschaft, sondern aus einem tief gefühlten und erlebten Glauben. Wie er 1930 an Cairns schrieb: „Sein kann man nur **im grossen Glauben** – an den Sinn der Welt, an den Sinn eigenen Daseins, an sich selbst" (IV, 24). Daß dieser große Glaube an Weltsinn und sich selbst religiöse Züge trägt, deutet Husserl gegenüber Landgrebe an: „Sich selbst erproben im Unglück, durch innere Überwindung des Schicksals, das heißt in sich selbst die Göttlichkeit des Daseins erweisen. ... Eben auf diese Innenwendung ist es im Absoluten abgestellt. Sie zu motivieren, und zur Entscheidung, die uns über uns selbst und unsere Endlichkeit erhebt, darin bekundet sich

---

und Edith Eucken lokal eine wichtige Rolle spielten. Leiter der Freiburger Bekennenden Kirche war der Pfarrer der Christuskirche Hermann Weber, der am 30. Dezember 1933 die Euckentochter Irene taufte, zu deren Paten Husserl zählte („übrigens auch eine Demonstration dieser aufrechten Menschen", wie Husserl zutreffend bemerkte: IX, 99). Nach Webers frühem Tod (er starb kaum 45jährig am 15. März 1937) wurde Pfarrer Otto Hof (1902–1980) sein Nachfolger, der übrigens die kirchliche Feierlichkeit bei der Einäscherung Husserls am 29. April 1938 leitete.

[58] Weder aus der Wiener noch aus der Hallenser Zeit Husserls scheinen sich allerdings direkte Belege für diese übermächtigen religiösen Erlebnisse beibringen zu lassen. Der mit Husserl befreundete Georg Cantor, der über Freunde in der Theologischen Fakultät der Universität Freiburg Husserl Ende 1895 auf den dortigen, dann von Rickert besetzten Lehrstuhl zu bringen hoffte, berichtete dorthin lediglich, Husserl sei „ein gläubiger Christ" (Herbert Meschkowski, „Aus den Briefbüchern Georg Cantors" *Archive for History of Exact Sciences* 2 (1962–1966), S. 518) von einem „maßvollen und toleranten Wesen" (Walter Purkert und Hans Joachim Ilgaud, *Georg Cantor 1845–1918*, Basel 1987, S. 206).

die Teleologie, die uns und unserer Welt Sinn gibt." (IV, 275f.). Ist doch die den Weltsinn stiftende Teleologie nichts anderes als das göttliche Wirken in der Welt und im weltlichen menschlichen Dasein.

Zwar ist es gerade Sache der Phänomenologie, derlei große weltanschauliche Intuitionen und Erlebnisse in wissenschaftliche Arbeitsprobleme umzumünzen. Doch strenge Wissenschaft hat als Aufbau „von unten" ihre eigene Strukturgesetzlichkeit. Das Gottesproblem mit all seinen Implikationen gehört zu den Problemen letzter und höchster Stufe. Solange aber nicht die ihm voraufliegenden Fragen – etwa die der Dingerfahrung und der Intersubjektivität, der Wissenschaftsbegründung und des Zeitbewußtseins – gelöst sind, können solche höherstufigen Fragen nicht mit Aussicht auf Erfolg in Angriff genommen werden (vgl. VI, 99 und VII, 87). So muß das Gottesproblem auf unabsehbare Zeit hinaus im Unbestimmten, genauer: im Bereich des Glaubens belassen werden. „Weil ich sehe, daß die Evidenz der phänomenologischen Sphäre keine mindere ist als die der mathematischen, und wieder weil ich sehe, daß alle philosophischen Probleme auf dem Mutterboden der Phänomenologie zusammenlaufen, beschränke ich mich jahrzehntelang auf reine Phänomenologie und auf die Ausbildung ihrer Methode, auf die Lösung ihrer echten Grundprobleme, statt mich vorwiegend den meinem Herzen soviel näher gehenden religionsphilosophischen und sonstigen Transzendenzproblemen zuzuwenden". Ganz wie Husserl auf dem Feld streng begrifflicher Arbeit der wahre Erbe deutschen Denkens ist, so auch auf dem Gebiet des religiösen Erlebens. Nicht verwunderlich ist insofern seine „große Neigung zur deutschen Mystik ... , deren innige Religiosität mich sehr anzieht" (III, 419). Doch öffentlich läßt er darüber nichts verlauten, da es seine gottgewollte Mission ist, die Philosophie nicht als Weltanschauung, sondern als strenge Wissenschaft zu begründen. Alles, „was darüber hinausgeht, verschweige ich principiell, mag es mich noch so sehr innerlich beschäftigt haben" (III, 422).

Dennoch sagt er schon 1917: „das Ende meines philosophischen Lebens sehnt sich nach dem letzten religionsphilosophischen Abschluß" (IX, 53), und: „seit Jahren streben meine Gedanken diesem Reiche der Sehnsucht zu" (VI, 60). Was sich in seiner eigenen Arbeit realisiert, ist auf den ersten Blick zwar nur die schrittweise Lösung wissenschaftlicher Arbeitsprobleme, nicht der Entwurf großer Visionen oder einer Gesamtschau, in der das Göttliche eine merkliche Rolle spielte. In dieser Hinsicht betreibt Husserl eine Phänomenologie, die nicht am Ziel, sondern am Anfang und „a u f dem Wege" ist (VII, 88). Dieser Weg ist andererseits aber auch „mein a-religiöser Weg zur Religion, sozusagen mein a-theist<ischer> Weg zu Gott" (IX, 124). Husserls Weg ist also alles andere als richtungslos. Er ist vielmehr strikt teleologisch auf das Gottesproblem hin angelegt. Zwar vermochte der Wissenschaftler Husserl zeit seines Lebens dieses gelobte Land nicht zu betreten oder gar zu bebauen. Er war aber „dankbar genug", daß es ihm wenigstens gelang, „den theoretischen Ort des Problems als eines phänomenologischen" zu bestimmen (VII, 87). Im Rahmen seines „atheologischen Philosophierens" (VII, 237) muß er somit bekennen: „eine Theologie, sei es auch eine ganz allgemeine, habe ich nicht". Aufgrund ihrer prinzipiellen Ausrichtung auf Gott und das Gottesproblem hin gilt andererseits aber mit gleicher Entschiedenheit: „Phänomenologische Philosophie als eine im Unendlichen liegende Idee ist natürlich ‚Theologie'. (Für mich sagt das: echte Philosophie ist eo ipso Theologie.)" (VII, 88).

Man mag die Tragfähigkeit solcher Aussagen in Zweifel ziehen. Wenn die Gottesidee, als Idee des Unendlichen, selber eine unendliche Idee ist: läßt sie dann eine Approximation durch die mit lösbaren, weil genau umschriebenen und exakt formulierten Problemen arbeitende streng wissenschaftliche Phänomenologie, d.h. durch eine Wissenschaft, die prinzipiell immerzu endliche Schritte (in wie großer Anzahl auch immer) vollzieht, überhaupt zu?[59] Entzieht sich ein Unendlichkeitshorizont seiner begrifflichen Fassung nicht genau in dem Maße, in dem der Philosoph sich ihm nähert? Fest steht jedenfalls, daß Husserl Grund sah, sein Unternehmen einer unendlichen Approximation ans Unendliche für sinnvoll und legitim zu halten. An dem Faktum, daß „die religiösen Evidenzen" (VII, 237) eine intuitive Evidenz des Unendlichen enthalten, war schließlich nicht zu rütteln. Damit ist „die Frage nach dem Sein des ‚Überseienden'" (VI, 461) der Phänomenologie aber unausweichlich aufgegeben. Im Unterschied zu allen bisherigen Philosophien ist sie selber, wie Husserl nicht müde wird zu betonen, Philosophie des Unendlichen. Dies sowohl ihrer Ausrichtung auf das Unendliche, d.h. dem unendlichen Horizont ihrer Problematik, als auch ihrer Ewigkeitsgeltung nach.

*

Kein Wunder, daß Husserl einer solchen schier übermenschlichen Aufgabe und Zielsetzung nur unter lebenslanger äußerster Anspannung aller Kräfte genugzutun vermochte: „Was ich vorhabe, geht fast über menschliche Kraft und Zeit" (IX, 82f.). Sein Arbeitsumfang – man denke an die

---

[59] In *Philosophie als strenge Wissenschaft* sagt Husserl im Sinne der *First Principles* von Herbert Spencer: „Nun bietet andererseits jede noch so exakte Wissenschaft ein nur begrenzt entwickeltes Lehrsystem, umgeben von einem unendlichen Horizont noch nicht wirklich gewordener Wissenschaft" (*Husserliana XXV*, S. 54).

berühmten 40.000 Stenogramme des Husserl-Archivs – überstieg, ganz wie der Umfang seiner Aufgabe, weit das Maß des Gewöhnlichen. Seine Fortschritte erzielte er „in unsäglicher Arbeit" (III, 43), aus der auch seine Werke entstanden: „Ich habe etwa ein Jahrzehnt leidenschaftlicher u. oft verzweifelnder Arbeit durchlebt, die L<ogischen> U<ntersuchungen> mir abzuringen. Über ein Jahrzehnt nicht minder leidenschaftlicher u. nicht minder aufzehrender Arbeit bedurfte es für die ‚Ideen'" (IV, 412). Immer wieder hat Husserl darauf hingewiesen, daß er sich in fieberhafter, leidenschaftlicher und intensivster Arbeit befinde, die sich übrigens mit dem Antritt des Emeritats eher steigerte als verringerte. Auch seine vielen Ferienaufenthalte wendete er – so sagt es etwa schon der Name seiner „Bernauer" Manuskripte – großenteils an die ihm aufgegebene Arbeit. Sein Tagesablauf sieht 1923 wie folgt aus: „um 1/2 6 aufstehen, und dann nur mit der Mittagspause bis 8^h Abends in concentrierter Arbeit" (IX, 168). Und noch für den Siebzigjährigen sind „8–9 Stunden konzentrierte Arbeitszeit" pro Tag das Übliche (IX, 76). Nur bei solch vollem Einsatz war eine zumindest halbwegs befriedigende denkerische Bewältigung der vielfältigen Probleme, die in Husserls Arbeitsprogramm verborgen lagen, überhaupt in etwa aussichtsreich.

Nicht nur der Arbeitsumfang, auch die Arbeitshaltung Husserls war recht ungewöhnlich. Er spricht wiederholt von seiner „Ideenverlorenheit" (VI, 135), die ihn zu einem unpraktischen Menschen mache, von seinem „furor philosophicus" (III, 47) und vom „Paroxysmus der Arbeit", in dem er stecke (IV, 269 und 355; IX, 117). Festzuhalten ist dabei zweierlei. Einmal, daß die Probleme, an denen er jeweils arbeitete, ihn eher selber ergriffen, als daß er sie aktiv aufgegriffen hätte. 1908 berichtet er über seine Ferienarbeit: „Dann packte mich eine Art Raptus. Kennen Sie nicht jenes Besessensein von Ideen und jene leidenschaftliche Vertiefung in langgesuchte und endlich wie vom Himmel zuströmende Gedankenreihen, die Monate wie Tage dahineilen lassen?" (VI, 175). 1915 schreibt er, daß ihn seine philosophischen Probleme, „bedrängen, mich, solange sie nicht ausgewirkt sind, fast wie Krankheiten befallen" (V, 176). Zwei Jahre später wird er „von Gedankenmassen überfallen" (IX, 54). Und noch 1925 sagt er, daß „ich an meinen Problemen todkrank war und immerfort bin" (III, 450).

Zum andern bewirkt diese Arbeitsintensität bei Husserl eine Geistesverfassung, die er selber als außerhalb der Normalität befindlich bezeichnet. Schon 1908 hatte er geurteilt: „ich selbst bin eigentlich nie als ganz normaler Mensch zu rechnen gewesen" (IX, 56), und noch von seinem

Wiener Vortrag von 1935 sagte er: „Beide Teile, Sprecher und Publikum, waren in anomaler Geistesverfassung" (IV, 331). Zwar glaubte er, dabei nur geschlagen zu sein „mit derjenigen Verrücktheit ... (vornehm ausgedrückt: jener weltverlorenen Entrücktheit), die zum Wesen ernsten philosophischen Ringens gehört" (III, 95). Aber er sah doch auch, daß sein Arbeitsfieber, „wie das in meiner Art liegt" (und also wohl nicht ausschließlich in der objektiven Art ernsten Philosophierens), „in der That eine Art pathologischen Zustandes" darstellt, „in dem ich weltverloren alle Correspondenzen liegen lassen muss, bis ich s<o>z<u>s<agen> wieder zu mir komme" (IV, 21). Nicht nur die *Ideen* I sind „wie im trance hingeschrieben" (IV, 413), sondern auch sonst lebte Husserl „oft lange Perioden wie im trance-Zustand",[60] während derer er „von der Wirklichkeit" nur noch „als wie von einer matten Traumwelt" berührt wurde (III, 79). „Im ganzen lebe ich in meiner Innen- und Traumwelt", sagt Husserl, und er ist erst „wieder äußeren Sinnen und aktuell Menschlichem gewonnen, wenn ich mich von dem inneren Druck ein wenig befreit habe" (IX, 41).

Daß ihm über seiner eigenen „Traumwelt" die reale Welt selber zur Traumwelt wird, mag an Husserls grundlegendes Verfahren der phänomenologischen Reduktion erinnern. Doch dürfte mit solchen psychologischen Erklärungen nicht allzu viel gewonnen sein. Ging es doch in Husserls Fall nicht um eine Frage der Forschungsmethode, sondern des Geisteszustands, in dem er als wissenschaftlicher Arbeiter sich zu befinden pflegte. Allerdings ist zuzugeben, daß die Rede von seiner Anomalität und den ans Pathologische grenzenden Trancezuständen nicht bloße Metaphorik ist, sondern ein gewisses fundamentum in re besitzen dürfte. Darauf weist ein Brief vom Mai 1937 hin – drei Monate vorher hatte Husserl in Gießen Abstinenz von Tabak und Kaffee verordnet bekommen –, in dem er von seiner damaligen Unfähigkeit zur Weiterführung der *Krisis* spricht: „ich bin noch immer nicht in den großen Arbeitszug hineingekommen, in jenen Arbeitswahnsinn, ohne den bei mir keine Publikation zustande kommt ... Ich war auch körperlich sehr herunter, die Gießener Kur mit der mehrwöchentlichen Entziehung aller Reize (Tabak, Kaffee, Tee) war hart" (IV, 374f.). Einen Zusammenhang zwischen „dem zu schrankenlosen Rauchen und den anderen Reizmitteln" einerseits und Husserls Arbeitstrance belegt eine weitere Mitteilung über diese Kur: „Einige Wochen lang blieb ich im Versuch einer radikalen Entziehung, mindest des Nikot<in>. Aber so sehr mein körperlicher

---

[60] Im Juni 1935 berichtet Husserl beispielsweise, daß er seit drei Wochen „wieder wie in trance lebe" (IV, 210).

Zustand sich besserte, wissenschaftlich denken konnte ich nicht, und so konnte ich nicht dabei dauernd bleiben. Seit 2 Wochen geht es wieder aufwärts, natürlich unter außerordentlich mäßigem Rauchen." (IV, 366). Erfolgreiches wissenschaftliches Denken und Arbeiten – also jene Hochstimmung denkerischer Produktion –, heißt das, war für Husserl ohne „Reizmittel" kaum zu erreichen. 1915 zog er sich eine Nikotinvergiftung zu. 1928 schreibt er über den Zusammenhang seiner wissenschaftlichen Produktivität mit dem Nikotingenuß: „Der Arzt hat mir das Rauchen unbedingt untersagt. Seit 9 Tagen rauche ich nicht mehr. Die Welt mutet sich sehr fremdartig an und nicht minder meine eigenen Msc." (IV, 151). Offenbar vermochte Husserl seine eigenen Gedanken erst wieder zu verstehen, als er die üblichen „Reizmittel" einsetzte.[61]

Der Hinweis auf sie dürfte auch zum Verständnis der „Depressionen" beitragen, denen Husserl lebenslang ausgesetzt war. In seiner Hallenser Frühzeit scheint es vor allem „der böse Dämon der Nervosität" (I, 157) gewesen zu sein, der ihn an der Fertigstellung seiner Arbeiten hinderte und zu wiederholten „Perioden des intellektuellen Zusammenbruchs" (III, 395) führte. Husserl machte damals, allerdings erfolglos, sogar „den Versuch mich mit einem Nervenarzt zu beraten". Von dieser „Nervosität" spricht er auch als seinen „langen Anfällen von Depression" (IV, 21). Wenn Husserl 1909 dem Jugendfreund Albrecht schreibt, er habe wieder „an den üblichen Depressionen und an der bekannten nahezu vollständigen Willenslosigkeit" gelitten (IX, 45), sowie 1932, er habe jetzt „die Monate der Depression, die seit den jungen Jahren Dir bekannt ist an mir als Folge der Überarbeitung, nun wieder ziemlich hinter mir" (IX, 82), so scheint das ebenfalls mehr auf depressive Zustände, wie Husserl sie später kannte, als auf rein nervöse Erscheinungen hinzudeuten. Denn Husserl behauptet andererseits, er habe mit den *Logischen Untersuchungen* sich selbst kuriert (IV, 22), bzw. Göttingen (wohin er bald nach dem Erscheinen dieses Werks berufen wurde) habe ihn von seinen nervösen Störungen kuriert, so daß sie erst mit dem Weltkrieg wieder aufgetreten seien (III, 340). Das legt die Vermutung nahe, daß die für 1906 bezeugte „peinliche Schwäche u. Depression" (IX, 276) sowie die Depressionen von 1909 (IX, 45), 1932 (III, 283; IX, 407; vgl. III, 493) und 1936[62] (IV, 73) an-

---

[61] Hier ist auch an den Bericht Gerda Walthers zu erinnern, die ab 1917 bei Husserl studierte: „Es gab freilich doch etwas, was Husserl sehr schätzte in der Außenwelt, und das war starker Bohnenkaffee... ‚Geben Sie mir Kaffee, dann mache ich Phänomenologie daraus!' sagte er wohl." (Gerda Walther, *Zum anderen Ufer. Vom Marxismus und Atheismus zum Christentum*, Remagen 1960, S. 211f.).

[62] Die Zeit des dann in Gießen konstatierten übermäßigen Gebrauchs von „Reizmitteln".

derer Art gewesen sein dürften als jene Hallenser Störungen. Nun traten jedenfalls gleichzeitig mit der Depression von Ende 1914 auch die ersten Anzeichen von Nikotinvergiftung auf,[63] und es ist wohl nicht allzu gewagt, einen Zusammenhang zwischen beiden Symptomen herzustellen. Auch sonst dürften sich hinter der unscharfen Benennung „Depression" nikotinbedingte Erschöpfungszustände verbergen. Dies vor allem, weil sie immer nach Perioden der Überarbeitung oder Arbeitsraserei, wie Husserl es nannte, aufzutreten pflegten (wogegen die Hallenser Störungen eher mit einem Mangel an Selbstvertrauen einhergingen). Waren diese Perioden ihrerseits doch zweifellos solche des erhöhten Konsums von „Reizmitteln".

Man wird aber kaum sagen können, daß dieser Konsum mit Husserls Philosophieren in einem inhaltlichen Zusammenhang stehe. Eher gehört er unter dessen Begleitumstände. Denn dieses Philosophieren entspringt anderweitigen Motiven. Es ist „aus der Not geboren, aus unsäglicher seelischer Not", in der es „nur die eine u. einzige Rettung gab: ein völlig neues Leben in der verzweifelten u. verbissenen Entschlossenheit, es in radikaler Ehrlichkeit von vorn anzufangen und fortzuführen und schlechthin vor keiner Consequenz zurückzuschrecken" (IV, 408). Das Philosophieren war für Husserl eine schiere Existenz- und Lebensfrage, und das nicht aus persönlichen Problemen heraus, sondern aufgrund denkerischer Schwierigkeiten. Seine allgemeine Sentenz: „Wer nicht seine Antinomien, seine Paradoxien hat, die ihm seine schönsten Wege verlegen und mit denen er bis zur Verzweiflung ringen muß, ist kein Philosoph, weiß gar nichts von philos<ophischer> Existenz – d.i. eben Ringen um philos<ophisches> Leben u. philos<ophischen> Tod" (VI, 239f.) – diese Sentenz ist nur der ins Allgemeine erhobene Ausdruck tief persönlicher Lebenserfahrung. Denn Philosophie ist für Husserl „nicht Sache der Carriere, sondern persönliches Schicksal, Ernst auf Leben und Tod" (IX, 104). Schon in der Zeit seiner Hallenser Anfänge hat er dessen ganze Schwere zu seiner unsäglichen Verzweiflung bis zur Neige auskosten müssen. Schon damals war er in „ein Ringen um geistiges Leben und geistigen Tod" verwickelt (III, 492), da er sich „nicht in hohlen Argumentationen u. Systemen" einrichten konnte, sondern „verstehen wollte u. musste" (VI, 241). Eben weil er es sich nicht in überlieferten Denkmustern und Fragestellungen bequem machte, mußte er in „oft schon verzweifelten Mühen um wissenschaftliche Klarheit" (IX, 163) als eine Art Robinson so gut wie jedes seiner Denkgeräte und Denkergebnisse sich selber schaffen. Und genau diese Arbeit „leidenschaftlicher

---

[63] Sie dürften auch die schlecht bezeugte Kur Husserls vom März/April 1915 veranlaßt haben, bevor sie dann im Herbst des Jahrs als solche erkannt wurden.

EINFÜHRUNG IN DIE AUSGABE 41

u. oft verzweifelnder Mühen" (III, 25) hielt ihn sein Leben lang in Atem. War damit doch Größeres gefordert als nur die Lösung irgendwelcher Spezialfragen. Ob es ihm gelingen würde, sich aus dieser Verzweiflung zu lösen und zu erlösen durch die Schaffung einer wissenschaftlichen Grundlage für das menschheitliche Leben der Zukunft?

*

Husserls Einschätzung seiner persönlichen Fähigkeit, zur Begründung eines streng wissenschaftlichen Philosophierens zu gelangen, war sicher nicht allzu optimistisch. Im Gegenteil, er war überzeugt von seiner nur dürftigen intellektuellen Ausstattung und seiner „Dumpfheit, Unklarheit und Unwissenheit" (I, 21). Dem stand aber nicht nur die Menschheitsbedeutung seiner philosophischen Mission gegenüber, sondern mehr noch die existenzielle Unmöglichkeit, angesichts des Mißverhältnisses zwischen dieser Aufgabe und dem für ihre Ausführung verfügbaren Instrumentarium[64] sie einfach ad acta zu legen, bis sich eines Tages ein anderer fände, der ihr vielleicht besser gewachsen wäre. So blieb Husserl nichts anderes übrig, als Stück für Stück, so gut er es eben vermochte, die sich ihm darbietenden Fragen zu lösen zu suchen. Wo er ursprünglich geglaubt hatte, „selbst nichts Großes schaffen" zu können (IX, 136) und sich deshalb mit der Aufklärung einer beschränkten Anzahl von Detailproblemen hatte begnügen wollen, wurde daraus unversehens mehr, als er je zu hoffen gewagt hatte. 1931 stellt der Zweiundsiebzigjährige zu seinem nicht geringen Erstaunen fest: „Es ist eigentlich ein ganzes philosophisches System erwachsen" (IX, 79).[65] Dessen Darstellung war aber nicht mit einem Schlage zu haben, sondern erforderte „konkrete Einzelausführung, subtile langweilige

---

[64] Über diese Diskrepanz spricht Husserl sich beispielsweise aus in II, 80 („eine zu große Mission schwachen Schultern u. einer allzu mittelmäßigen, zu begrenzten Begabung auferlegt"); III, 224 („Disproportion zwischen der Kleinheit der eigenen Begabung u. der Grösse solcher Aufgabe"); III, 405 („das Bewußtsein einer großen Mission, der ich meine geistigen Kräfte nur zu wenig angemessen fand"); III, 418 („bei meiner geringen Begabung"); III, 448 („Vielleicht bin ich auch in allzu große Aufgaben hineingeraten – in Proportion zu meinen schwachen Begabungen"); III, 492 („das Bewußtsein einer mir anvertrauten, aber meine schwachen Kräfte unendlich übersteigenden philosophischen Mission").

[65] Die zwei Jahre spätere Bemerkung Husserls gegenüber Parl Welch: „Meine Philosophie, bitte ich Sie, nicht ein ‚System' zu nennen. Denn es ist gerade ihr Absehen, alle ‚Systeme' für immer unmöglich zu machen" (VI, 459) ist keine Absage an den phänomenologischen Systemgedanken, sondern lediglich an den traditionellen Sinn, in dem Welch diesen Terminus gehandhabt hatte. – Zu Husserls „System der phänomenologischen Philosophie" vgl. den in *Husserliana Dokumente* II, 2, S. 3–9, sowie den in *Husserliana* XV, S. XXXVI, veröffentlichten Plan.

Elementaranalyse" (IX, 84). Sofern Husserl sich immer wieder auf diese Detailarbeit einzulassen hatte, kann es kaum verwundern, daß er mit einer literarischen Darstellung der unzähligen Einzelheiten, welche doch die großen Linien im Auge zu behalten hatte, nicht leicht zu Rande kam. Immer wieder schmiedete er große Pläne zu Veröffentlichungen, sie materialisierten sich aber nie.[66] 1921 schreibt er: „Ich arbeite jetzt seit einigen Monaten meine allzu großen Msc. durch u. plane ein großes system<atisches> Werk, das von unten aufbauend als Grundwerk der Ph<änomenologie> dienen könnte" (III, 213). 1923 hofft er, innerhalb eines Jahres „mit einer Einleitungsschrift (medit<ationes> de prima phil<osophia>) eine Publicationsreihe eröffnen zu können" (II, 80). Im März 1930 bezeichnete er die beabsichtigte deutsche Ausgabe der „Cartesianischen Meditationen" als „das Hauptwerk meines Lebens": „Mindestens f ü r m i c h Abschluss u. letzte Klarheit, für die ich eintreten, mit der ich ruhig sterben kann" (III, 262). Schon im Dezember des gleichen Jahres konzentriert sich seine Arbeit aber auf „das systematische Grundwerk der Ph<änomenologie>, das ich eigentlich seit einem Jahrzehnt innerlich vorbereite" (III, 269). Im März 1931 kündigt er nicht nur an, daß „mein Grundwerk der Ph<änomenologie>, die`Summe meiner Lebensarbeit" (VI, 375), „so Gott will, im nächsten Jahre" erscheinen werde, sondern es sollten „zwei größere Schriften" noch „im laufenden Jahre zu Drucke kommen" (III, 90): neben den deutschen „Cartesianischen Meditationen" noch ein Werk über „Zeit und Zeitigung". Wo ersteres Vorhaben schon im Jahr darauf fallen gelassen wird, zieht sich der auf zwei Bände erweiterte Plan des zweiten (das nun ebenfalls zum „Grundwerk" avanciert: III, 512; IX, 98) noch zumindest bis 1935 hin. Das ist übrigens auch das Jahr, in dem Husserl „eine Grundschrift über phänomenologische Reduktion" ausarbeiten will mit dem Ziel, „mir selbst und der Welt beweisen, daß ich noch lange nicht der Vergangenheit angehöre" (IX, 117).

Dieser Beweis wurde damals allerdings ebensowenig geliefert, als es Husserl davor oder danach gelang, eines der anderen größeren und grundlegenden Publikationsvorhaben zu realisieren.[67] Zum einen zog er es vor, lieber jeweils neuen Fragen nachzugehen und Fortschritte in seinem Denken

---

[66] Der erste große Plan dieser Art stammt aus dem September 1906 (abgedruckt in *Husserliana* XXIV, S. 445–447).

[67] Hier sei angemerkt, daß zu Husserls Lebzeiten die folgenden, vermutlich zum Teil zumindest entfernt mit ihm verwandten Träger des Namens Husserl mit Buchveröffentlichungen von sich reden machten. Moritz Husserl schrieb *Zur Entwicklungsgeschichte des französischen Dramas*, Brünn 1889, einen *Praktischen Lehrgang der*

zu machen, wodurch sich die Lücken seiner Gedankenbildungen schlossen, als daß er Altes, schon Erarbeitetes fertig gestaltet und ausgearbeitet hätte. Doch wichtiger als solche persönliche Vorliebe war sein tatsächlich nur gering entwickeltes Vermögen literarischer Darstellung. Schon der II. Band der *Logischen Untersuchungen* war ja kein geschlossenes Buch, sondern eine Reihe unzusammenhängender Untersuchungen unterschiedlichen Niveaus gewesen. 1908 klagt Husserl über sein Unvermögen, seine Untersuchungsergebnisse literarisch darzustellen: „ich bin gefesselt und kann nicht zusammenschließen und zur wirklichen Vollendung bringen!" (IX, 41). Auf die gleiche Situation bezieht sich 1922 der Ausruf: „Fast verwünsche ich meine Unfähigkeit mich zu verendlichen" (V, 151), und im gleichen Jahr fragt er sich: „Ich hätte nach so vielen Jahren neuen Denkens so viel Neues zu sagen, werde ich es noch liter<arisch> fertigbringen?" (III, 42). Nicht viel anders schreibt Husserl sogar noch 1937: „Vielleicht löst d o c h ein Gott meine Zunge,[68] daß ich noch s a g e n kann, was in mir u. in so vielen Jahren gewachsen, gereift ist: aber es gilt nun wirklich alles in l e t z t e r Reife und zum G a n z e n zusammengeschlossen zu fertigen u. darzustellen" (VII, 227). Doch auch in der *Krisis*, von der er nur den vierten Teil des Gesamtplans zu veröffentlichen vermochte, ist ihm dies nur in begrenztem Maße gelungen. Selber gestand er, als er seine Prager Vorträge zur *Krisis* umarbeitete: „Mündlicher Vortrag, selbst wenn man sich dazu schriftlich vorbereitet, ist nicht eine gesprochene Abhandlung ... Im Alter ist mir das mich vom Innersten her Aussprechen und Wirkenkönnen offenbar in besonderem Maße zugewachsen ... Aber dafür ist es mir besonders schwer geworden einen literarisch brauchbaren Aufsatz zustande zu bringen – was ich übrigens nie so recht konnte." (IX, 123f.). Zu diesem Mangel literarischen Talents kam die Technik der Herstellung seiner geplanten Werke als weiteres Erschwernis hinzu. Diese sollten nämlich

---

französischen Sprache für fachliche Fortbildungsschulen der Schankgewerbetreibenden, sowie zum Selbstunterricht. Unter Mitwirkung von Adolf Friedrich Heß verfaßte 3. Auflage, Wien 1904, sowie ein *Examen des tragédies de Voltaire. Esquisse littéraire*, Wien 1906. Weiter sind zu erwähnen Sigmund Husserl, *Gründungsgeschichte des Stadt-Tempels der israelitischen Kultusgemeinde Wien. Mit einer Einleitung: Die zeitgeschichtlichen allgemeinen Verhältnisse der Wiener Juden. Nach archivalischen Quellen*, Wien 1906; die Dissertation von Elsa Husserl, *Die freien Herren und Grafen von Zimmern und ihre Chronik*, Wien 1919; dazu Georg Husserl, *Die oberstgerichtliche Judikatur zum bürgerlichen Recht*, Reichenberg 1934 (ein Ergänzungsband dazu erschien 1937). Husserls Bruder Heinrich Husserl tat sich in seinen späteren Jahren als Dichter hervor; er veröffentlichte die Lyrikbändchen *Heilige Stunden*, Wien/Leipzig 1918, *Träume des Tages*, Zürich 1919, *Die stummen Wünsche*, Wien 1922, und *Sehnsuchtskinder*, Wien 1924.

[68] Auch dies eine biblische Wendung (nach Lukas 1,64).

auf der Grundlage von Manuskripten geschrieben werden, die zum Teil zehn und mehr Jahre vorher entstanden waren. Obschon es sich dabei auf den ersten Blick nur „um ein Zusammendenken, Ausgleichen, Ergänzen der alten Gedanken und Entwürfe" handelte, besagte das denn doch: „sie haben nicht den Charakter fertiger Entwürfe, sie stammen aus verschiedenen Entwicklungsstufen, und alles muß auf das letzte Niveau gebracht werden, das dabei selbst noch im Steigen ist" (IX, 75). Kein Wunder, daß „die ungeheure Arbeit des Z u s a m m e n s c h l u s s e s meiner unzähligen unveröffentlichten, höchst differenzierten konkreten Untersuchungen zur Grundlegung der Phänomenologie" (IX, 79) kaum zu leisten war. Die Unmasse disparater Manuskripte war der einheitlichen Darstellung auf einem selber noch steigenden Niveau eher hinderlich als förderlich.

Gelang Husserl also weder die Veröffentlichung eines Grundwerks noch die der daran anschließenden, d.h. in seinem Rahmen zu situierenden und zu verstehenden vielfältigen Einzeluntersuchungen, so mußte er sich jedenfalls mühen, für zukünftige Philosophengenerationen seine Gedanken so umfassend wie möglich in seinen Manuskripten niederzulegen. Schon 1922 wies er darauf hin, daß „der größte Theil meiner Lebensarbeit noch in meinen Msc. steckt" (V, 151). Neun Jahre später muß er dies, da sich seine Situation nicht wesentlich geändert hat, fast wörtlich wiederholen: „der größte u. wie ich sogar glaube wichtigste Theil meiner Lebensarbeit steckt noch in meinen, durch ihren Umfang kaum noch zu bewältigenden Manuscripten" (III, 90). So mußte Husserls Hauptsorge, statt den nicht zustande kommenden Veröffentlichungen, vielmehr seinen Manuskripten gelten. „Das aber ist meine Pflicht, u. daher die sorgenvolle Arbeit: ein brauchbarer N a c h l a ß " (III, 287). Ursprünglich sollte Heidegger „meine Msc. übernehmen, das Gereiftere herausgeben" (II, 181), später dann Fink „meinen Nachlaß ... übernehmen" (IV, 94) und systematisch ausarbeiten (IX, 105). Schließlich sollte der Cercle Philosophique de Prague „bei der geplanten archivalischen Verwahrung der Msc." (IV, 361) eingeschaltet werden.

Dies alles, damit Husserls denkerisches Vermächtnis doch noch zu adäquater Wirkung kommen könne. Denn bezüglich seines Nachlasses sieht Husserl 1933 (bekanntermaßen nicht ganz unzutreffend) vorher: „Die Zukunft wird ihn suchen". Dann nämlich, wenn nach dem Untergang des Nazireichs „die Forschung sub sp<ecie> aet<erni>" wieder erwachen und Husserls Denken, dem die Zukunft gehört, wieder entdeckt werden wird (III, 291). Sogar schon zwei Jahre vor der Machtergreifung des Nationalsozialismus hatte Husserl diese Situation eines zeitweiligen Abtretens seines Denkens von der öffentlichen Bühne, dem ein umso bedeutsamerer Wiederauftritt folgen würde, beschrieben: „Von meiner Lebensarbeit werde ich nicht mehr die Freude haben können, zu beobachten, wie sie den philosophischen Geist der neuen Zeit umwandelt, daß sie eine im wahrsten Sinn neue Zeit erweckt. Die jetzige Generation wird nicht verstehen können und verstehen wollen. Aber der Zukunft bin ich absolut sicher." (IX, 80). Diese von ihm wiederholt ausgesprochene unerschütterliche Zukunftssicherheit[69] war gegründet auf eine „Evidenz, hinter der alle mathematische Evidenz weit zurückbleibt" (IX, 78): der Evidenz nämlich, daß die Phänomenologie „unendliche Tiefen, Tiefen hinter Tiefen, Unendlichkeiten von Problemen" (IV, 289) enthält und infolgedessen für alle Zukunft eine „Unendlichkeit von Entdeckungen" (III, 280) vorzeichnet, die „das gelobte Land der künftigen Philos<ophen>-Generationen" (III, 301) ausmachen.

Gegen Ende seines Lebens stellte Husserl stolz-bescheiden fest: „Ich habe es in 50 Jahren nur eben zur Möglichkeit des philos<ophischen> Anfangens gebracht... Die Nachkommenden werden das gelobte Land unendlich reicher Entdeckungen besiedeln, in dem alle ph<ilosophischen> Probleme erst ihren echten, abs<oluten> Sinn gewinnen" (VI, 242). Husserl ist nur Anfänger – aber der w a h r e Anfänger, mit dem ein für allemal auch tatsächlich die Philosophie als strenge Wissenschaft nicht mehr nur in Halbheiten herumtappt, sondern tatsächlich anfängt.[70] Auch wenn er beteuert: „Niemand kann in Bez<ug> auf sich selbst u. eigene Lehren skeptischer sein wie ich. Ich behandle mich mistrauisch und fast bösartig, wie meinen Feind" (III, 269f.), so ist doch zu bemerken, daß er an dieser Überzeugung nie irre geworden zu sein scheint. Nur ein einziges Mal, und zwar gegenüber seinem engen Freund Jensen, der nicht wie er Phänomenologe, sondern Positivist Machscher Prägung war, räumte Husserl (vielleicht nur ad hominem?) ein: „Concedieren wir die Möglichkeit: dass jeder von uns, indem er den Weg gieng, den er gewissenhafter Weise gehen musste, doch in seiner Art der Wahrheit diente. Wissenschaft schreitet ja fort durch das Medium notwendiger Einseitigkeiten, die sich im

---

[69] Vgl. III, 269 („ich bin der Zukunft absolut sicher"); IV, 487 („die Ph<änomenologie>, der, wie wir völlig gewiß sein dürfen, die Zukunft gehört"); VI, 142 („Ich bin der absoluten Gewissheit, dass die constit<utive> Phänomenologie und sie allein Zukunft hat"); VI, 457 („die von mir eröffneten neuen Problemhorizonte, denen die Zukunft gehört (wie ich völlig sicher geworden bin)"); IX, 76 („So bin ich wieder philosophisch einsam wie in meinen Anfängen; und doch wie erfüllt, wie sicher der Zukunft!"); IX, 99 („Aber der Zukunft bin ich absolut sicher").

[70] Vgl. *Husserliana* V, S. 161.

Fortgang der Entwicklung zu berichtigen haben." (IX, 308). Dann könnte auch die Phänomenologie eventuell nicht jene Fülle der Zeiten sein, als die Husserl sie immer ausgab, und neben der es „nie mehr eine Philosophie von dem alten Stil wird geben können". Vielleicht wäre sie dann ebenfalls nur eine Einseitigkeit? Darauf könnte auch hinweisen, daß Husserl seiner selbstsicheren Feststellung, die Phänomenologie hebe alle vorhergehende Philosophie als naiv auf, die selbstbesinnliche Frage nachschiebt: „Ist eine solche Überzeugung nicht eine tolle Hybris?" (IX, 99), und: „Sind das Überschwenglichkeiten?" (VI, 242). Tatsächlich betrachtete er die Unvermeidlichkeit der mit seiner Mission „untrennbar verbundenen Hybris" als „die Tragik" seines Philosophendaseins (III, 492). Aber so unleugbar es von Hybris zeugt, „das Eine Rätsel ... , das Absolute, die Alleinheit des Seins ... umgreifen, begreifen, erkennend oder in Symbolen bezwingen" zu wollen (VII, 221), so wenig konnte Husserl „aufgrund nüchternster und unzählige Male überprüfter Arbeit" (IX, 99) von der Überzeugung abrücken, daß ihm als erstem und einzigem genau dies geglückt und aufgegeben sei: hinter den Schleier des Bilds zu Sais zu blicken.

Nun mag es so sein, daß wir hinter diesen Vorhang treten müssen, „ebensosehr damit gesehen werde, als daß etwas dahinter sei, das gesehen werden kann".[71] Die Geheimnisse der Phänomenologie sind tatsächlich „die wunderbar tiefen Geheimnisse der Subjektivität" (IV, 292). Das ändert aber nichts daran, daß Husserl mit ihrer Entdeckung ein zumindest formal an Nietzsche[72] erinnerndes Programm verwirklichte: das Programm, „endlich Ja sagen zu können, ... vom Zentrum des im Allverständnis sich selbst verstehend-vollendenden Ich Ja sagen zu müssen zum gesamten All bzw. zum eigenen Dasein" (VII, 221). Husserls Dasein und sein Verhältnis zur Welt hat sich, so scheint es, kaum anderswo so unmittelbar manifestiert und in großen und kleinen menschlichen Zügen bezeugt wie in seinen Briefen.

Husserl war der unerschütterlichen Überzeugung: „Die künftige<n> Generationen werden mich schon entdecken" (III, 287). Auch die Herausgabe von Husserls Briefwechsel wird zur Einlösung dieses Worts beitragen.

---

[71] G. W. F. Hegel, *Phänomenologie des Geistes*, Hamburg 1952, S. 129.
[72] Der Begriff des Dionysos ist nach Nietzsche der Begriff eines Menschen, der „den ‚abgründlichsten Gedanken' gedacht hat, trotzdem darin keinen Einwand gegen das Dasein ... findet, – vielmehr einen Grund noch hinzu, das ewige Ja zu allen Dingen selbst zu sein" (Friedrich Nietzsche, *Ecce Homo*, Abt. „Also sprach Zarathustra", Nr. 6).

II

Die vorliegende Ausgabe versteht sich als Gesamtausgabe der Korrespondenz Edmund Husserls. In welchem Sinne sie dies ist, bedarf einiger Erläuterung.

Zunächst enthält sie als G e s a m t a u s g a b e durchaus nicht alle Schreiben, die Husserl je versandt hat oder die an ihn gerichtet wurden. Aus dem vorliegenden Briefwechsel läßt sich mit einiger Sicherheit die (frühere) Existenz von ca. 250 weiteren Schriftstücken Husserls erschließen;[73] weitere Korrespondenzen sind zu vermuten.[74] So sehr die umfangreichen, im Zuge der Vorbereitung dieser Ausgabe durchgeführten Nachforschungen auch ergeben haben, daß das meiste davon als verloren anzusehen ist, bleibt doch die begründete Hoffnung, daß manches Stück früher oder später doch noch ans Tageslicht treten könnte.[75]

Schlechter steht es bei den an Husserl gerichteten Schreiben. Falls nicht in Nachlässen oder anderweitig noch Entwürfe oder Abschriften davon auftauchen sollten, müssen die versandten Originale, sofern nicht in vorliegender Ausgabe abgedruckt, so gut wie alle als verloren gelten. Als der Nachlaß Husserls 1938 nach Löwen verbracht worden war und seine ebenfalls nach Belgien ausgereiste Witwe 1939, in Erwartung der Weiterreise zu ihren in die Vereinigten Staaten emigrierten Kindern, ihren ganzen Besitz im Hafen von Antwerpen zur Einschiffung hatte unterstellen lassen, wurde dort „infolge eines alliierten Bombenangriffs am 16. September 1940 und

---

[73] Empfänger waren u.a. die Kultusministerien in Berlin und Karlsruhe, die Notgemeinschaft deutscher Wissenschaft, verschiedene Stellen der Universität Freiburg, die Rockefeller Foundation; die Einzelpersonen Émile Baudin, Louis Couturat, E. W. Edwards, Rudolf Eucken, Moritz Geiger, Jean Hering, George Dawes Hicks, Gerhart Husserl, Erich Jaensch, Theodor Lessing, Arthur Liebert, Zagorka Mićić, Hugo Münsterberg, Alexander Pfänder, Walter B. Pitkin, Christopher V. Salmon, Georg Simmel, Eduard Spranger, Peter Wust. Am 11. April 1937 schreibt Husserl seiner Schwiegertochter: „mein Briefzettel mit den Namen d r i n g e n d e r Correspondenten hat 13 Nummern" (IX, 261), drei Tage später an Pannwitz gar: „Vor mir liegen circa 20 wissensch<aftliche> Briefe, die ‚dringende' Beantwortung heischen" (VII, 228). In der Woche bis zum 19. April lassen sich aber nur drei Briefe nachweisen. Ähnlich im Fall Malvine Husserls, die in einem (in vorliegender Ausgabe nicht abgedruckten) Brief an ihre Tochter vom 4. Februar 1936 sagt: „Dies ist seit Weihnachten der 58. Brief". Unter ihren erhaltenen Briefen ist es indessen nur der zwölfte.

[74] Husserl dürfte etwa mit Isaac Benrubi, Fritz Berger, Christian Deetjen, Boris Jakowenko, Paul Ferdinand Linke, Hermann und Babette Oldenberg zumindest vorübergehend in Briefkontakt gestanden haben. Ebenso ist Korrespondenz mit seiner Mutter, seinem Bruder Emil und der Familie seiner Schwester Helene zu vermuten.

[75] So ist beispielsweise ein Brief Husserls an Georg Misch (über Heidegger) von Ende Mai/Anfang Juni 1922 derzeit unzugänglich, da Mischs Nachlaß noch geschlossen ist.

der daraus entstandenen Feuersbrunst ... ein bedeutender Teil seiner Korrespondenz – darunter die an ihn gerichteten Briefe Martin Heideggers – vernichtet".[76] Tatsächlich wollte Malvine Husserl die Briefe der engeren Freunde Husserls sowie seiner Kinder nicht sogleich im neu errichteten Husserl-Archiv unterbringen, sondern sie in Amerika erst sichten, bevor sie einer gewissen Öffentlichkeit zugänglich gemacht werden sollten. Zu den damals verlorengegangenen Briefen zählen neben denen Heideggers aller Wahrscheinlichkeit nach auch die Originalbriefe von Winthrop Bell, Marvin Farber, William Boyce Gibson, Adolf Grimme, Roman Ingarden, Felix Kaufmann, Fritz Kaufmann, Alexandre Koyré, Ludwig Landgrebe, Jan Patočka, Hendrik Pos, Alfred Schütz, Carl Stumpf und insbesondere die von Husserls Freund Gustav Albrecht, die seines Sohnes Gerhart sowie seiner Tochter Elisabeth.

Doch auch das erhaltene Material wird nur mit gewissen Einschränkungen geboten. Von Husserl wurden gegen dreißig meist fragmentarische und inhaltlich wenig bedeutsame Briefentwürfe, die sich unter seinen Manuskripten fanden, nicht aufgenommen, da sie sich in keinen Kontext einordnen ließen.[77] Unter den an ihn gerichteten Schreiben wurden allgemeine Drucksachen (ministerielle oder universitäre Mitteilungen, Reklametexte), die zum Teil als Umschläge in den Manuskripten liegen, so wenig aufgenommen wie einige speziell von bestimmten Instanzen an Husserl gerichtete Schreiben (Bankauszüge, Mitteilungen über gezeichnete

---

[76] H. L. Van Breda, „Die Rettung von Husserls Nachlaß und die Gründung des Husserl-Archivs", in *Husserl et la Pensée Moderne – Husserl und das Denken der Neuzeit*, Den Haag 1959, S. 74.

[77] Sie reichen von nichtssagenden Bruchstücken der Art „Sehr geehrter Herr Geheimrat" (A V 5/160a, ca. 1927), „Sehr geehrter und lieber Herr Kollege! Sehr ermüdet vom S/S kam ich hieher in mein liebes Ferienheim Bernau" (D 13 II/36a, 11. VIII. 1918) oder „<...> leider die Freude des Wiedersehens getrübt durch ernstliche Erkrankung meiner Frau" (B IV 6/65b, Ende Mai 1921) bis zu relativ ausformulierten Texten wie „Namens der Fakultät teile ich Ihnen mit, daß sie Bedenken trägt, die Soziologie als eine eigene Wissenschaft anzuerkennen und für diese eine s p e z i e l l e venia zu erteilen. Die Fakultät läßt Habilitationen in Ethnographie und Philosophie zu und würde in deren Rahmen eine soziol<ogische> Habilitation – wenn sie ihren großen wissenschaftlichen Anforderungen entspricht – zulassen. Sie würden gut tun, sich mit Herrn Prof. Grosse in Beziehung zu setzen, obschon er nicht Ordinarius in der Fakultät ist." (F I 40/255b, Schreiben Husserls als Dekan, ca. Anfang 1920). Auch folgende Postkarte ließ sich nicht einem Adressaten zuordnen: „Sehr geehrter Herr Doktor. Lebhaften Dank für die gütige Übersendung Ihrer mich sehr interessierenden Abhandlung. Mit freundlichstem Gruße von Haus z<u> Haus Ihr sehr ergebener EHusserl. Freiburg i/B, 21. 9. 26" (Sektion R I).

Kriegsanleihen, Firmenschreiben),[78] inhaltlich belanglose Einzelstücke[79] oder auch Einzelbriefe, auf die Husserl so gut wie sicher nicht reagierte.[80] Solche Schreiben wurden nur abgedruckt, wenn sie als Begleitbriefe zur Übersendung von Büchern oder Sonderdrucken der Autoren auftreten oder sonstwie substanziell mit Husserl in Beziehung stehen. Weiterhin wurden auch hier wieder kontextlose Fragmente beiseite gelassen.[81]

Wenn hier von einer Gesamtausgabe der Husserlschen K o r r e s p o n - d e n z die Rede ist, so ist letzterer Ausdruck dahin zu verstehen, daß nicht nur adressierte und postalisch beförderte Briefsendungen im klassischen Sinne darunter fallen. Als zu Husserls Korrespondenz gehörig werden hier alle Schriftstücke betrachtet, die in irgendeiner Weise an bestimmte Personen oder Instanzen gerichtet wurden. Als Schrifttexte unterscheiden sie sich von den mündlich an bestimmte Personen gerichteten Darlegungen Husserls (Vorlesungen, Vorträge, Gespräche), als an bestimmte Adressaten gerichtet von seinen Forschungsmanuskripten und Veröffentlichungen. Zur Korrespondenz werden infolgedessen auch nicht abgesandte Briefentwürfe sowie Gutachten (über Personen oder Dissertationen) und Empfehlungsschreiben gerechnet.[82]

---

[78] Zu letzterer Gruppe zählen beispielsweise die Bitte des „Hannoverschen Kuriers" um einen Ausspruch über Kant zu dessen 200. Geburtstag (D 19/129+131, 3. IV. 1924), ein Brief des Otto Voigtländer Verlags mit einer ähnlichen Bitte, diesmal zum 50. Geburtstag des Schriftstellers Albert Soergel (A VI 14 a/38, 30. V. 1930), ein im Auftrag Sigismund von Radeckis von Viktor Hammerschlag geschriebener Brief mit der Bitte, die Kandidatur von Karl Kraus für den Literaturnobelpreis unterstützen zu wollen (A III 12/94+105, 4. X. 1925), ebenso eine gleiche Aufforderung, diesmal von Ernest S. Greene, zugunsten von Upton Sinclair (B III 2/10b, 5. X. 1931), die Antwort einer Bremer Tabakshandlung auf Zigarrenbestellungen (A I 38/3+27, 18. X. 1921) oder das Angebot einer Heidelberger Möbelspedition, die von Husserls Ruf nach Berlin gehört hatte, ihm beim Umzug dorthin behilflich zu sein (A I 38/4+5, 25. VII. 1923).

[79] Etwa eine Londoner Ansichtskarte von Satomi Takahashi mit dem Text: „29. 11. 27 Sehr geehrter Herr Geheimrat! Herzliche Grüsse aus d nebelhaften London! Sehr ergebenst Satomi Takahashi".

[80] Z.B. der Brief des Alzeyer Studienassessors L. Schneider mit der Frage nach Husserls Beziehungen zu Melchior Palágyi (F II 5/101+1, 21. III. 1929).

[81] Etwa das Bruchstück eines Briefs von Tomoye Oyama an Husserl (F II 7/108, um 1922), das eines solchen von A. Narasaki (B II 4 und E I 4/15, 27. VIII. 1929), von einem unbekannten, in Stuttgart wohnhaften Studenten (A VII 13/36b, 13. X. 1921), ein undatiertes Brieffragment des Husserlschülers Erich Meyer Bachem (D 19/83b) und ein ebensolches von Hedwig Conrad-Martius (A VI 6/9b).

[82] In einem Ausnahmefall wie der Notiz Husserls über die Lage des Grabs seines vor Verdun gefallenen Sohnes Wolfgang (IX, 301) wird allerdings nicht einmal diese Minimalbedingung erfüllt. Indessen ist noch eindeutiger, daß diese Notiz weder mit Husserls Forschungsmanuskripten noch mit seinen Veröffentlichungen irgendwie in Verbindung

Daß die vorliegende Ausgabe eine solche der Korrespondenz Husserls sein soll, schränkt sie nicht auf von Husserl selber verfaßte Schriftstücke ein. „Die Veranstaltung einseitiger Briefausgaben ist immer höchst unbefriedigend und eigentlich nur zu rechtfertigen, wenn die Briefe des Partners nicht erhalten geblieben sind."[83] Dementsprechend wurden, wie schon gesagt, auch alle erhaltenen an ihn gerichteten Schriftstücke (im Rahmen der oben genannten Einschränkungen) in die Ausgabe aufgenommen. Aber nicht nur dies. Auch den von Husserls Frau Malvine geschriebenen Briefen wurde breiter Raum zugemessen; in geringerem Maße auch solchen, die an sie adressiert sind. Dies aus zweifachem Grund. Zum einen schreibt sie Husserls Schülern oft, wie sie selber festhält, im ausdrücklichen Auftrag Husserls und als sein „getreuer Sekretär" (III, 247). Diese Briefe sind als von Husserl veranlaßt und autorisiert zu betrachten; sie wurden darum ausnahmslos abgedruckt. Zum andern ist Malvine Husserl als Lebenspartnerin Husserls, der sich, wie er einmal sagt, von ihr „nie trennt" (VIII, 232), die unmittelbarste Zeugin seines Lebens und seiner Aktivitäten. Ihre Briefe an Freunde und Verwandte der Familie sowie an ihre Kinder enthalten (trotz einer unausrottbaren Neigung zur Schönfärberei)[84] oft unersetzliche Hintergrundinformationen zum Verständnis von Husserls Leben und gesellschaftlichem Umfeld. Briefe dieser Art wurden (in Band IX) in größtmöglicher Auswahl wiedergegeben, sofern sie nur irgend relevante Mitteilungen über Husserl enthalten. Briefe an Malvine Husserl wurden dagegen nur abgedruckt, sofern sie von einem der Korrespondenzpartner Husserls geschrieben wurden.

Was die Anordnung der Wiedergabe der Briefe betrifft, hätte der Gedanke an eine chronologische Abfolge gewiß nahegelegen.[85] Sofern die vorliegende Edition um Husserl zentriert ist, hätte sich seine Entwicklung dergestalt am mühelosesten verfolgen lassen. Doch sprachen überwiegende Gründe gegen einen solchen Aufbau.[86] So schon die Neigung gerade des späten Husserl, in seinen Briefen von früheren Zeiten, vor allem seinen

---

steht, weshalb sie denn doch hier ihren Platz fand.
[83] Hans Tümler (Hrsg.), „Vorwort" zu *Goethes Briefwechsel mit Christian Gottlob Voigt*, Bd. I (Schriften der Goethe-Gesellschaft, 53. Band), Weimar 1949, S. 2.
[84] Vgl. IX, 286f.
[85] Dies auch in Analogie zur Herausgabe von Husserls kleineren Schriften in den Bänden XXII, XXV und XXVII der *Husserliana*, die ebenfalls chronologisch aufgebaut sind.
[86] Die Verfolgung chronologischer Zusammenhänge ermöglichen das „Chronologische Verzeichnis der Briefe Husserls" sowie das „Chronologische Verzeichnis der Briefe an Husserl".

Hallenser Anfängen, zu berichten. Gewichtiger ist der Umstand, daß die Einordnung der an Husserl gerichteten Schreiben unter dem Datum ihrer Abfassung zu Verzerrungen geführt hätte, variierte doch die damalige Laufzeit der Briefe von einem (Inlandspost) bis zu vierzehn (Überseepost) Tagen. Entscheidend aber ist, daß dergestalt die Art und Entwicklung von Husserls Verhältnis zum jeweiligen Korrespondenzpartner unterbelichtet geblieben wäre.[87] Da für die Korrespondenz gerade im Falle Husserls ein solcher Adressat aber wesentlich ist, wurde stattdessen eine personenbezogene Einteilung gewählt. Die zwischen Husserl und dem gleichen Partner gewechselten Schriftstücke wurden unter dem Namen dieses Partners zusammengefaßt und bilden damit die Grundeinheit der Ausgabe. Innerhalb dieser Einheiten wurde sodann prinzipiell die chronologische Reihenfolge der zwischen Husserl und seinem Korrespondenzpartner gewechselten Schriftstücke eingehalten. In Anhängen dazu sind Stücke untergebracht, die nicht in den eigentlichen Gang der Korrespondenz gehören, aber doch zu ihr in Beziehung stehen.

Partner, die in relevanter Hinsicht miteinander vergleichbar sind, wurden zu Klassen zusammengefaßt und – in alphabetischer Reihenfolge der Namen dieser Briefpartner – in je einem der neun Textbände der Ausgabe untergebracht. Diese Textbände zerfallen ihrerseits in zwei Hauptgruppen. Die Bände I–IV spiegeln in etwa Husserls philosophische Entwicklung wider. Husserl beginnt seinen Weg als Philosoph unter den Fittichen Franz Brentanos. Dank der Aktivitäten Johannes Dauberts entsteht (wohl ein einzigartiger Fall in der neueren Philosophiegeschichte) kurz nach der Jahrhundertwende die erste Phänomenologengruppe nicht an Husserls eigener Universität Göttingen, sondern in München. Erst durch die Impulse des 1909 von München als Privatdozent nach Göttingen übergewechselten Adolf Reinach bildet sich auch dort eine phänomenologische Schule recht einheitlicher Prägung heraus. Als Husserl 1916 schließlich nach Freiburg geht, gelingt es ihm wenigstens teilweise, seinen dortigen Schülern den transzendentalen Charakter der Phänomenologie nahezubringen.[88]

Die Bände V–IX der vorliegenden Ausgabe sind dagegen eher konzentrisch angelegt. Ein gemeinsamer (negativer) Zug dieser zweiten Haupt-

---

[87] Man vergleiche etwa in Band III dieser Ausgabe die Korrespondenz Husserls mit Dingler mit der mit Hocking. Obwohl in beiden Fällen sowohl von wie an Husserl geschriebene Briefe erhalten sind und die Gesamtzahl der Stücke beide Male in etwa die gleiche ist, ergibt sich doch beim Durchlesen der Korrespondenzen ein höchst unterschiedliches Bild von Husserls Verhältnis zu beiden Denkern.

[88] Wo sich übrigens in Husserls Göttinger Zeit unter seinen Schülern ein gewisses Kontingent slawischer Studenten befand, sind in Freiburg neben Amerikanern vor allem Japaner vertreten.

gruppe liegt darin, daß die hier vertretenen Korrespondenzpartner nur in geringem Maße Husserls philosophische Signatur teilen, also strikt genommen keine Phänomenologen sind. Vom Zentrum der Husserlschen Philosophie aus gesehen ist sein Abstand zu den Neukantianern, die ihrerseits eine einheitliche Gruppe bilden, noch am geringsten. Ihnen folgen die sonstigen Philosophen, mit denen Husserl in Briefverkehr stand. Als nächstes wurden alle übrigen Personen zusammengenommen, die nicht voll und ausschließlich als Philosophen anzusprechen sind, aber aus irgendwelchen wissenschaftlichen Gründen mit Husserl in Kontakt traten. Die von verschiedenen, meist wissenschaftlichen Institutionen mit Husserl gewechselten Briefe sodann beziehen sich oft gar nicht auf ihn als Phänomenologen, sondern als Universitätslehrer, als Autor oder als berühmten Zeitgenossen. Die Briefe Husserls an seine Freunde und Familie schließlich, so aufschlußreich sie oft sein mögen, haben jedenfalls im Prinzip mit den spezifischen Inhalten seiner Philosophie kaum etwas zu tun.

Die Titel der einzelnen Bände wurden vor allem im Interesse der Kürze und Prägnanz gewählt, wobei der Eindeutigkeit und Genauigkeit zuweilen ein Opfer gebracht werden mußte. Der Titel von Band I: „Die Brentanoschule" ist vielleicht insofern nicht völlig zutreffend, als nicht nur Husserls Briefwechsel mit Brentano und seinen direkten Schülern, sondern auch mit dem z.T. anderweitig beeinflußten Schmied-Kowarzik darin aufgenommen ist. Und während Husserls meiste Kontakte mit den Schülern Brentanos direkt oder indirekt auf die Zeit seines Wiener Studiums bei Brentano zurückgehen, fällt etwa seine Korrespondenz mit Utitz erst in die Jahre nach seiner Emeritierung.

Band II: „Die Münchener Phänomenologen" trägt zwar einen inzwischen klassisch gewordenen Titel,[89] enthält aber nicht nur Husserls Korrespondenzen mit den Münchener Phänomenologen, sondern mit allen Personen, die für Husserl wesentlich mit München verbunden waren. Darum sind nicht nur Theodor Lipps und der später nach Frankfurt gegangene Hans Cornelius darin untergebracht, sondern auch Ernst von Aster, der zwar wie die meisten Münchener Phänomenologen Lippsschüler war, sich in München aber hauptsächlich als Kritiker der Phänomenologen profilierte. Auch Adolf Reinach ist hier aufgenommen, Husserls einziger Göttinger Habilitand, da er im Münchener Kreis die entscheidenden philosophischen Impulse empfangen hat. Der Münchener Phänomenologie

---

[89] Vgl. Reinhold Nikolaus Smid, „'Münchener Phänomenologie' – Zur Frühgeschichte des Begriffs", in H. Spiegelberg und E. Avé-Lallemant (Hrsg.), *Pfänder-Studien*, The Hague/Boston/London 1982, S. 109–153.

EINFÜHRUNG IN DIE AUSGABE 53

haben sich auch Husserls (bzw. Reinachs) Göttinger Schülerin Hedwig Conrad-Martius angeschlossen sowie Gerda Walther, die zeitweise bei Husserl in Freiburg studiert hatte. Sie sind darum ebenfalls in diesem Band untergebracht.[90]

Band III wurde nicht nur der Abwechslung halber „Die Göttinger Schule" (statt „Die Göttinger Phänomenologen") benannt, sondern vor allem deswegen, weil sich in Göttingen durch das Wirken Reinachs als Privatdozent (1909–1914) eine weithin homogene Schule herausgebildet hatte. Doch auch in diesem Band gibt es Ausnahmen. William Hocking und Hugo Dingler gaben in Göttingen nur kurze Gastrollen, und das viele Jahre bevor Reinach sich dort habilitierte. Dietrich Mahnke studierte ebenfalls großenteils vorher dort, entwickelte sich als Philosoph aber erst nach dem Krieg, und dann viel mehr in einer dem Freiburger Husserl als den Göttingern verwandten Richtung. Der Theologe Rudolf Meyer schließlich scheint in Göttingen erst angekommen zu sein, als Reinach schon im Felde stand; er folgte Husserl dann nach Freiburg.

Band IV trägt den wenig spezifischen Titel „Die Freiburger Schüler". Es wurde dabei absichtlich vermieden, von „Phänomenologen" oder von „Schule" zu sprechen. Ersteres nicht, weil es durchaus Freiburger Studenten gab, die sich als Schüler Husserls betrachteten, aber entweder nur bedingt (Farber, Pos, Stern) oder gar nicht (Hartshorne) als Phänomenologen. Letzteres nicht, weil ein gemeinsamer philosophischer Nenner, wie es in Göttingen Reinachs Realismus (in Husserls Urteil, Ontologismus: vgl. VII, 88) gewesen war, den Freiburger Studenten Husserls fehlte. Viele von ihnen gingen zwar durch Heideggers Hände (teils bevor er 1923 nach Marburg ging, teils nach seiner Rückkehr 1928), aber zu einer einheitlichen Ausrichtung und Prägung reichte das, schon wegen der fünfjährigen Unterbrechung von Heideggers Freiburger Lehrtätigkeit, nicht hin. Und dies nicht nur, weil der Kontakt unter den verschiedenen Freiburger Studentengenerationen eher locker war, da dort ein prägendes Diskussionsforum, wie es die „Göttinger Philosophische Gesellschaft" gewesen war, fehlte,[91] sondern auch, weil Husserl selber noch Jahre nach seiner Emeritierung Privatunterricht für Personen gab, die aus aller Welt zu ihm kamen und insofern zu seinen Freiburger Schülern gezählt werden müssen. Deshalb

---

[90] In diesen beiden Punkten folgen wir dem Beispiel von Eberhard Avé-Lallemant, *Die Nachlässe der Münchener Phänomenologen in der Bayerischen Staatsbibliothek*, Wiesbaden 1975.

[91] Die Ende 1918 gegründete und noch für 1927 bezeugte „Freiburger phänomenologische Gesellschaft" erlangte niemals eine der Göttinger Gesellschaft vergleichbaren Rolle.

wurden auch solche Personen (Lassner, Patočka, Schütz, evtl. Baba) in diesen Band hineingenommen.

Band V: „Die Neukantianer" bedarf weder vom Titel noch von seinem Inhalt her einer besonderen Erläuterung. In ihm sind Angehörige der beiden neukantianischen Schulen, der Badenser ebenso wie der Marburger, vertreten.

Bis einschließlich Band V sind die einzelnen Bände der Ausgabe nach inhaltlichen Kriterien zusammengestellt. Zwischen den Brentanisten und den Neukantianern mögen Abgründe klaffen, gemeinsam ist ihnen, daß sie als eigene philosophische Schulen oder Richtungen identifizierbar sind. Das gleiche gilt für die Münchener und die ihr verschwägerte Göttinger Phänomenologie, in geringerem Maße auch für die Freiburger. Ab Band VI fehlen solche inhaltlichen Kriterien, weshalb in den Titeln der Bände VI–IX darauf hingewiesen wird, daß in ihnen Korrespondenzen mit nur formal umgrenzten Personengruppen zusammengefaßt sind. Dabei mag der Titel von Band VI: „Philosophenbriefe" verwundern. Wären die Brentanisten, Phänomenologen und Neukantianer keine Philosophen? Indessen soll dieser Titel einerseits zum Ausdruck bringen, daß in Band VI Husserls Briefwechsel mit allen übrigen Philosophen untergebracht ist, d.h. mit Philosophen, die weder Brentanisten noch Phänomenologen oder Neukantianer sind noch sonstwie eine einheitliche Schule bilden. Insofern ist das Auswahlkriterium hier negativ. Zum andern ist darauf hinzuweisen, daß der Titel dieses Bandes einem gleichnamigen, die Korrespondenz Alexius Meinongs enthaltenden Band entlehnt wurde, der ebenfalls ohne Aufteilung der Briefpartner nach ihrer Schulzugehörigkeit zusammengestellt ist.[92] Entsprechend bunt ist das Gewimmel in diesem Band. Dazu kommt, daß die darin vereinigten Personen durchaus nicht in jedem Fall und in vollem Umfang als berufsmäßige Philosophen angesprochen werden können (wie umgekehrt dann auch in Band VII Personen eingereiht werden, die nicht ohne weiteres als Nichtphilosophen zu bezeichnen sind). Kriterium für die Einordnung in Band VI war in erster Linie das Erscheinungsbild der betreffenden Person in den Augen Husserls. Darum sind etwa die spätere saarländische Landtagsabgeordnete Maria Brück und der Bibliothekar Andrew D. Osborn hier untergebracht, die mit Husserl im Rahmen einer größeren philosophischen Arbeit, nämlich ihrer Dissertationen, in Kontakt traten (wogegen der Erzähler Ernst Roenau, der Husserl lediglich einen philosophischen Artikel sandte, ohne daß Husserl in Roenaus

---

[92] Vgl. Rudolf Kindinger (Hrsg.), *Philosophenbriefe. Aus der wissenschaftlichen Korrespondenz von Alexius Meinong*, Graz 1965.

größere, unpubliziert gebliebene philosophischen Arbeiten Einblick gehabt hätte, in Band VII eingeordnet wurde). Schließlich finden sich in Band VI die Briefe Husserlscher Fachkollegen wie Dyroff, Eucken, Freudenthal, Mochizuki oder Morris, mit denen er zwar in ihrer bzw. seiner Eigenschaft als Philosoph korrespondierte, aber doch wegen Problemen (ein Aufruf bzw. Berufungsfragen und Empfehlungen), die inhaltlich mit dem Fach selber kaum zu tun haben.

Der Titel von Band VII: „Wissenschaftlerkorrespondenz" ist insofern zu eng, als in diesem Band nicht nur Husserls Korrespondenz mit bestimmten Fachwissenschaftlern aufgenommen ist, sondern auch mit sonstigen Personen des damaligen Geisteslebens, für die eine eigene Rubrik zu eröffnen sich nicht verlohnen würde. Das gilt nicht nur für die Korrespondenz mit dem schon erwähnten Erzähler Roenau, sondern auch für die Dichter Hugo von Hofmannsthal (der Husserl ein einziges Mal besuchte, da er mit „der Husserlin"[93] indirekt verwandt war), Rudolf Pannwitz, Walter Meckauer und Paul Ernst. Weiter fallen aus dem Rahmen der strikten Wissenschaftlerkorrespondenz auch Husserls Karte an den Hallenser Universitätsbibliothekar Otto Hartwig heraus sowie der Gedenkeintrag für Edith Eucken-Erdsiek. Indessen gehörte Hartwig zur Universität Halle und war Eucken-Erdsiek über ihren Mann, den Nationalökonomen Walter Eucken, mit Husserl befreundet, weshalb sie gleich Hartwig hier eingeordnet wurde.[94] Auch die Unterbringung Erich Przywaras in diesem Band statt in Band VI könnte Bedenken wecken. Der Grund für sie ist Husserls Auffassung, Przywara habe keine rein philosophische, sondern eine „theologisch-philosophische Verarbeitung der neuen phänomenologischen

---

[93] Vgl. Hugo von Hofmannsthals Brief vom 6. Dezember 1906 aus Göttingen an seine Frau: „Leider ist immerfort elendes Regenwetter und so werd ich heute wegen dem Schnupfen gar nicht ausgehen, sondern nur nachmittags in dem einzigen Wagen, den es hier giebt, wenn er frei ist, zu der Husserlin fahren für kurzen Besuch" (zitiert bei Rudolf Hirsch, „Edmund Husserl und Hugo von Hofmannsthal", in Carl-Joachim Friedrich und Benno Reifenberg (Hrsg.), *Sprache und Politik. Festgabe für Dolf Sternberger zum sechzigsten Geburtstag*, Heidelberg 1968, S. 108). Von Hofmannsthals Frau Gertrud, geb. Schlesinger (übrigens die Schwester jenes Wiener Bankiersohns Hans Schlesinger, den Thomas Masaryk 1876 als Privatlehrer zum Studium nach Leipzig begleitet hatte, wo Masaryk den Studienanfänger Husserl kennenlernte), hatte zur Mutter Nanette Kuffner (aus der bekannten Wiener Bierbrauerfamilie Kuffner), geb. Hamburger. Zur Familie Hamburger hatte auch Malvine Husserl verwandtschaftliche Beziehungen.

[94] Edith Eucken-Erdsiek hat sich übrigens auch selber wissenschaftlich betätigt. Nicht nur gab sie nach dem Tod ihres Mannes u.a. dessen Buch *Wettbewerb, Monopol und Unternehmer*, Bad Nauheim 1953, heraus, sondern schrieb neben politischen und geschichtlichen Büchern u.a. *Die Ordnung, in der wir leben. Zum Verständnis unserer Wirtschaftsordnung*, Rastatt 1961.

Motive" vorgenommen (VII, 238). Insofern steht er mit Daniel Feuling auf einer Stufe, mit dem sich Husserl ebenfalls zwar in der weltanschaulichen Auffassung des Gottesproblems, nicht aber im Methodischen und Wissenschaftlich-Philosophischen einig weiß. Ganz aus dem Rahmen dieses Bands fällt der andererseits doch nur hier unterzubringende Brief Hedwig Hufnagels an Husserl, der den Denker von einer anders nicht beleuchteten menschlichen Seite zeigt: der eines allerdings nicht näher bestimmbaren Entgegenkommens für eine Person seiner Heimatstadt. Über die Näherin Hedwig Hufnagel, möglicherweise eine Schulgenossin Husserls aus seiner Volksschulzeit, ist lediglich bekannt, daß sie Anfang 1911 bei seiner Wiener Schwägerin Clotilde Husserl und der ebenfalls in Wien ansässigen Familie Albrecht arbeitete; Anfang 1912 bat Husserls Mutter die Familie Albrecht, sie wiederum zu beschäftigen.[95]

Wenn Band VIII „Institutionelle Schreiben" betitelt ist, so ist der Terminus „Institution" in einem hinreichend weiten Sinne zu nehmen. Ein Schreiben gilt als an eine Institution gerichtet bzw. als von ihr ausgehend, wenn der Adressat bzw. Adressant das Schreiben nicht in seinem eigenen Namen erhält oder verfaßt, sondern im Rahmen einer bestimmten Organisation. Wo noch in Band VII der Versuch, Wissenschaftler besonderer Fachrichtung zu Untergruppen zusammenzufassen (etwa Juristen, Mathematiker, Philologen und Theologen), sich als wenig hilfreich erwies und deshalb für die Beibehaltung der auch in den anderen Bänden üblichen einfachen alphabetischen Reihenfolge der Personennamen entschieden wurde, schien es in Band VIII angebracht, die verschiedenen Institutionen ihrerseits zu Untergruppen zusammenzulegen, auch wenn sie um der Einheitlichkeit des Erscheinungsbilds der Bände willen nur im Inhaltsverzeichnis als solche namhaft gemacht wurden. Dementsprechend sind in Band VIII zunächst alle Akademien (einschließlich des Comité Hanotaux) zusammengefaßt, dann die Gesellschaften, Kongresse (tatsächlich nur der VIII. Internationale Kongreß für Philosophie in Prag), Ministerien, Städte (nur die Stadtverwaltung von Freiburg i.Br.), Universitäten, Verlage und Zeitschriften. Ganz wie diese Untergruppen untereinander sind auch die einzelnen Institutionen innerhalb jeder Untergruppe alphabetisch angeordnet. Die *Kant-Studien* wurden dabei nicht unter die Zeitschriften eingereiht, sondern bei der Kant-Gesellschaft belassen, die als Trägerin der Zeitschrift seinerzeit besonders aktiv war, so daß die Berichte über das Leben der Kant-Gesellschaft in den *Kant-Studien* einen relativ breiten Raum

---

[95] Briefe Cl. Husserls vom 18. II. 1911 und J. Husserls vom 13. I. 1912 an E. Albrecht (beide in Sektion R I Albrecht).

einnahmen. Auch war Husserl offensichtlich nicht einfach Abonnent der Zeitschrift, sondern bezog sie als Mitglied der Gesellschaft.

Band IX trägt seinen Titel „Familienbriefe" insofern zu Recht, als sieben der zwölf darin zusammengestellten Korrespondenzen an Husserlsche Familienmitglieder gerichtet sind (Familie Flora Darkow, Karl Fleischer, Emil Husserl, Familie Gerhart Husserl, Familie Heinrich Husserl, Malvine Husserl, Familie Elisabeth H. Rosenberg). Dennoch wäre die Benennung vor allem angesichts des umfangreichen Briefwechsels mit der Familie von Husserls Freund Gustav Albrechts vielleicht besser zu „Familien- und Freundesbriefe" zu erweitern gewesen. Daß dies nicht geschah, hat einen Grund darin, daß der Titel dieses Bands sich als Anspielung auf Ciceros berühmte *Epistulae ad Familiares* versteht, bei denen „familiares" mit „Vertraute" übersetzt werden kann, welcher Ausdruck sowohl enge Freunde als auch echte Familienmitglieder einschließt. Als Kriterium für die Aufnahme von Freunden Husserls in Band IX galt der Gebrauch der vertraulichen Anrede „Du". Weder bei Carl Stumpf, dem die *Logischen Untersuchungen* „in Verehrung und Freundschaft" gewidmet sind, noch bei Johannes Daubert, Winthrop P. Bell, Roman Ingarden, Dietrich Mahnke, Martin Heidegger, Eduard Baumgarten, den Familien Walter Eucken und Alfred Marchionini ist dies beispielsweise der Fall. Wie Husserls enge Freundschaft mit den Familien Gustav Albrecht, Hans von Arnim und Paul Jensen entstand, ist in etwa bekannt. Nicht dagegen, wie es zur Duzfreundschaft mit dem Wiener Journalisten Moriz Dub und dem Königsberger Botaniker Carl Mez kam. Im ersteren Fall ist entweder Wiener Universitätsbekanntschaft oder Bekanntschaft über Husserls Wiener Verwandte (über seinen Bruder Heinrich oder seinen Schwager Albert Brunner) zu vermuten, im letzteren wird der Weg wohl über Paul Jensens Schwester Thea geführt haben, die mit Carl Mez verheiratet war. Verwunderlich ist in beiden Fällen, daß nur je ein Brief an Husserl durch Zufall (als Schreibpapier in Husserls Manuskripten) erhalten blieb.

Am Schluß von Band IX, d.h. am Schluß der ganzen Ausgabe, sind einige Briefentwürfe Husserls wiedergegeben, von denen nicht bekannt ist, an wen sie gerichtet sind, die aber inhaltlich doch ein gewisses Interesse beanspruchen dürfen und deshalb der Veröffentlichung wert erachtet wurden.

Da ein Gesamtregister zu allen neun Bänden ohnehin wünschenswert schien, wurde angesichts des Umfangs der Ausgabe darauf verzichtet, die Textbände auch noch mit eigenen Registern zu belasten. Zudem können die in Band X zusammengefaßten Register bequem zum Nachschlagen neben jeden der neun Textbände gelegt werden. Versucht wurde, den Briefwechsel in den Registern möglichst vielfältig aufzuschlüsseln, ohne indessen einer Interpretation vorzugreifen (u.a. aus diesem Grund wurde auf ein Sachverzeichnis verzichtet). Das „Verzeichnis der Briefpartner Husserls", das „Chronologische Verzeichnis der Briefe Husserls" sowie das „Chronologische Verzeichnis der Briefe an Husserl" erlauben einen Überblick über das in der Edition vorgelegte Material. Ersteres gibt Aufschluß darüber, an welcher Stelle der Ausgabe sich Husserls Briefwechsel mit den einzelnen Partnern findet. Husserls Briefe, die sich auf einen Zeitraum von 56 Jahren verteilen, lassen in der chronologischen Anordnung sodann erkennen, wie seine Korrespondenz mit den Jahren anschwillt, um nach dem Emeritat und insbesondere in den dreißiger Jahren noch einmal erheblich zuzunehmen. Dagegen verteilt sich der erhaltene Teil der an Husserl gerichteten Briefe viel konstanter über das runde halbe Jahrhundert, in dem Husserl als Korrespondenzpartner aktiv war.

Als nächstes gehören zusammen das „Verzeichnis der Veröffentlichungen Husserls", das der „Werkentwürfe und Vorträge Husserls" und der „Vorlesungen und Übungen Husserls", die alle drei Auskunft geben über die Entwicklung von Husserls Tätigkeit in Forschung und Lehre sowie über die Rezeption seiner Werke sowohl durch die Briefpartner wie teilweise auch durch ihn selbst. Das „Namenverzeichnis", ein „Institutionenverzeichnis" (im Sinne der „Institutionen" von Band VIII des Briefwechsels) und ein „Verzeichnis geographischer Namen" stellen den Briefwechsel vor allem in historische Zusammenhänge. Als besonders problematisch erwies sich dabei das geographische Register. Nicht nur, weil, typisch für seine Disparatheit, beispielsweise „Amerika" sich gleich hinter dem Schwarzwalddorf „Althütte" findet. Sondern vor allem, weil kaum mit jedem Eintrag und jeder angegebenen Fundstelle den Interessen des potentiellen Lesers gedient sein dürfte. Dennoch konnte auf dieses Register nicht gut verzichtet werden. Einmal, weil die Einträge zu Husserls Wirkungsorten doch auch ein gewisses Bild seines Wirkens ergeben dürften. Vor allem aber, weil er in manchen Jahren gern die Hälfte des Jahrs (und mehr) auf Reisen und Urlaub zubrachte. Um hier die historischen Zusammenhänge herstellen zu können, schien dieses Register unerläßlich.

Hier sei bemerkt, daß – da im gesamten Briefwechsel Freiburg im Uechtland (Fribourg, Schweiz) und Frankfurt an der Oder nicht vorkommen – mit „Freiburg" in dieser Edition immer Freiburg im Breisgau und mit „Frankfurt" immer Frankfurt am Main gemeint ist.

Das Schlußregister, das den „Nachweis der veröffentlichten Manuskripte" enthält, möge zeigen, daß zwar das meiste in der vorliegenden Ausgabe veröffentliche Material sich in den einschlägigen (und darum in diesem Register nicht eigens verzeichneten) Sektionen R I („Briefe von Husserl") und R II („Briefe an Husserl") des Husserl-Archivs befindet, daß aber doch ein beachtlicher Teil davon unter Husserls Manuskripte im eigentlichen Sinne geraten ist, indem er entweder auf Manuskriptpapier auch Briefentwürfe notierte oder umgekehrt Briefe als Manuskriptpapier und Manuskriptumschläge verwendete.

*

Briefe werden immer aus gewissen Zeithorizonten heraus geschrieben, die sich oft schon kurz darauf verschieben. Weiter pflegen sie an Personen gerichtet zu sein, bei denen der Adressant bestimmte Kenntnisse voraussetzen darf, ja vorauszusetzen hat, die dem späteren Leser kaum mehr in gleicher Weise gegenwärtig sind. Es ist denn auch ein bekanntes Faktum, daß Briefausgaben ohne Kommentar meist nur von begrenztem Nutzen sind.[96] Auch die vorliegende Ausgabe sucht den Zugang zu Husserls Briefwechsel durch eine verhältnismäßig aufwendige Kommentierung zu erreichen oder doch zu erleichtern. Entsprechend der am Briefwechsel mit dem einzelnen Korrespondenzpartner orientierten Anlage der Ausgabe wurde auch der Kommentar so eingerichtet, daß die in sich geschlossene Lektüre von Husserls Briefwechsel mit einer bestimmten Person bzw. Institution möglich ist. Tatsachen, die innerhalb einer Korrespondenz mehrmals Erwähnung finden, werden nur das erste Mal kommentiert; die gleiche Tatsache, wenn sie in verschiedenen Korrespondenzen auftritt, wird dagegen jedesmal (auch innerhalb des gleichen Bandes) von neuem mit (gegebenenfalls demselben) Kommentar versehen.

Die Zielsetzung des Kommentars ist doppelt. Einmal sollte erläutert werden, welcher Sachverhalt usw. Husserl bzw. seinen Korrespondenzpartnern bei der Niederschrift einer bestimmten Briefstelle vor Augen stand oder doch gestanden haben dürfte. Das gilt beispielsweise für bestimmte universitäts- oder allgemeinpolitische Ereignisse oder für die Angabe der Herkunft mehr oder weniger genauer Zitate aus Dichtern und der Bibel. Diese Art von Kommentar könnte man den Briefen immanent nennen. Zum andern waren Vorgänge und Ereignisse, die dem heutigen Leser meist nicht geläufig sein dürften, zum besseren Verständnis vor ihm auszubreiten: eine eher transzendente Art der Kommentierung. Dazu gehört beispielsweise,

---

[96] Deswegen aber zu den einzelnen Briefbänden Kommentarbände von gleichem oder gar größerem Umfang vorlegen zu wollen, wie dies bei der Gesamtausgabe von Friedrich Heinrich Jacobis Briefwechsel geschieht, wäre allerdings zumindest im Falle Husserls unnütze Ubererforschung.

daß den von Husserl selber genannten Personen an wichtigen Stellen nach Möglichkeit Geburts- und Sterbejahr zugefügt wurde, oder die Information, ob bestimmte ihm zugesandte Bücher und Sonderdrucke sich heute noch in Husserls Bibliothek befinden. Weiter wurde bei Hinweisen auf Husserls Werke, Veröffentlichungsvorhaben und Vorlesungen, sofern das betreffende Textmaterial in den *Husserliana* (schon) veröffentlicht ist, immer die einschlägige Fundstelle angegeben.

Da die Briefausgabe mit einer breiteren Leserschaft als dem Kreis der professionellen Husserlforscher rechnen darf, wurde auch der Kommentar so gestaltet, daß manche dem Spezialisten selbstverständliche Information doch ausdrücklich gegeben wurde. Weiterhin wurde berücksichtigt, daß wohl auch Leser, denen Deutsch nicht Muttersprache ist (und die den *Struwwelpeter* vielleicht nicht von Kindesbeinen an kennen), gelegentlich zu vorliegender Ausgabe greifen werden.

Könnte mancher Leser von seiner Warte aus dem Kommentar gelegentlich den Vorwurf unnötiger Breite also nicht ersparen, so wird dieser selbe Leser andererseits bei Stellen, an denen er nähere Auskunft erwarten zu dürfen glaubt, durch ihr Ausbleiben enttäuscht.[97] Trotz aller aufgewendeten Mühen gelang es in der Tat an manchen Stellen nicht, eine Klärung des Hintergrunds der Briefaussagen in wünschenswertem Maße herbeizuführen. Überhaupt sind sich die Herausgeber dessen bewußt, daß ihre Kommentierung kaum in allen Fällen irrtumsfrei das Richtige getroffen haben dürfte. Die in den vorliegenden, über mehr als ein halbes Jahrhundert sich erstreckenden Briefen angesprochenen Sachverhalte sind schlichtweg zu vielfältig und facettenreich, als daß die primär in Literatur(geschichte) und Philosophie(geschichte) bewanderten Herausgeber den Anspruch erheben dürften, jedes einzelne durch diese Briefe aufgeworfene Problem mit hinreichender Genauigkeit gelöst zu haben. Korrekturen und Ergänzungen sind darum jederzeit willkommen.

Für die Erstellung des Kommentars wurde eine Unzahl kleinerer und größerer Arbeiten, Periodika, Fachbücher, Enzyklopädien, Atlanten und Nachschlagewerke der unterschiedlichsten Sachgebiete und Länder zu Rate gezogen. Überschlägig und stellvertretend können hier nur genannt werden die Konversationslexika von *Meyer* und *Brockhaus* in verschie-

---

[97] So ließen sich beispielsweise Bekannte Husserls wie Riffler (I, 70) oder der Wiener Oscar (IX, 275) nicht identifizieren oder auch jener Wiener Komponist, der Husserl 1934 aus Verehrung Lieder übersandt hatte (IX, 447) und erstaunlicherweise – obwohl der Bekanntenkreis Husserls in den Jahren nach seiner Emeritierung verhältnismäßig gut ausgeleuchtet ist – auch nicht jenes „Frl. P.", dem Husserl Ende Dezember 1930 für ein Weihnachtsgeschenk dankt (IX, 520).

nen Auflagen seit der Mitte des vorigen Jahrhunderts, Georg Büchmanns *Geflügelte Worte*, der amerikanische *National Union Catalog*, bei dem besonders die 754 Bände der ersten Reihe (*Pre-1956 Imprints*) sich als hilfreich erwiesen, das *Gesamtverzeichnis des deutschsprachigen Schrifttums*, die drei Abteilungen des (recht unbequem zu handhabenden) *Dietrich* (Zeitschriftenliteratur und Rezensionen), der 600seitige Löwener *Hoofdwoordencatloog – 04. 09. 87* von Husserls Bibliothek, die verschiedenen Bearbeitungen der National- und Regionalbiographien besonders Deutschlands und Österreichs, dazu Gelehrtenverzeichnisse wie *Kürschner* und *Minervas Jahrbuch* in vielen Auflagen.

*

Sieht man von einigen wenigen in den Anmerkungen oder den Textkritischen Anhängen der einzelnen Bände veröffentlichten Fragmenten, Entwürfen usw. ab, so sind in den neun Textbänden der vorliegenden Ausgabe alles in allem 2018 Schriftstücke veröffentlicht.[98] 1314 davon sind von Husserlscher Seite geschrieben und 704 an Husserl bzw. seine Frau gerichtet. Von den 1314 Husserlschen Stücken sind 967 von ihm allein verfaßt, 115 hat er zusammen mit seiner Frau Malvine geschrieben, und 232 stammen allein von ihr. Von den Briefen an Husserl sind 688 an ihn adressiert und 16 an seine Frau.

Selbst auf die Gefahr hin, daß gerade in den Briefen Malvine Husserls manches philosophiegeschichtlich oder wissenssoziologisch wenig relevante Material mitgeschleppt wird, sind alle Schriftstücke ungekürzt und ohne Auslassungen in die Ausgabe aufgenommen – soweit sie, heißt das, im Husserl-Archiv zu Löwen tatsächlich in jeder Hinsicht unversehrt vorliegen und mithin in vollem Umfang dargeboten werden konnten.

In Hinblick auf den Überlieferungszustand wurden vier Kategorien von Schriftstücken unterschieden. Zunächst das Schreiben (der B r i e f) im ei-

---

[98] Davon sind nach Ausweis der Textkritischen Anhänge der neun Textbände lediglich 212 Stück (gut 10%) bisher schon ein oder mehrere Male (teil)veröffentlicht worden (Exzerpte, die in den Einleitungen der Herausgeber der verschiedenen *Husserliana*-Bände bzw. bei Karl Schuhmann, *Husserl-Chronik. Denk- und Lebensweg Edmund Husserls*, Den Haag 1977, zitiert werden, sind dabei nicht mitgerechnet). Die umfangreichste Briefsammlung (87 Stück) ist Edmund Husserl, *Briefe an Roman Ingarden. Mit Erläuterungen und Erinnerungen an Husserl* hrsg. von Roman Ingarden, Den Haag 1968. Auch die Korrespondenzen mit Simmel, Masaryk (je 12 Stück) und Meinong (6 Stück) lagen bisher schon weitgehend vollständig im Druck vor. Zu erwähnen ist noch, daß der Briefwechsel mit Dilthey und Frege, das Empfehlungsschreiben für Stein vom 6. II. 1919 sowie die Briefe an Otto vom 5. III. 1919 und an Metzger vom 4. IX. 1919 wiederholt veröffentlicht wurden. Textabweichungen zwischen solchen früheren Veröffentlichungen und der vorliegenden Ausgabe werden nicht eigens namhaft gemacht.

gentlichen Sinne, d.h. das versandte Originalstück, das im Husserl-Archiv zu Löwen entweder als solches oder in Form einer getreuen Abbildung – als Foto, Xerokopie u.dgl. – vorliegt. Dieser Zustand ist die Regel; in dieser Form erhaltene Schriftstücke werden darum nicht eigens gekennzeichnet. Solche Stücke können übrigens durch Seitenverlust oder unvollständige Kopierung Lücken aufweisen.

Anders als der Normalfall des Briefs (worunter auch Post- oder Ansichtskarten zu verstehen sind) werden die Kategorien „Entwurf", „Durchschlag" und „Abschrift" jedesmal in der Titelzeile des betreffenden Schreibens als solche namhaft gemacht. Als E n t w u r f wird dabei jede Textfassung bezeichnet, die dem abgesandten Brief vorhergeht. Entwürfe werden im Haupttext nur publiziert, wenn das letztendlich abgesandte Schriftstück (derzeit) nicht vorliegt; ansonsten werden sie in den Textkritischen Anhang zum betreffenden Brief verwiesen. Entwürfe mögen nicht nur inhaltlich vom abgesandten Brief abweichen, sie sind auch insofern oft unvollständig, als Grußformel und Unterschrift meist fehlen. Als D u r c h s c h l a g sodann gelten alle Schreibmaschinendurchschläge. Bei ihnen ist nicht auszuschließen, daß auf dem nicht vorliegenden Original handschriftliche Änderungen vorgenommen wurden. Als A b s c h r i f t schließlich wird jede Textfassung bezeichnet, die vom abgesandten, aber nicht vorliegenden Brief abgeleitet ist. Diese Kategorie umfaßt also nicht nur handschriftliche oder maschinenschriftliche Abschriften im eigentlichen Sinne, sondern auch Abdrucke eines verlorenen Originals oder gedruckte Übersetzungen, sofern sie die einzigen Quellen unserer Kenntnis des betreffenden Schriftstücks sind. Die Verläßlichkeit der Abschriften kann natürlich stark variieren. Doch läßt sich der Grad ihrer Originaltreue in den meisten Fällen nicht näher bestimmen.

Was die Darbietungsweise der Stücke betrifft, wurde eine gewisse Regularisierung durchgeführt. Alle Stücke erhielten Überschriften, die (wo solche bekannt sind) den Adressanten und Adressaten sowie das Datum in standardisierter Form nennen bzw. andere zur Identifikation des Stücks dienliche Angaben enthalten. Auch halten sie, wie gesagt, fest, ob der betreffende Text einen Entwurf, Durchschlag oder eine Abschrift darstellt. Handschriftliche oder gedruckte Absenderangaben usw., die in den Originalstücken im Briefkopf links stehen, wurden prinzipiell in den Textkritischen Apparat verwiesen. Orts- und Datumsangaben sind einheitlich nach rechts gerückt, auch wenn sie im Original links oder in der Mitte stehen. Die Anrede wurde, auch wo sie in der Briefmitte steht, in einer eigenen Zeile links eingerückt. Auch die Wiedergabe der Schlußformel wurde einheitlich gestaltet. Die Einleitung der Formel, weiter die Wörter „Ihr", „Dein" usw. (einschließlich daran anschließenden Texts) und die Unterschrift stehen jeweils in einer neuen Zeile. Die Wiedergabe der Unterschrift wurde so weit wie möglich dem Bild des originalen Schriftzugs angenähert, weshalb beispielsweise Husserls Name in den meisten Fällen als „EHusserl" erscheint. Mit Querstrich abgesetzte oder auch dem Brief beigelegte Stücke (das gilt auch für im gleichen Umschlag versandte Briefe Edmund und Malvine Husserls) wurden unter ein und derselben Überschrift gedruckt, aber durch Asterisk voneinander abgesetzt. Alle Zusätze auf den Briefrändern, die durch irgendwelche Zeichen dem Text zugeordnet sind, wurden zum Schluß des Briefs, und zwar ebenfalls nach Asterisk, in Kleindruck gegeben.

Die Zeichensetzung wurde mäßig regularisiert. Das betrifft vor allem Fragezeichen am Ende von Fragesätzen (bei Husserl oft Punkte), die Zufügung von Punkten bei Datenangaben („17. 3." statt „17 3") und von Kommas vor „daß" und „und zwar", bzw. wo immer sie als Lesehilfen unumgänglich schienen. Dies ist etwa der Fall, wo die Verben eines Neben- und eines Hauptsatzes aufeinandertreffen. Lediglich bei kurzen Zwischensätzen wie „glaube ich", „hoffe ich", „sagt man" und bei Interjektionen der Art „liebe Elsbeth" wurde, sofern im Original nicht zumindest ein Komma gesetzt ist, auf die Zufügung von zwei Kommas verzichtet. Ebenso wurde vor relativem „was" in Formeln wie „das was" oder „alles was" kein Komma zugefügt, da sie in Husserls Briefen systematisch fehlen. Falsch gesetzte Kommas, die den Lesefluß merklich stören, wurden unterdrückt. In allen anderen Fällen blieben die Irregularitäten der Zeichensetzung weitestgehend erhalten; schon auch, weil sich darin zum Teil eine gewisse Systematik andeutet (etwa bei Husserls Weglassung des Kommas vor Infinitivkonstruktionen nach Analogie des ebenfalls kommalosen lateinischen AcI). Auch Grammatikfehler, die sich beim Lesen problemlos richtigstellen lassen, wurden nicht korrigiert. Fehlerhaftes einfaches „n" (z.B. in „Sontag") oder „m" (z.B. in „komen") in Husserls Briefen wurde stillschweigend verdoppelt. Husserl pflegte diese Doppelbuchstaben durch Strich über dem einfachen Buchstaben anzugeben; manchmal unterblieb versehentlich die Zufügung des Strichs. Diese Schreibungen sind mithin prinzipiell als richtig anzusehen. Alle Anführungszeichen wurden als doppelte (") gegeben, auch wo im Original einfache (') stehen. Doppelte Anführungszeichen, die ein in der vorhergehenden Zeile stehendes Wort wiederholen, wurden durch dieses (in spitze Klammern < ... > gesetzte) Wort ersetzt. Anführungszeichen wurden, auch wenn sie in den Originalen fehlen, immer gesetzt bei „Ideen" „Logik" und „Meditationen", sofern mit diesen Termini Husserls *Ideen zu einer reinen Phänomenologie und phänomenologischen Philosophie*, seine *Formale und transzendentale Logik* und die (deutsche oder französische Fassung der) *Cartesianischen Meditationen* gemeint sind. Dies, um solche Kurztitel von den gleichen Ausdrücken im gewöhnlichen Wortverstand zu unterscheiden.

Mit diesen Maßnahmen dürfte eine sowohl leserfreundliche als auch einheitliche Gestaltung des Abdrucks der Schriftstücke gewährleistet sein, ohne in Beckmesserei zu verfallen. Andererseits wurden die Prinzipien strenger Textkritik befolgt. Während die Werke Husserls meistenteils nach Einführung der einheitlichen deutschen Rechtschreibung im Jahre 1902 (neu) erschienen, wie sie in großen Zügen noch heute gültig ist, und während seine Stenogramme (meist) keine besondere Rechtschreibung erkennen lassen, mithin, wie in den *Husserliana* üblich, problemlos der heutigen Orthographie angepaßt werden können, liegt dies bei den Briefen anders. Nicht nur, weil darin Partner das Wort ergreifen, deren Rechtschreibung und Stilgefühl sich in der Zeit zwischen 1820/1830 (Robert Grassmann) und 1910/1920 (Ludwig Landgrebe) herausgebildet haben. Sondern auch, weil sowohl Husserl als auch seine Frau ihre Schreibgewohnheiten im Prinzip v o r der neuen Rechtschreibeordnung ausgebildet haben (um 1870/1880) und sie nur zum Teil – Malvine Husserl mehr, er selber weniger – und in schwankendem Maße der neuen, sie erst nach ihrem vierzigsten Lebensjahr erreichenden Regelung angepaßt haben.[99] So stehen, selbst im gleichen Brief, Verben auf -iren neben solchen auf -ieren, steht -th- neben -t- und -c- neben -k-. Dazu kommt die in Briefen übliche freiere Ausdrucksweise, die sich kaum ins Prokrustesbett einer Einheitsschreibung zwängen läßt. Aus diesen Gründen wurde entschieden, im Prinzip die Rechtschreibung der einzelnen Briefpartner unverkürzt beizubehalten (etwa auch Ingardens Großschreibung von Adjektiven in der Briefanrede). Auch Husserlsche Sonderschreibungen wie z.B. „Athmosphäre" statt Atmosphäre (volksetymologisch assoziiert mit „athmen"), „bestättigen" statt bestätigen (Assoziation mit „gestatten" und „bestatten"), häufiges „erwiedern" statt „erwidern" (Assoziation mit „wieder" statt „wider") und „Lazareth" statt Lazarett (Angleichung an „Nazareth"), „Mis-" in „Misdeutung", „Misverständnis" (wohl in Analogie zu aus dem Griechischen entlehntem Mis(o)- in „Misanthrop", „Misogyn"), „Packet" (volksetymologisch direkt zu „packen" gestellt), „Rhätsel" statt

---

[99] Man gewinnt sogar den Eindruck, daß Husserls Briefe der dreißiger Jahre eine Neigung zu stärkerer Rückkehr zur alten Rechtschreibung zeigen.

Rätsel (in Analogie zu teilweise aus dem Griechischen entlehnten, mit rho beginnenden Bildungen vom Typ „Rhein", „Rhapsodie", „Rhetorik"), „spucken" (langes u) statt spuken blieben erhalten, ebenso die Einebnung von „der Gehalt" und „das Gehalt" zugunsten von ersterem, da die Briefe eine relative Konstanz dieser Schreibweisen erkennen lassen. Das gleiche gilt für das in Malvine Husserls Briefen übliche „wol" für „wohl" (=Langvokal ohne Dehnungs-h). Dagegen wurde ihr häufiges „dß" für „daß" stillschweigend ausgeschrieben, da es sich dabei um bloße Ligaturschreibung handelt. Schriftstücke, die nur im stenographischen Entwurf vorliegen bzw. als Stenogramme versandt wurden, sind, soweit sie keine Sonderschreibungen (wie „allmälig", „tödtlich") erkennen lassen, nach heutiger Rechtschreibung wiedergegeben.

Abkürzungen wurden prinzipiell zwischen spitze Klammern <...> ergänzt, wobei die Ergänzungen in der heutigen Orthographie gegeben wurden. So stehen gegebenenfalls im gleichen Brief nebeneinander „tr<anszendental>" und „transc<endental>". Nicht ergänzt wurden die ganz wenigen Stellen, bei denen eine Auflösung (etwa von Namen) nicht eindeutig zu geben war. Auch Abkürzungen für Maße (z.B. „m" für Meter), Gewichte („Pfd." für Pfund), Geldeinheiten („fl." für Florin, „M." für Mark, „Pf." für Pfennig, „Kc" für tschechische Krone, „Kr" für Krone, „H" für Heller, „Lstg" für Livre Sterling)[100] und Vornamen (nicht dagegen Nachnamen) wurden nicht ausgeschrieben. Ebenso die in manchen Briefen auftretenden gängigen Abkürzungen bei geographischen Namen (z.B. „Freiburg i/B" für Freiburg im Breisgau, „Frankfurt a/M." für Frankfurt am Main). Seinerzeit übliche Abkürzungen wurden zur heutigen abgekürzten Form ergänzt („ev." zu ev<tl>., „z.Z." zu z.Z<t>., „sg." zu s<o>g.). Nicht ergänzt werden die folgenden gebräuchlichen Abkürzungen:

d e u t s c h e (bzw. im Deutschen übliche):

„a.a.O." für „am angegebenen Orte"
„Anm." für „Anmerkung"
„a.o. Professor" für „außerordentlicher Professor"
„Bd." für „Band"
„betr." für „betreffs" oder „betreffend"
„b[e]zw." für „beziehungsweise"
„B.G.B." für „Bürgerliches Gesetzbuch"
„ca." für „circa"

---

[100] Derlei Maßeinheiten sind in Husserls Briefen oft hochgestellt geschrieben.

„cf." für „confer"
„Coll." [„Koll."] für „Kollege" (nur vor Namen)
„c. t." für „cum tempore"
„d.d." für „de dato"
„desgl." für „desgleichen"
„d.h." für „das heißt"
„d.i." für „das ist"
„d. J.[s]" für „dieses [des] Jahres"
„d.M." für „dieses [des] Monats"
„Dr." für „Doktor"
„ebda." für „ebenda"
„ed." für „edidit"
„etc." für „etcetera"
„ev[tl]." für „eventuell"
„Ew." für „Eure"
„f[f]." für „folgende"
„Frh." für „Freiherr" (nur vor Namen)
„Frl." für „Fräulein" (nur vor Namen)
„geb." für „geboren"
„gefl." für „geflissentlich[en/es]"
„Geh. Rat" für „Geheimer Rat" (nur vor Namen)
„gez." für „gezeichnet" (nur vor Namen)
„G.m.b.H." für „Gesellschaft mit beschränkter Haftung"
„hl." für „heilig[e/er]" (vor Namen usw.)
„incl." für „inclusive"
„k. k." für „königlich-kaiserlich"
„l. c." für „loco citato"
„Lic." für „Lizentiat" (nur vor Namen)
„m.a.W." für „mit anderen Worten"
„m.E[r]." für „meines Erachtens"
„Ms[c/k]." für „Manuskript[e]"
„m.W." für „meines Wissens"
„N" für „Nord" (bei Stadtteilangaben)
„No", „Nr" für „Nummer"
„N.S." für „Nachschrift"
„p[ag]." für „pagina"
„Prof." für „Professor" (nur vor Namen)
„P.S." für „Postscriptum"
„qu. e. d." für „quod erat demonstrandum"
„resp." für „respective"
„S." für „Seite"
„sc." für „scilicet"

„s[o]g." für „sogenannt[e]"
„S.J." für „Societas Jesu"
„St." für „Sankt" (vor Namen)
„-str." für „-straße"
„stud. phil." für „studiosus philosophiae"
„Tel." für „Telefon"
„u." für „und"
„u.a." für „unter anderem"
„u. d[er]gl." für „und dergleichen"
„u.s.f." für „undsofort"
„u.sw." für „undsoweiter"
„v." für „von" (nur bei Namen)
„v[er]gl." für „vergleiche"
„v.o." für „von oben"
„v.u." für „von unten"
„W" für „West" (bei Stadtteilangaben)
„W.W." für „Werke"
„Z." für „Zeile"
„z.B." für „zum Beispiel"
„z. T[h]." für „zum Teil"
„z.Z[t]." für „zur Zeit"

englische:

„B. A." für „Bachelor of Arts"
„Bros." für „Brothers"
„Co." für „Company"
„c/o" für „care of"
„e.g." für „exempli gratia"
„et al." für „et alii"
„inst." für „instant"
„Mr." für „Mister"
„Mrs." für „Mistress"
„Messrs." für „Messieurs"
„p." für „page"
„St." für „Saint"
„St." für „Street"
„viz." für „videlicet"
„W." für „Warden"

französische:

„M." für „Monsieur"

III

Es versteht sich, daß ein Unternehmen dieses Ausmaßes sich nicht ohne Hilfe der verschiedensten Art und von verschiedenen Seiten in einem Zeitraum von wenigen knappen Jahren hätte durchführen lassen. Allen in irgendeiner Weise an der Ermöglichung dieser Edition beteiligten Personen und Instanzen sei darum an dieser Stelle vorab ein Generaldank abgestattet. Dank gebührt in erster Linie dem Husserl-Archiv zu Löwen und seinem Direktor, Professor Dr. S. IJsseling, durch dessen großzügiges Entgegenkommen den Herausgebern nicht nur alle Briefe von und an Husserl, sondern auch alles sonstige benötigte Material sowie sämtliche für die Erstellung des Kommentars dort vorhandenen Ressourcen bereitwilligst und vorbehaltlos zur Verfügung gestellt wurden. Gedankt sei dem Archiv auch für die uneingeschränkte Finanzierung der anfallenden Reisen und Manuskriptkopien. Verdienst und Dank haben auch die Mitarbeiter des Husserl-Archivs, Dr. Ullrich Melle und Steven Spileers, sich – neben ihrer vielfältigen sonstigen Unterstützung der Ausgabe durch Rat und Tat – insbesondere dadurch erworben, daß sie alle Texte der Ausgabe, denen stenographisches Manuskriptmaterial zugrunde liegt, unter Hintanstellung eigener Arbeitsvorhaben und -aufträge selbstlos und zügig kollationiert haben, wodurch die Verläßlichkeit der hier publizierten Textfassungen nicht wenig gewonnen hat.

Dank gebührt auch all jenen Personen, die während der Editionsvorbereitung, und zumal im Hinblick auf sie, dem Husserl-Archiv Quellenmaterial zugeleitet haben. Das gilt in ganz besonderem Maße für Dr. Hans Rainer Sepp, der eine Vielzahl von Dokumenten, die Husserls Verhältnis zur Universität Freiburg i.Br. und zum Badischen Kultusministerium betreffen, entdeckt und unverzüglich zur Verfügung gestellt hat. Dank gebührt auch Professor Elisabeth Ströker, welche den Brief Husserls an Mittelsten Scheid zur Verfügung stellte, und Dr. Rüdiger Kramme, der auf die Karte Husserls an den Verlag Paul Siebeck aufmerksam machte. Ebenso ist Detlef Landgrebe zu danken, der den umfangreichen Briefwechsel Husserls mit Landgrebe dem Husserl-Archiv und damit der Ausgabe überließ. Professor Viktor Moltschanow und Valerii Anashvili ist zu danken für Kopien der Briefe Husserls an von Spett und Dr. Beat Glaus für die Kopie der Karte Husserls an Medicus. Gedankt sei auch der Faculteit der Wijsbegeerte der Universität Utrecht, die eine Deutschlandreise zum Zwecke der Kommentierung des Briefmaterials teilfinanzierte.

Dank für Hilfe verschiedenster Art, u.a. für wichtige Beiträge zur Kommentierung, gilt weiterhin PD Dr. Eberhard Avé-Lallemant, Professor Dr.

Wilhelm Baumgartner, Dr. Jan Bengtsson, Professor Kah Kyung Cho, Professor Robert Dostal, Professor Lester Embree, Dr. Germana Ernst, Dr. Karel Floss, Professor Masayuki Hakoishi, Dr. phil. Hermann Heidegger, Professor Dr. Wolfhart Henckmann, Dr. Felix Lehner, Ingrid Lombaerts, Professor Dr. E. W. Orth, Manfred Schmitz, Dr. Reinhold N. Smid M.A., PD Dr. Ilja Srubar, Roland Schuhmann, Johannes Seibel, Dr. Hans Rainer Sepp, Toru Tani, Dr. Jutta Valent, Professor Dr. Dr. h.c. Elisabeth Ströker, Dr. Helmut Schneider. Alexander W. Schimmelpenninck und Maja S. M. de Keijzer vom Verlag Kluwer Academic Publishers haben für weit mehr als die verlegerische Betreuung der Drucklegung unseren Dank verdient.

Einer Vielzahl von Personen und Institutionen gilt Dank für die von ihnen freundlichst gewährte Publikationserlaubnis (in Klammern der Name des betreffenden Briefpartners). Zu nennen sind insbesondere die Heidelberger Akademie der Wissenschaften (Heidelberger Akademie der Wissenschaften), Professor Dr. Wilhelm Baumgartner von der Franz Brentano Forschung Würzburg (Franz Brentano); Professor Dr. Rudolf Haller, Leiter der Forschungsstelle und des Dokumentationszentrums für österreichische Philosophie (Franz Brentano; Alois Höfler); The Hegeler Institute, Publisher of THE MONIST, La Salle, Ill., USA 61301, und die Carus Corporation, Peru, Ill. (Paul Carus); The Beinecke Rare Book and Manuscript Library, Yale University (Ernst Cassirer); Professor Dr. Dieter-Jürgen Löwisch vom Jonas Cohn-Archiv an der Universität Duisburg (Jonas Cohn); Privatdozent Dr. Eberhard Avé-Lallemant (Theodor Conrad und Hedwig Conrad-Martius; Adolf Reinach; Gerda Walther); die Handschriftenabteilung der Niedersächsischen Staats- und Universitätsbibliothek Göttingen (Wilhelm Dilthey; David Hilbert; Georg Misch); Professor Dr. Gereon Wolters (Hugo Dingler); Dr. med. Hildegard Blanke (Paul Ernst); das Deutsche Literaturarchiv Marbach (Paul Ernst; Martin Heidegger; Paul Jensen; Rudolf Pannwitz); Professor Kah Kyung Cho, University of Buffalo (Marvin Farber); Frau Susanne Fink (Eugen Fink); das Institut für mathematische Logik und Grundlagenforschung der Westfälischen Wilhelms-Universität Münster (Gottlob Frege); die Staatsbibliothek Preußischer Kulturbesitz (Gottlob Frege); die Wiener Stadt- und Landesbibliothek (Heinrich Friedjung); das Geheime Staatsarchiv Preußischer Kulturbesitz (Adolf Grimme); Dr. phil. Hermann Heidegger (Martin Heidegger); Professor Dr. Alfred Schmidt, Frankfurt (Max Horkheimer); Janusz Ingarden, Professor Dr. Rolf Fieguth und Professor Dr. Guido Küng (Roman Ingarden); das Hessische Staatsarchiv Marburg (Erich Jaensch); Dr. Hans Saner, Basel (Karl Jaspers); Professor Peter Marcuse, University of California, Los Angeles (Herbert

Marcuse); The Houghton Library, Harvard University, Cambridge, Mass. (Anton Marty); die Bibliothek der Eidgenössischen Technischen Hochschule Zürich (Fritz Medicus; Hermann Weyl); Manfred Meiner (Verlag Felix Meiner); die Universitätsbibliothek Marburg (Paul Natorp; Dietrich Mahnke); Robert Harsch-Niemeyer (Verlag Max Niemeyer); Professor Manfred S. Frings (Max Scheler); Professor Dr. Gottfried Gabriel (Heinrich Scholz); Evelyn S. Lang und George F. Schutz (Alfred Schütz); das Otto-Selz-Institut der Universität Mannheim (Otto Selz); Professor Michael Wertheimer (Max Wertheimer).

Das Husserl-Archiv zu Löwen hat sich nach bestem Wissen bemüht, für die in der vorliegenden Ausgabe veröffentlichten Schriftstücke die Publikationserlaubnis aller zuständigen Personen und Instanzen den gesetzlichen Vorschriften entsprechend einzuholen. Sollten die Inhaber gewisser Rechtsansprüche sich dennoch übergangen glauben, können sie sich auch jetzt noch ans Archiv wenden.

Diese Edition widmen wir zu ihrem achtzigsten Geburtstag Karl A. Schuhmann (13. 12. 1992) und Mechtilde R. Schuhmann (26. 2. 1993) zum Dank für ihre Treue in guter und böser Zeit, wie die mühevolle Vorbereitung dieser Edition beides war.

ELISABETH SCHUHMANN
KARL SCHUHMANN

VERZEICHNIS DER BRIEFPARTNER HUSSERLS

Verzeichnet sind alle natürlichen Personen, die in eigenem Namen als Korrespondenzpartner Husserls auftreten. Soweit auffindbar, sind Geburts- und/oder Sterbejahr beigegeben.

Åkesson, Elof (1892–1979): **VII**, 1–5
Albrecht, Gustav (geb. 1858): **IX**, 1–132
Ammann, Hermann (1885–1956): **IV**, 1–5
Arnim, Hans von (1859–1931): **IX**, 133–145
Aster, Ernst von (1880–1948): **II**, 1–4

Baba, Bunno (geb. 1896): **IV**, 7–9
Banfi, Antonio (1886–1957): **VI**, 1–4
Barge, Hermann (1870–1941): **VII**, 7–10
Barthel, Ernst Philipp (1890–1953): **VI**, 5–7
Baudin, Émile (1875–1949): **VII**, 11–22
Baumgarten, Eduard (1898–1982): **VII**, 23–27
Beck, Maximilian (1887–1950): **II**, 5–12
Bell, Winthrop Pickard (1884–1965): **III**, 1–58
Bergson, Henri (1859–1941): **VI**, 9–11
Binswanger, Ludwig (1881–1966): **VII**, 29–32
Bohner, Hellmuth (geb. 1901): **IV**, 11–14
Brecht, Franz Josef (1899–1982): **IV**, 15–18
Brentano, Franz (1838–1917): **I**, 1–59
Brix, Walter (1867–1916): **VII**, 33–37
Broad, Charlie Dunbar (1887–1971): **VI**, 13–15
Brück, Maria (geb. 1902): **VI**, 17–19
Brunner, Emil (1889–1966): **VII**, 39–41
Bühler, Karl (1879–1963): **VII**, 43–48

Cairns, Dorion (1901–1973): **IV**, 20–62
Cantor, Georg (1845–1918): **VII**, 49–51
Carus, Paul (1852–1919): **VI**, 21–23
Cassirer, Ernst (1874–1945): **V**, 1–9
Celms, Theodor (geb. 1893): **IV**, 63–68
Cohn, Jonas (1869–1947): **V**, 11–20
Conrad, Theodor (1881–1969) und Conrad-Martius, Hedwig (1888–1966): **II**, 13–22
Cornelius, Hans (1863–1947): **II**, 23–32
Courant, Richard (1888–1972): **VII**, 53–55
Couturat, Louis (1868–1914): **VI**, 25–35

Darkow, Flora: **IX**, 147–195
Daubert, Johannes (1877–1947): **II**, 33–80
Delbos, Victor (1862–1916): **VI**, 37–40
Dilthey, Wilhelm (1833–1911): **VI**, 41–53
Dingler, Hugo (1881–1954): **III**, 59–76
Driesch, Hans (1867–1941): **VI**, 55–63
Dub, Moriz (1865–1927): **IX**, 197–199
Dürr, Ernst (1878–1913): **VII**, 57–60
Dyroff, Adolf (1866–1943): **VI**, 65–67

Ebbinghaus, Julius (1885–1981): **VI**, 69–73
Edwards, Ernest Wood: **VII**, 61–75
Ehrlich, Walter (1896–1968): **VI**, 75–78
Eisler, Rudolf (1873–1926): **VI**, 79–81
Ernst, Paul (1866–1933): **VII**, 77–79
Eucken, Rudolf (1846–1926): **VI**, 83–94
Eucken-Erdsiek, Edith (geb. 1896): **VII**, 81–83

Farber, Marvin (1901–1980): **IV**, 69–85
Feldkeller, Paul (1889–1972): **VI**, 95–99
Feldmann, Joseph (1878–1927): **VI**, 101–104
Feuling, Daniel Martin (1882–1947): **VII**, 85–90
Fink, Eugen (1905–1975): **IV**, 87–97
Fischer, Aloys (1888–1937): **II**, 81–84
Fleischer, Karl (geb. 1886): **IX**, 201–203
Frege, Gottlob (1848–1925): **VI**, 105–118
Freudenthal, Jacob (1839–1907): **VI**, 119–121
Freundlich, Erwin Finlay (geb. 1885): **VII**, 91–94
Friedjung, Heinrich (1851–1920): **VII**, 95–99
Frischeisen-Köhler, Max (1878–1923): **VI**, 123–127

Geiger, Moritz (1880–1937): **II**, 85–117
Gibson, William Ralph Boyce (1869–1935): **VI**, 129–144
Gomperz, Heinrich (1873–1942): **VI**, 145–152
Gouhier, Henri Gaston (geb. 1898): **VI**, 153–155
Grassmann, Robert (1815–1901): **VI**, 157–168
Grimme, Adolf (1889–1963): **III**, 77–113
Groethuysen, Bernard (1880–1946): **VI**, 169–172
Groos, Karl (1861–1946): **VI**, 173–176
Güldenstein, Gustav (geb. 1888): **VII**, 101–104
Gurwitsch, Aron (1901–1973): **IV**, 99–113

Hamada, Yosuke (1890–1967): **IV**, 115–117
Harms, Ernst (geb. 1895): **VII**, 105–111

Hartshorne, Charles (geb. 1897): **IV**, 119–123
Hartwig, Otto (1830–1903): **VII**, 113–115
Heidegger, Martin (1889–1976): **IV**, 125–161
Hering, Jean (1890–1966): **III**, 115–121
Hicks, George Dawes (1862–1941): **VI**, 177–183
Hilbert, David (1862–1943): **VII**, 117–122
Hildebrand, Dietrich von (1889–1977): **III**, 123–126
Hildebrandt, Kurt (1881–1966): **VII**, 123–125
Hippel, Robert von (1866–1951): **VII**, 127–129
Hocking, William Ernest (1873–1966): **III**, 127–171
Höfler, Alois (1853–1922): **I**, 61–65
Hofmannsthal, Hugo von (1874–1929): **VII**, 131–136
Hold-Ferneck, Alexander (1875–1955): **VII**, 137–139
Honecker, Martin (1888–1941): **VI**, 185–187
Hoop, Johannes H. van der (1887–1950): **VII**, 141–144
Horkheimer, Max (1895–1973): **VI**, 189–191
Hufnagel, Hedwig: **VII**, 145–147
Husserl, Emil (geb. 1869): **IX**, 205–207
Husserl, Gerhart (1893–1973): **IX**, 209–272
Husserl, Heinrich (1857–1928): **IX**, 273–294
Husserl, Malvine (1860–1950): **IX**, 295–301

Ingarden, Roman (1893–1970): **III**, 173–317

Jaederholm, Gustav Aksel (1882–1936): **VI**, 193–195
Jaegerschmid, Adelgundis (geb. 1895): **IV**, 163–169
Jaensch, Erich Rudolf (1883–1940): **III**, 319–334
Jaspers, Karl (1883–1969): **VI**, 197–201
Jensen, Paul (1868–1952): **IX**, 303–325
Joël, Karl (1864–1934): **VI**, 203–208

Kaufmann, Felix (1895–1949): **IV**, 171–243
Kaufmann, Fritz (1891–1958): **III**, 335–354
Kelsen, Hans (1881–1973): **VI**, 209–211
Kerler, Dietrich Heinrich (1882–1921): **VI**, 213–215
Keyserling, Hermann Graf (1880–1946): **VI**, 217–229
Klein, Felix (1849–1925): **VII**, 149–151
Knittermeyer, Hinrich (1891–1958): **V**, 21–24
Koyré, Alexandre (1892–1964): **III**, 355–362
Kraft, Julius (1898–1960): **VI**, 231–233
Kroner, Richard (1884–1974): **V**, 25–27
Kuhn, Helmut (1899–1992): **VI**, 235–247
Kynast, Reinhard (geb. 1882): **VI**, 249–251

Landgrebe, Ludwig (1902–1991): **IV**, 245–383
Landsberg, Paul Ludwig (1901–1944): **IV**, 385–388
Lask, Emil (1875–1915): **V**, 29–35
Lassner, Hans [Jean] (geb. 1913): **IV**, 389–393
Laudahn, Hermann: **VII**, 153–157
Lessing, Theodor (1872–1933): **III**, 363–379
Lévy-Bruhl, Lucien (1857–1939): **VII**, 159–164
Lipps, Hans (1889–1941): **III**, 381–387
Lipps, Theodor (1851–1914): **II**, 119–128
Löwith, Karl (1897–1973): **IV**, 395–398

Mach, Ernst (1838–1916): **VI**, 253–258
Mahnke, Dietrich (1884–1939): **III**, 389–520
Marchionini, Alfred (1889–1964): **VII**, 165–167
Marcuse, Herbert (1898–1979): **IV**, 399–401
Marty, Anton (1847–1914): **I**, 67–96
Masaryk, Thomas Garrigue (1850–1937): **I**, 97–120
Meckauer, Walter (1889–1966): **VII**, 169–171
Medicus, Fritz (1876–1956): **VI**, 259–261
Meinong, Alexius (1853–1920): **I**, 121–149
Messer, August (1867–1937): **VII**, 173–182
Metzger, Arnold (1892–1974): **IV**, 403–418
Meyer, Gustav Ferdinand (geb. 1834): **VII**, 183–186
Meyer, Rudolf (geb. 1896): **III**, 521–523
Meyerson, Émile (1859–1933): **VI**, 263–268
Mez, Carl Christian (geb. 1866): **IX**, 327–329
Misch, Georg (1878–1965): **VI**, 269–284
Mittelsten Scheid, Friedrich: **VII**, 187–190
Miyata, Kiyozo (geb. 1896): **IV**, 419–421
Mochizuki, Shinkô (1869–1948): **VI**, 285–287
Molk, Jules (1857–1914): **VII**, 191–193
Moog, Willy (1888–1935): **VI**, 289–291
Morris, Charles William (1901–1979): **VI**, 293–295
Mundle, Wilhelm (1892–1971): **VII**, 195–197
Münsterberg, Hugo (1863–1916): **VI**, 297–303

Natorp, Paul (1854–1924): **V**, 37–165
Nishida, Kitarô (1870–1945): **VI**, 305–307
Nyman, Alf Tor (1884–1968): **VI**, 309–312

Oldenberg, Hermann (1854–1920): **VII**, 199–202
Osborn, Andrew Delbridge (geb. 1902): **VI**, 313–315
Otto, Rudolf (1869–1937): **VII**, 203–208

Palme, Anton (geb. 1872): **VII**, 209–212
Pannwitz, Rudolf (1881–1969): **VII**, 213–228
Patočka, Jan (1907–1977): **IV**, 423–436
Paulsen, Friedrich (1846–1908): **VI**, 317–320
Perry, Ralph Barton (1876–1957): **VI**, 321–323
Pfänder, Alexander (1870–1941): **II**, 129–186
Phalén, Adolf (1884–1931): **VI**, 325–329
Pichl, Karl (geb. 1903): **VII**, 229–234
Pitkin, Walter Boughton (1878–1953): **VI**, 331–345
Port, Kurt (1896–1979): **VI**, 347–350
Pos, Hendrik J. (1898–1955): **IV**, 437–450
Przywara, Erich (1889–1972): **VII**, 235–238

Reinach, Adolf (1883–1917): **II**, 187–208
Reiner, Hans (1896–1991): **IV**, 451–466
Reyer, Wilhelm: **VI**, 351–353
Richter, Raoul Hermann Michael (1871–1912): **VI**, 355–359
Rickert, Heinrich (1863–1936): **V**, 167–189
Riehl, Alois (1844–1924): **V**, 191–200
Roenau, Ernst (geb. 1888): **VII**, 239–241
Rosenberg, Elisabeth H. (1892–1981): **IX**, 331–513
Rothacker, Erich (1888–1965): **VI**, 361–364
Russell, Bertrand (1872–1970): **VI**, 365–367

Salmon, Christopher Verney (gest. 1960): **IV**, 467–470
Scheler, Max (1874–1928): **II**, 209–232
Schestow, Leo (1866–1938): **VI**, 369–376
Schmalenbach, Hermann (1885–1950): **II**, 233–235
Schmied-Kowarzik, Walther (1885–1958): **I**, 151–153
Scholz, Heinrich (1884–1957): **VI**, 377–380
Schor, Jewsei: **IV**, 471–473
Schreier, Fritz: **IV**, 475–477
Schröder, Ernst (1841–1902): **VII**, 243–246
Schultz, Julius (1862–1936): **VI**, 381–383
Schulze-Gaevernitz, Gerhart von (1864–1943): **VII**, 247–249
Schuppe, Wilhelm (1836–1913): **VI**, 385–387
Schütz, Alfred (1899–1959): **IV**, 479–497
Schwarz, Philipp (geb. 1888): **II**, 237–239
Schweitzer, Albert (1875–1965): **VII**, 251–254
Schwen(n)inger, Alfred (1881–1975): **II**, 241–243
Selety, Franz (geb. 1893): **VI**, 389–393
Selz, Otto (1881–1943): **II**, 245–247
Sigwart, Christoph (1830–1904): **VI**, 395–398

Simmel, Georg (1858–1918): **VI**, 399–411
Spett, Gustav von (1878–1940): **III**, 525–544
Spiegelberg, Herbert (1904–1990): **II**, 249–253
Spranger, Eduard (1882–1963): **VI**, 413–423
Stein, Edith (1891–1942): **III**, 545–549
Steinmann, Theophil August (geb. 1869): **VII**, 255–257
Stenzel, Julius (1883–1935): **VI**, 425–430
Stern, Günther (1902–1992): **IV**, 499–502
Sterzinger, Othmar Hugo (1879–1944): **VI**, 431–433
Stoltenberg, Hans Lorenz (1888–1963): **VI**, 435–438
Stout, George Frederick (1860–1944): **VI**, 439–443
Stumpf, Carl (1848–1936): **I**, 155–178
Szilasi, Wilhelm (1889–1966): **IV**, 503–506

Tanabe, Hajime (1885–1962): **IV**, 507–516
Thust, Martin: **IV**, 517–520
Tschizewski, Dmitrj (geb. 1894): **IV**, 521–524
Twardowski, Kasimir (1866–1938): **I**, 179–184

Uphues, Goswin (1841–1917): **VI**, 445–447
Utitz, Emil (1883–1956): **I**, 185–189

Vaihinger, Hans (1852–1933): **V**, 201–219
Vasmer, Max (1886–1962): **VII**, 259–261
Venn, John (1834–1923): **VII**, 263–268
Volkelt, Johannes (1848–1930): **VI**, 449–451
Vossler, Karl (1872–1949): **VII**, 269–271

Walther, Gerda (1897–1977): **II**, 255–267
Wechßler, Eduard (1869–1949): **VII**, 273–276
Welch, E. Parl (geb. 1905): **VI**, 453–464
Weltsch, Felix (1884–1964): **VI**, 465–467
Wertheimer, Max (1880–1943): **VII**, 277–284
Weyl, Hermann (1885–1955): **VII**, 285–296
Winkler, Robert (geb. 1894): **VII**, 297–301
Woerner, Roman (1863–1945): **VII**, 303–306
Wust, Peter (1884–1940): **VI**, 469–479

Yasaki, Yoshimori: **IV**, 525–527

CHRONOLOGISCHES VERZEICHNIS DER BRIEFE HUSSERLS

1882
Husserl an die Philosophische Fakultät der Universität Wien, 13. VII. 1882: **VIII**, 235–237

1883
Husserl und Loewe an H. Husserl, 15. V. 1883: **IX**, 275

1886
Husserl an Brentano, 29. XII. 1886: **I**, 3–5

1887
Husserl an den Dekan der Philosophischen Fakultät der Universität Halle-Wittenberg, 14. VI. 1887: **VIII**, 221–223

1888
M. und E. Husserl an Darkow, 2. I. 1888: **IX**, 149–150

1890
Husserl an Stumpf, ca. Februar 1890: **I**, 157–164

1891
Husserl an Meinong, 22. V. 1891: **I**, 124–128
Husserl an die Philosophische Fakultät der Universität Halle-Wittenberg, 29. V. 1891: **VIII**, 223
Husserl an Meinong, ca. Juli 1891: **I**, 130–131
Husserl an Frege, 18. VII. 1891: **VI**, 110–112
Husserl an Brentano, 23. X. 1891: **I**, 7

1892
Husserl an Meinong, 25. I. 1892: **I**, 132
Husserl an Meinong, 16. II. 1892: **I**, 132
Husserl an Brentano, 29. XII. 1892: **I**, 8–11

1893
M. Husserl an Albrecht, 4. IX. 1893: **IX**, 3–4

1894
Husserl an Brentano, ca. Anfang 1894 (Entwurf): **I**, 15–16
Husserl an Meinong, 14. II. 1894: **I**, 133
Husserl an Meinong, 22. XI. 1894: **I**, 133–134

1896
Husserl an Meinong, 19. VII. 1896: **I**, 134
Husserl an von Arnim, 22. XII. 1896: **IX**, 135–136

1897
Husserl an Natorp, 16. I. 1897: **V**, 39–40
Husserl an Natorp, 21. I. 1897: **V**, 43
Husserl an Natorp, 3. II. 1897: **V**, 48
Husserl an Natorp, 14./15. III. 1897: **V**, 51–56
Husserl an Jensen, 23. III. 1897: **IX**, 305
Husserl an Natorp, 29. III. 1897: **V**, 59–64
Husserl an Albrecht, 18. IV. 1897: **IX**, 4–10
Husserl an Höfler, 13. VII. 1897: **I**, 65
M. und E. Husserl an Albrecht, 25. XII. 1897: **IX**, 11–12

1898
Husserl an Brentano, ca. 15. I. 1898 (Entwurf): **I**, 17–18
M. Husserl an E. Albrecht, 4. IV. 1898: **IX**, 13–14
M. Husserl an Albrecht, 18. XII. 1898: **IX**, 14–16

1899
Husserl an Stumpf, 21. VI. 1899 (Entwurf): **I**, 165–168
Husserl an Albrecht, 21. XI. 1899: **IX**, 16–17
M. Husserl an E. Albrecht, 4. XII. 1899: **IX**, 17–18
Husserl an Natorp, 7. XII. 1899: **V**, 71–72
M. Husserl an Albrecht, 18. XII. 1899: **IX**, 19

1900
Husserl an Natorp, 8. VII. 1900: **V**, 72–74
Husserl an Meinong, 27. VIII. 1900: **I**, 135–137
Husserl an Hartwig, 15. XI. 1900: **VII**, 115

1901
Husserl an X, ca. 1901 (Entwurf): **IX**, 517
Husserl an Höfler, 1. V. 1901: **I**, 65
Husserl an Natorp, 1. V. 1901: **V**, 76–78
Husserl an Mach, 18. VI. 1901: **VI**, 255–258
Husserl an Marty, 7. VII. 1901 (Entwurf): **I**, 75–83
Husserl an Albrecht, 22. VIII. 1901: **IX**, 20–26
Husserl an Natorp, 7. IX. 1901: **V**, 80–86
Husserl an die Philosophische Fakultät der Universität Halle-Wittenberg, 18. IX. 1901: **VIII**, 223
Husserl an Meinong, 29. XI. 1901: **I**, 138–139
M. Husserl an Albrecht, 28. XII. 1901: **IX**, 26–27

1902
Husserl an Meinong, 5. IV. 1902: **I**, 139–145
Husserl an Stumpf, 11. V. 1902 (Entwurf): **I**, 169–173
M. Husserl an E. Albrecht, 12. IX. 1902: **IX**, 27–28

Husserl an Natorp, 10. X. 1902: **V**, 91
Husserl an Hocking, 8. XI. 1902: **III**, 129
Husserl an Natorp, 10. XII. 1902: **V**, 91–92
Husserl an Masaryk, ca. 25. XII. 1902: **I**, 107–108

1903
Husserl an Hocking, 25. I. 1903: **III**, 130–132
Husserl an Hocking, 7. III. 1903: **III**, 135–136
M. Husserl an E. Albrecht, 19. IV. 1903: **IX**, 29–30
Husserl an Natorp, 13. VI. 1903: **V**, 92
Husserl an Hocking, 12. VII. 1903: **III**, 141
Husserl an Hocking, 20. VIII. 1903: **III**, 142–143
Husserl an Hocking, 7. IX. 1903: **III**, 143–150
Husserl an Natorp, 24. XII. 1903: **V**, 93–94

1904
Husserl an Th. Lipps, Januar 1904 (Abschrift): **II**, 122–127
Husserl an Dingler, 2. I. 1904: **III**, 62–63
M. Husserl an Albrecht, 24. I. 1904: **IX**, 30–31
Husserl an Natorp, 4. III. 1904: **V**, 94
Husserl an Daubert, Anfang Mai 1904: **II**, 35–38
Husserl an Daubert, 26. V. 1904: **II**, 40
M. Husserl an E. Albrecht, 6. VI. 1904: **IX**, 31–33
Husserl an Cohn, 12. VI. 1904: **V**, 13
Husserl an Brentano, 11./15. X. 1904: **I**, 20–22
Husserl an Daubert, 17. XI. 1904: **II**, 41–42
Husserl an Meinong, 11. XII. 1904: **I**, 149
M. und E. Husserl an Albrecht, 29. XII. 1904: **IX**, 33–34

1905
Husserl an Brentano, 3. I. 1905: **I**, 24–30
Husserl an Dingler, 3. I. 1905: **III**, 64
Husserl an Niemeyer (Verlag Max Niemeyer), 9. II. 1905 (Entwurf): **VIII**, 253
Husserl an Pitkin, 12. II. 1905 (Entwurf): **VI**, 334–336
Husserl an Gomperz, 18. II. 1905: **VI**, 147–149
Husserl an Brentano, 27. III. 1905: **I**, 35–40
Husserl an Daubert, 9. IV. 1905: **II**, 43
Husserl an Cohn, 22. IV. 1905: **V**, 13
Husserl an Gomperz, 28. VII. 1905: **VI**, 151
Husserl an Pfänder, Anfang August 1905 (Entwurf): **II**, 135
Husserl an Vaihinger, Anfang August 1905 (Entwurf): **V**, 206
M. und E. Husserl an Albrecht, 10. VIII. 1905: **IX**, 34–36
Husserl an Hocking, 10. VIII. 1905: **III**, 156–158
Husserl an Mahnke, 20. VIII. 1905: **III**, 391

M. Husserl an Albrecht, 23. VIII. 1905: **IX**, 36–37
Husserl an Darkow, 24. IX. 1905: **IX**, 150–151
Husserl an Marty, 11./13. X. 1905 (Entwurf): **I**, 89–93
Husserl an Daubert, 15. XI. 1905: **II**, 43–45
Husserl an Daubert, 30. XII. 1905: **II**, 47

1906
Husserl an Dingler, 7. I. 1906: **III**, 64
Husserl an Dingler, 17. I. 1906: **III**, 65
Husserl an Mahnke, 26. VI. 1906: **III**, 391–392
Husserl an Brentano, 22. VIII. 1906: **I**, 41–43
Husserl an H. Husserl, 20. IX. 1906: **IX**, 275–276
Husserl an Cornelius, 28. IX. 1906 (Entwurf): **II**, 25–29
Husserl an Daubert, 28. IX. 1906: **II**, 48
Husserl an Cornelius, 4. X. 1906: **II**, 32
Husserl an Daubert, 27. X. 1906: **II**, 48
Husserl an Daubert, 29. X. 1906: **II**, 49
Husserl an Daubert, 11. XI. 1906: **II**, 49–50
Husserl an Daubert, 18. XI. 1906: **II**, 50–51
Husserl an Daubert, 11. XII. 1906: **II**, 51
Husserl an Daubert, 19. XII. 1906: **II**, 51
Husserl an Hocking, (Ende) Dezember 1906: **III**, 159

1907
Husserl an die Philosophische Fakultät der Universität Göttingen, ca. 1907 (Entwurf): **VIII**, 205
Husserl an Dingler, 3. I. 1907: **III**, 65
Husserl an von Hofmannsthal, 12. I. 1907: **VII**, 133–136
E. und M. Husserl an H. Husserl, 23. I. 1907: **IX**, 276–277
Husserl an Daubert, 3. III. 1907: **II**, 52
Husserl an Brentano, 5. IV. 1907: **I**, 44–45
Husserl an Brentano, 6. V. 1907: **I**, 45–46
Husserl an Carus, 25. V. 1907: **VI**, 23
Husserl an Dingler, 25. V. 1907: **III**, 65
Husserl an Mahnke, 25. V. 1907: **III**, 392–395
Husserl an Lessing, 27. V. 1907: **III**, 366
Husserl an Dürr, 21. VIII. 1907 (Entwurf): **VII**, 59–60
Husserl an Daubert, 26. VIII. 1907: **II**, 56–57
Husserl an Darkow, 3. IX. 1907: **IX**, 151–152
Husserl an Conrad, 15. X. 1907: **II**, 15
Husserl an H. Husserl, 8. XII. 1907: **IX**, 277
M. Husserl an Albrecht, 30. XII. 1907: **IX**, 37–38

1908
Husserl an Stumpf, ca. 1908 (Entwurf): **I**, 174
Husserl an Dingler, 5. I. 1908: **III**, 65
Husserl an Brentano, 13. I. 1908: **I**, 48–49
Husserl an Frischeisen-Köhler, ca. Februar 1908 (Entwurf): **VI**, 125–126
Husserl an H. Husserl, 18. II. 1908: **IX**, 278
Husserl an H. Husserl, 14. III. 1908: **IX**, 279–280
Husserl an L. Stein, ca. 10. IV. 1908 (nicht abgesandter Entwurf): **III**, 377–378
Husserl an Lessing, 15. IV. 1908 (Entwurf): **III**, 373–374
Husserl an Lessing, 22. IV. 1908 (Entwurf): **III**, 375
Husserl an L. Stein, 22. IV. 1908 (Entwurf): **III**, 379
Husserl an Lessing, ca. 24. IV. 1908 (Entwurf): **III**, 375
M. Husserl an Albrecht, 24. IV. 1908: **IX**, 38–39
Husserl an Mahnke, 30. V. 1908: **III**, 395–397
Husserls Entwurf des Gutachtens für die Kommission zur Besetzung des neuen Ersatzordinariats für Philosophie an der Universität Göttingen, Juli 1908: **VIII**, 205–207
Husserl an Albrecht, 1. VII. 1908 (Abschrift): **IX**, 39–41
M. Husserl an Albrecht, 21. IX. 1908: **IX**, 42–43
M. Husserl an E. Albrecht, 25. IX. 1908: **IX**, 43–44
Husserl an Gomperz, 28. IX. 1908: **VI**, 151
Husserl an H. Husserl, 30. IX. 1908: **IX**, 280
Husserl an Groos, ca. Oktober 1908: **VI**, 175–176
Husserl an Cohn, 15. X. 1908: **V**, 13–17
M. Husserl an E. Albrecht, 16. XII. 1908: **IX**, 44–45
Husserl an Natorp, 23. XII. 1908: **V**, 98–104

1909
Husserls Gutachten zur Habilitation von Nelson (Universität Göttingen), 3. I. 1909: **VIII**, 207–210
Husserl an H. Husserl, 4. I. 1909: **IX**, 281
Husserl an Dingler, 14. I. 1909: **III**, 66
Husserls Gutachten über Reinachs Habilitationsschrift, 20. II. 1909: **II**, 204–208
Husserl an Daubert, 5. III. 1909: **II**, 59–60
Husserl an Natorp, 8. III. 1909: **V**, 108
Husserl an M. Husserl, 14. III. 1909: **IX**, 297
Husserl an Natorp, 18. III. 1909: **V**, 108–112
Husserl an H. Husserl, 13. V. 1909: **IX**, 281–282
Husserl an Reinach, ca. 2. Maihälfte 1909 (Abschrift): **II**, 194
Husserl an Daubert, ca. Mitte 1909: **II**, 60
Husserl an den Dekan der Philosophischen Fakultät der Universität Göttingen, ca. Juli 1909: **VIII**, 210–211

Husserl an Masaryk, 14. VII. 1909: **I**, 108–109
Husserl an Albrecht, 8. IX. 1909: **IX**, 45–47
Husserl an eine Göttinger Verlagsbuchhandlung, ca. 30. IX. 1909 (Entwurf): **IX**, 517
Husserl an H. Husserl, 20. X. 1909: **IX**, 282
Husserl an Kroner, 8. XII. 1909: **V**, 27
M. und E. Husserl an Albrecht, 23. XII. 1909: **IX**, 47

1910
Husserl an Rickert, 25. I. 1910: **V**, 169
Husserl an Natorp, 22. II. 1910: **V**, 113
Husserl an Rickert, 25. IV. 1910: **V**, 170
Husserl an Darkow, ca. Mitte Juli 1910: **IX**, 153
Empfehlungsschreiben Husserls für Scheler, 18. VII. 1910: **II**, 231–232
Husserl an Mahnke, 17. VIII. 1910: **III**, 397–399
Husserl an H. Husserl, 24. IX. 1910: **IX**, 283
Husserl an Cassirer, Anfang Oktober 1910 (Entwurf): **V**, 3
Husserl an Natorp, 28. X. 1910: **V**, 115–117
Husserl an Natorp, 8. XII. 1910: **V**, 117
Husserl an H. und C. Husserl, 10. XII. 1910: **IX**, 283–284
Husserl an H. Husserl, 13. XII. 1910: **IX**, 285
M. und E. Husserl an Albrecht, 30. XII. 1910: **IX**, 48

1911
Preisaufgabe der Göttinger Philosophischen Fakultät für 1911 (Entwurf): **II**, 20
Husserl an Dingler, 2. I. 1911: **III**, 66
Husserl an Vaihinger, 15. I. 1911: **V**, 206–207
Husserl an Daubert, 27. I. 1911: **II**, 60–61
Husserl an Vaihinger, 31. I. 1911: **V**, 207–208
Husserl an Daubert, 4. III. 1911: **II**, 62
Husserl an Dingler, 9. III. 1911: **III**, 66
Husserl an Daubert, 3. IV. 1911: **II**, 63
Husserl an Vaihinger, 6. IV. 1911: **V**, 208–209
Husserl an das Preußische Unterrichtsministerium, 23. IV. 1911: **VIII**, 107–108
Husserl an Vaihinger, 24. V. 1911: **V**, 211–212
M. Husserl an E. Albrecht, 29. V. 1911: **IX**, 48–49
Husserl an Dilthey, 5./6. VII. 1911 (Abschrift): **VI**, 47–51
Husserl an Albrecht, 25. VII. 1911: **IX**, 50
Husserl an H. Husserl, 14. VIII. 1911: **IX**, 285–286
Husserl an Darkow, 15. VIII. 1911: **IX**, 154–155
Husserl an K. Dilthey, 5. X. 1911: **VI**, 53
Husserl an Jaspers, 17. X. 1911: **VI**, 199
Husserl an Brentano, 22. XI. 1911: **I**, 53–54

Husserl an Friedjung, 27. XII. 1911: **VII**, 97–99

1912

Husserl an Daubert, 3. I. 1912: **II**, 63
M. Husserl an C. Husserl, 24. I. 1912: **IX**, 286–287
Husserl an H. Husserl, 15. II. 1912: **IX**, 287
Husserl an Dingler, 4. III. 1912: **III**, 67–68
Husserl an Mahnke, 25. IV. 1912: **III**, 399–401
Husserl an Mahnke, 26. IV. 1912: **III**, 401
Husserls Gutachten über Martius' Preisschrift, ca. Mai 1912 (Entwurf): **II**, 21
Husserl an Jaspers, 19. V. 1912: **VI**, 200
M. und E. Husserl an Elli Husserl, 1. VI. 1912: **IX**, 333–334
Husserl an Phalén, 7. VI. 1912: **VI**, 327
Husserl an Hocking, 7. VII. 1912: **III**, 159–160
Husserl an Conrad, 21. VII. 1912: **II**, 16
Husserl an Rickert, 28. VII. 1912: **V**, 171–172
Husserls Gutachten über (von) Hildebrands Dissertation, 30. VII. 1912 (Entwurf): **III**, 125–126
M. und E. Husserl an Albrecht, 15. VIII. 1912: **IX**, 50
Husserl an Darkow, 30. IX. 1912: **IX**, 155–156
Husserl an H. Husserl, 2. X. 1912: **IX**, 287–288
Husserl an Knittermeyer, 18. X. 1912: **V**, 23
Husserl an Daubert, 22. X. 1912: **II**, 63–64
Husserl an Knittermeyer, 31. X. 1912: **V**, 24
Husserl an Dekan Simon (Universität Göttingen), 4. XI. 1912: **VIII**, 212–213
Husserl an Rickert, 21. XI. 1912: **V**, 172–173
Husserl an Rickert, 20. XII. 1912: **V**, 173–174

1913

Husserl an Weltsch, 1. IV. 1913: **VI**, 467
Husserl an Cohn, 25. IV. 1913: **V**, 20
M. Husserl an Elli Husserl, 8. V. 1913: **IX**, 334–335
Husserl an von Spett, ca. 9. V. 1913: **III**, 527
M. Husserl an von Spett, 13. V. 1913: **III**, 527
Husserl an Rickert, 11. VI. 1913: **V**, 174
Husserl an Daubert, 23. VI. 1913: **II**, 65
M. Husserl an Elli Husserl, 5. VII. 1913: **IX**, 335–338
Husserl an Phalén, 9. VII. 1913: **VI**, 327–328
Husserl an Daubert, 19. VII. 1913: **II**, 67–68
M. Husserl an Daubert, 31. VII. 1913: **II**, 68
M. und E. Husserl an Daubert, 13. VIII. 1913: **II**, 69–70
Husserl an Daubert, 25. VIII. 1913: **II**, 70
Husserl an von Spett, 30. VIII. 1913: **III**, 527–528

Husserl an Rickert, 12. X. 1913: **V**, 175
Husserl an Dingler, 30. X. 1913: **III**, 69
Husserl an Dingler, 12. XI. 1913: **III**, 70–71
Husserl an von Spett, 29. XII. 1913: **III**, 531–533
Husserl an Brentano, 31. XII. 1913: **I**, 55

1914
Husserl an Carus, 24. I. 1914: **VI**, 23
Husserl an Natorp, 24. I. 1914: **V**, 120
Husserl an Messer, 18. II. 1914 (nicht abgesandter Entwurf): **VII**, 176–182
Husserl an Messer, 19. II. 1914 (Entwurf): **VII**, 175–176
Husserl an Fischer, 27. II. 1914: **II**, 83–84
Husserl an Joël, 11. III. 1914 (Entwurf): **VI**, 205–208
Husserl an von Spett, 15. III. 1914: **III**, 536–537
Husserl an Elli Husserl, 28. III. 1914: **IX**, 338–339
Husserl an von Spett, 28. III. 1914: **III**, 537–540
Husserl an Eisler, ca. April 1914 (Entwurf): **VI**, 81
Husserl an Elli Husserl, 4. IV. 1914: **IX**, 339–340
Husserl an Vaihinger, 9. IV. 1914: **V**, 212–213
Husserl an Meiner (Verlag Felix Meiner), 4. V. 1914 (Entwurf): **VIII**, 245–247
Husserl an von Spett, 17. V. 1914: **III**, 542
Husserl an Driesch, 24. V. 1914: **VI**, 57
Husserl an Darkow, 28. VI. 1914: **IX**, 156
Husserl an Driesch, 9. VII. 1914: **VI**, 59
M. Husserl an Elli Husserl, 16. VII. 1914: **IX**, 340–342
M. Husserl an Elli Husserl, 26. VII. 1914: **IX**, 342
Husserl an Mahnke, 3. VIII. 1914: **III**, 401–402
Husserl an H. Husserl, 8. VIII. 1914: **IX**, 288–289
Husserl an C. und H. Husserl, 17. VIII. 1914: **IX**, 289–290
Husserl an H. Husserl, 19. IX. 1914: **IX**, 290–291
Husserl an H. Husserl, 4. X. 1914: **IX**, 291–292
Husserl an Scheler, 1. XI. 1914: **II**, 223–224
Husserl an H. Husserl, 8. XI. 1914: **IX**, 293
Husserl an Daubert, 22. XI. 1914: **II**, 71
Husserl an Mahnke, 27. XI. 1914: **III**, 403
Husserl an Phalén, 18. XII. 1914: **VI**, 328–329
Husserl an Fritz Kaufmann, 24. XII. 1914: **III**, 337–338
Husserl an Mahnke, 30. XII. 1914: **III**, 403–404
Husserl an X, ca. Ende 1914 (Entwurf): **IX**, 518

1915
Husserl an Siebeck (Verlag J. C. B. Mohr - Paul Siebeck), 10. I. 1915: **VIII**, 269
E. und M. Husserl an Albrecht, 22. I. 1915: **IX**, 51–52

Husserl an Münsterberg, 29. I. 1915 (Abschrift): **VI**, 300–301
Husserl an Vaihinger, 26. II. 1915: **V**, 213–214
Husserl an H. Lipps, 11. III. 1915: **III**, 383
Husserl an M. Husserl, 14. III. 1915: **IX**, 297–298
Husserl an M. Husserl, 15. III. 1915 (1): **IX**, 298–299
Husserl an M. Husserl, 15. III. 1915 (2): **IX**, 299
Husserl an Daubert, 16. III. 1915: **II**, 72
E. und G. Husserl an M. Husserl, 19. III. 1915: **IX**, 299–300
M. und Elli Husserl an Daubert, 21. III. 1915: **II**, 72–73
Husserl an M. Husserl, 21. III. 1915: **IX**, 301
Husserl an Vaihinger, 3. IV. 1915: **V**, 216–217
Husserl an Darkow, 2. VI. 1915: **IX**, 157–159
Husserl an Fritz Kaufmann, 2. VI. 1915: **III**, 338–339
Husserl an Daubert, 6. VI. 1915: **II**, 73–74
Husserl an Rickert, 26. VI. 1915: **V**, 175–176
Husserls Entwurf eines Fakultätsschreibens an Nelson (Universität Göttingen), ca. 10. VIII. 1915: **VIII**, 214–216
Husserl an Fritz Kaufmann, 20. IX. 1915: **III**, 339–341
Husserl an H. Ebbinghaus jr., ca. Herbst 1915 (Entwurf): **VI**, 71
Empfehlungsschreiben Husserls für Ingarden, Oktober 1915: **III**, 315–316
Husserl an Metzger, 9. X. 1915: **IV**, 405
Husserl an Rickert, 5. XI. 1915: **V**, 176–177
Husserls Gedenkblatt für Eucken, ca. Dezember 1915 (Entwurf): **VI**, 94
Husserl an Rickert, 20. XII. 1915: **V**, 177–178
Husserl an H. Lipps, 21. XII. 1915: **III**, 383–384
Husserl an Rickert, 26. XII. 1915: **V**, 178–180
Husserls Gutachten zur Habilitation von Frauen (Universität Göttingen), Ende 1915? (Entwurf): **VIII**, 216–217

1916
Husserl an Driesch, 3. I. 1916: **VI**, 59
Husserl an Rickert, 7. I. 1916: **V**, 180
Husserl an Scheler, 7. I. 1916: **II**, 227–228
Husserl an Rickert, 18. I. 1916: **V**, 180–181
Husserl an Driesch, 21. I. 1916: **VI**, 60
Husserl an Daubert, 23. I. 1916: **II**, 74–75
Husserl an Back, 26. I. 1916: **IX**, 294
Husserl an Fritz Kaufmann, 30. I. 1916: **III**, 341
Husserl an Prorektor Titius (Universität Göttingen), ca. Februar 1916 (Entwurf): **VIII**, 217
Husserls Notiz über das Grab seines Sohnes Wolfgang, ca. 1916: **IX**, 301
M. Husserl an G. Husserl, 21. IV. 1916: **IX**, 211

Husserl an Natorp, 22. IV. 1916: **V**, 122–123
Husserl an Dingler, 24. V. 1916: **III**, 72
Husserl an Heidegger, 27. V. 1916: **IV**, 127
Husserl an Heidegger, 21. VII. 1916: **IV**, 127
Husserls Gutachten über E. Steins Dissertation, 29. VII. 1916: **III**, 548
Husserl an Heidegger, 28. IX. 1916: **IV**, 127
Husserl an das Badische Kultusministerium, Anfang Dezember 1916 (Entwurf): **VIII**, 121–122
Husserl an Mahnke, 2. XII. 1916: **III**, 404–407
Husserl an Heidegger, 10. XII. 1916: **IV**, 128

1917
Husserl an X, ca. 1917/1918: **IX**, 518–519
Husserl an Mahnke, 5. I. 1917: **III**, 407–409
Husserl an von Arnim, 7. I. 1917: **IX**, 137–138
Husserl an Rickert, 16. I. 1917: **V**, 181–182
Husserl an Ingarden sr., 2. II. 1917: **III**, 175–176
Husserl an Ingarden, 13. II. 1917: **III**, 176
Husserl an Mahnke, 25. II. 1917: **III**, 409–412
Husserl an Mahnke, 27. II. 1917: **III**, 412–413
Husserl an Grimme, 9. IV. 1917: **III**, 79–80
Husserl an Grimme, 30. IV. 1917: **III**, 80
Husserl an J. Ebbinghaus, 23. V. 1917: **VI**, 72
M. und E. Husserl an Elli Husserl, 28. V. 1917: **IX**, 343–345
Husserl an Natorp, 8. VI. 1917: **V**, 126–129
Husserl an Ingarden, 20. VI. 1917: **III**, 177–178
Husserl an Ingarden, 8. VII. 1917: **III**, 178–179
Husserl an Driesch, 18. VII. 1917: **VI**, 60
Husserl an Mahnke, 19. VII. 1917: **III**, 413–416
Husserl an Albrecht, 2. VIII. 1917: **IX**, 52–54
Husserl an Elli Husserl, 22. VIII. 1917: **IX**, 345
Husserl an Mahnke, 5. IX. 1917: **III**, 416–419
Husserl an Elli Husserl, 22. IX. 1917: **IX**, 345–346
Husserl an Driesch, 23. IX. 1917: **VI**, 61
Husserl an Heidegger, 24. IX. 1917: **IV**, 128
Husserl an Albrecht, 27. IX. 1917: **IX**, 54–55
Husserl an Natorp, 8. X. 1917: **V**, 131–132
Husserls Gutachten über Ingardens Dissertation, Dezember 1917: **III**, 316–317

1918
Husserl an Mahnke, 29. I. 1918: **III**, 419–420
Husserl an Heidegger, 30. I. 1918: **IV**, 129
Husserl an Fritz Kaufmann, 28. II. 1918: **III**, 342

M. Husserl an Elli Husserl, 10. III. 1918: **IX**, 346–347
M. Husserl an Elli Husserl, 26. III. 1918: **IX**, 347–349
Husserl an Heidegger, 28. III. 1918: **IV**, 129–130
Husserl an Grimme, 5. IV. 1918: **III**, 81–82
M. und E. Husserl an Ingarden, 5. IV. 1918: **III**, 179–182
Husserl an Weyl, 10. IV. 1918: **VII**, 287–289
Husserl an Ingarden, 27. IV. 1918: **III**, 183
Husserl an Heidegger, 11. V. 1918: **IV**, 130–131
Husserl an Grimme, 8. VI. 1918: **III**, 83–84
Husserl an Natorp, 29. VI. 1918: **V**, 135–138
Husserl an Driesch, 18. VII. 1918: **VI**, 61–62
Husserl an Metzger, 24. VII. 1918: **IV**, 405–406
Husserl an Stenzel, 20. VIII. 1918: **VI**, 427–428
Husserl an Spranger, ca. 1. IX. 1918 (Entwurf): **VI**, 417–421
Husserl an Mahnke, 2. IX. 1918: **III**, 421
Husserl an Heidegger, 10. IX. 1918: **IV**, 131–136
M. Husserl an von Spett, 20. IX. 1918: **III**, 543–544
Husserl an Driesch, 30. IX. 1918: **VI**, 62–63
Husserl an Bell, 8. XI. 1918: **III**, 3
Husserl an Ingarden, 16. XI. 1918: **III**, 200–202
Husserl an Dyroff, 28. XI. 1918: **VI**, 67
Husserl an Hilbert, 9. XII. 1918: **VII**, 119

1919
Husserl an Stumpf, 1919 (nicht abgesandter Entwurf): **I**, 174–178
Husserl an Fritz Kaufmann, 17. I. 1919: **III**, 343
Empfehlungsschreiben Husserls für E. Stein, 6. II. 1919: **III**, 548–549
Husserl an Otto, 5. III. 1919: **VII**, 205–208
Husserl an Conrad, 9. IV. 1919: **II**, 17
Husserl an Daubert, 9. IV. 1919: **II**, 76–77
Husserl an H. Lipps, 9. IV. 1919: **III**, 384
Husserl an Mahnke, 11. IV. 1919: **III**, 421–422
Husserl an Albrecht, 12. IV. 1919: **IX**, 55–58
Husserl an Bell, 19. IV. 1919: **III**, 4–8
Husserl an die Philosophische Fakultät der Universität Freiburg, 16. V. 1919: **VIII**, 162
Husserls Korreferat zur Dissertation von Hitzig, *Platons Wertung der Kunst*, 21. VI. 1919: **VIII**, 164
Husserl an den Senat der Universität Freiburg, 30. VI. 1919 (Entwurf): **VIII**, 164–165
Husserl an Schwoerer (Badisches Kultusministerium), 19. VII. 1919: **VIII**, 124–125

Husserls Korreferat zur Dissertation von Müller, *Der Begriff der Wahrheit und der Begriff des Wertes bei Heinrich Rickert*, 21. VII. 1919: **VIII**, 165–166
Husserl an Bell, 4. VIII. 1919: **III**, 8–9
Husserl an Heimberger (Universität Bonn), 5. VIII. 1919: **VIII**, 151
M. Husserl an Bell, 7. VIII. 1919: **III**, 9
Husserl an Daubert, 10. VIII. 1919: **II**, 77
Husserl an die Juristische Fakultät der Universität Bonn, 26. VIII. 1919 (Entwurf): **VIII**, 151–153
Husserl an Metzger, 4. IX. 1919: **IV**, 407–414
Pfänder und Husserl an Daubert, 13. IX. 1919: **II**, 78
Husserl an Darkow, 27. IX. 1919: **IX**, 159–161
Husserl an Keyserling, 29. IX. 1919 (Entwurf): **VI**, 222–226
M. Husserl an Albrecht, 19. X. 1919: **IX**, 58–59
Husserl an Mahnke, 1. XI. 1919: **III**, 423–424
Husserl an Driesch, 20. XI. 1919: **VI**, 63

1920
Husserls Korreferat zur Dissertation von Gräfin von der Schulenburg, *Dichtung und dichterisches Bewußtsein Ricarda Huchs erläutert an ihrem Jugendroman Ludolf Ursleu*, 2. I. 1920: **VIII**, 167–168
Husserls Korreferat zur Dissertation von Offenberg, *Die scientia bei Augustinus*, 16. I. 1920: **VIII**, 168
Husserl an Grimme, 27. I. 1920: **III**, 84
Husserl an Götze (Universität Freiburg), 29. I. 1920: **VIII**, 168
Husserl an Mahnke, 11. II. 1920: **III**, 424
Husserl an Natorp, 11. II. 1920: **V**, 139–141
Husserl an Ingarden, 12. III. 1920: **III**, 202–204
Husserl an den Senat der Universität Freiburg, 1. IV. 1920: **VII**, 169
Husserl an Walther, 2. Maihälfte 1920 (wohl nicht abgesandter Entwurf): **II**, 260–265
Husserl an Elli Husserl, 29. V. 1920: **IX**, 349–350
Husserl an Weyl, 5. VI. 1920: **VII**, 289–290
Husserl und Cohn an die Philosophische Fakultät der Universität Freiburg, 8. VI. 1920 (Entwurf): **VIII**, 170–171
Husserl an Mahnke, 26. VI. 1920: **III**, 425–426
Husserl an Hocking, 3. VII. 1920: **III**, 162–165
Husserl an Metzger, 7. VII. 1920: **IV**, 415
Husserl an Ingarden, 18. VII. 1920: **III**, 204
Husserl an Wertheimer, 23. VII. 1920 (Abschrift): **VII**, 279
Husserl an Rickert, 9. VIII. 1920: **V**, 182–183
Husserl an Bell, 11. VIII. 1920: **III**, 10–17
E. und M. Husserl und J. Hering an Ingarden, 20. VIII. 1920: **III**, 205–206

Husserl an Bell, 23. VIII. 1920: **III**, 17–18
Husserl an Rickert, 26. VIII. 1920: **V**, 183–184
Husserl an Bell, 22. IX. 1920: **III**, 19–20
M. und E. Husserl an Fritz Kaufmann, 1. X. 1920: **III**, 343–344
Husserl an Dingler, 18. X. 1920: **III**, 72–73
Husserl an Ernst, 7. XI. 1920: **VII**, 79
M. Husserl an Ingarden, 12. XII. 1920: **III**, 206–207
Husserl an Darkow, 22. XII. 1920: **IX**, 161–162
Husserl an Guenther (Universität Freiburg), 29. XII. 1920: **VIII**, 172
Husserl an Ingarden, 30. XII. 1920: **III**, 207–208

1921
Husserl an Courant, 4. I. 1921: **VII**, 55
Elli und E. Husserl an Fischer, 10. I. 1921: **II**, 84
Husserl an Rickert, 11. II. 1921: **V**, 185
Husserl an Darkow, 12. II. 1921: **IX**, 162–164
Husserls Korreferat zur Dissertation von Graf Kuenburg, *Der Begriff der Pflicht bei Kant*, 28. II. 1921: **VIII**, 172–173
Husserls Korreferat zur Dissertation von Schayer, *Vorarbeiten zur Geschichte der mahayanistischen Erlösungslehren*, 11. III. 1921: **VIII**, 174–175
Husserl an Conrad-Martius, 16. III. 1921: **II**, 18
M. Husserl an Ingarden, 28. III. 1921: **III**, 209–210
Husserl an Dingler, 30. III. 1921: **III**, 73
Husserl an Mahnke, 23. IV. 1921: **III**, 426–430
Husserl an Mahnke, 7. V. 1921: **III**, 430–431
Husserl an die philosophische Dozentengruppe der Universität Freiburg, 22. V. 1921 (Entwurf): **VIII**, 175
Husserl an Dingler, 7. VI. 1921: **III**, 73–74
Husserl an D. Meinong, 17. VI. 1921: **I**, 149
Husserls Korreferat zur Dissertation von Burgert, *Solgers philosophisches Programm*, 20. VI. 1921: **VIII**, 175
Husserl an Ingarden, 20. VI. 1921: **III**, 210–211
Husserl an das Sekretariat der Universität Freiburg, 23. VI. 1921: **VIII**, 175
Husserls Korreferat zur Dissertation von Stern, *Über bewahrendes und verarbeitendes Gedächtnisverhalten*, 29. VI. 1921: **VIII**, 176
Husserls Korreferat zur Dissertation von Bouquet, *Das Problem der echten Komödie und ihrer übertragischen Momente in der ästhetisch-dramaturgischen Reflexion von Schiller bis Hebbel*, 19. VII. 1921: **VIII**, 176
Husserls Korreferat zur Dissertation von Doldinger, *Die Jugendentwicklung Friedrich Heinrich Jacobis bis zum Allwill-Fragment (1775) in ihrer Beziehung zur Gesamtentwicklung*, 25. VII. 1921: **VIII**, 177
Husserl an die Universität Freiburg, 2. Hälfte 1921 (Entwurf): **VIII**, 177

Husserl an Fleischer, ca. August/September 1921 (Entwurf): **IX**, 203
Husserl an Metzger, 5. VIII. 1921: **IV**, 415
Husserl an Ingarden, 6. VIII. 1921: **III**, 211–213
Husserl an Bell, 18. IX. 1921: **III**, 20–28
Husserl an Masaryk, 3. X. 1921: **I**, 109–110
Husserl an Bell, 6. X. 1921: **III**, 29–30
E. und M. Husserl an Fritz Kaufmann, 12. X. 1921: **III**, 344–345
Husserl an Mahnke, 17. X. 1921: **III**, 431–435
Husserls Korreferat zur Dissertation von Andrée, *Der Aufbau und die literarische Bedeutung der Platonischen Apologie*, 29. X. 1921: **VIII**, 178–180
Husserl an Dekan Brie (Universität Freiburg), 23. XI. 1921: **VIII**, 180
Husserl an Ingarden, 25. XI. 1921: **III**, 213–214
Husserl an Bell, 7. XII. 1921: **III**, 30–31
Husserl an Bell, 19. XII. 1921 (1): **III**, 31
Husserl an Bell, 19. XII. 1921 (2): **III**, 32–33
Husserl an Ingarden, 24. XII. 1921: **III**, 214–216
Husserl an Masaryk, 24. XII. 1921: **I**, 110–112

1922
E. und M. Husserl an Hilbert, 19. I. 1922: **VII**, 119–120
Husserl an Bell, 22. I. 1922: **III**, 33–35
Husserl an Bell, 28. I. 1922: **III**, 35–36
Husserl an Natorp, 1. II. 1922: **V**, 147–152
Husserls Korreferat zur Dissertation von Grass, *Das schauende Erkennen bei Augustinus*, 2. II. 1922: **VIII**, 181
Husserl an Masaryk, 2. III. 1922: **I**, 112–116
Husserl an Mahnke, 26. III. 1922: **III**, 436–438
Husserl an Weyl, 9. IV. 1922: **VII**, 293–295
Husserl an Darkow, 30. IV. 1922: **IX**, 164–165
Husserl an Bell, 10. V. 1922: **III**, 38–39
Husserl an Bell, 14. V. 1922: **III**, 39–40
Husserl an Dekan Brie (Universität Freiburg), 18. V. 1922: **VIII**, 181
Husserl an Felix Kaufmann, 1. VI. 1922: **IV**, 173
M. Husserl an Bell, 11. VI. 1922: **III**, 40–41
Husserl an Keen (Deutscher Verein Oxford), ca. 18. VI. 1922 (Entwurf): **VIII**, 35
Husserl an Mahnke, 23. VI. 1922: **III**, 438
Husserls Gutachten über Mahnkes Dissertation, 26. VI. 1922: **III**, 516–517
Husserl an Selz, 19. VII. 1922: **II**, 247
Husserl an Grimme, 1. IX. 1922: **III**, 85–86
Husserl an Beck, 25. IX. 1922: **II**, 7
Husserl an Mahnke, 28. IX. 1922: **III**, 438–439
Husserl an Beck, 29. IX. 1922: **II**, 7–8

Husserl an Dingler, 29. IX. 1922: **III**, 74
Husserl an Bell, 30. IX. 1922: **III**, 41–42
Husserl an Jaspers, 24. X. 1922: **VI**, 201
Husserl an Bell, 5. XI. 1922: **III**, 42–43
M. und E. Husserl an Albrecht, 7. XI. 1922: **IX**, 60–61
Husserl an Cornelius, 19. XI. 1922: **II**, 32
Husserl an Bell, 13. XII. 1922: **III**, 43–50
Husserl an Ingarden, 14. XII. 1922: **III**, 216–217

1923

Husserls Gutachten über Grabmann, ca. 1923 (Entwurf): **VIII**, 67–68
Husserl an Conrad-Martius, 9. I. 1923: **II**, 18–19
Husserl an Darkow, 14. I. 1923: **IX**, 165–166
Husserl an Darkow, 28. II. 1923: **IX**, 166–169
Husserl an Felix Kaufmann, 27. III. 1923: **IV**, 173–175
Husserl an Pos, 1. IV. 1923: **IV**, 439
Husserl an Mahnke, 6. IV. 1923: **III**, 440–441
Husserl an Bell, 8. IV. 1923: **III**, 50–51
Husserl an Darkow, 21. VI. 1923: **IX**, 169–172
Husserl an Felix Kaufmann, 10. VII. 1923: **IV**, 175–176
Husserls Korreferat zur Dissertation von Celms, 17. VII. 1923: **IV**, 67
Husserl an Rektor Spemann (Universität Freiburg), 17. VII. 1923: **VIII**, 183
Husserl an Pos, 26. VII. 1923: **IV**, 440
Husserl an Schweitzer, 28. VII. 1923: **VII**, 253
Husserl an Wende (Preußisches Unterrichtsministerium), 31. VII. 1923 (Entwurf): **VIII**, 111–112
Husserl an Dekan Jantzen (Universität Freiburg), 1. VIII. 1923: **VIII**, 184
Husserl an Schwoerer (Badisches Kultusministerium), 17. VIII. 1923 (Entwurf): **VIII**, 132
M. und E. Husserl an L. Szilasi, 19. VIII. 1923: **IV**, 505–506
Husserls Gutachten über Fritz Kaufmanns Dissertation, 23. VIII. 1923: **III**, 351–353
Husserl an Mahnke, 23. VIII. 1923: **III**, 441–442
Husserl an Schwen(n)inger, 23. VIII. 1923: **II**, 243
Husserl an Ingarden, 31. VIII. 1923: **III**, 217–219
Husserl an Mahnke, 29. IX. 1923: **III**, 442–443
M. und E. Husserl an Bell, 31. X. 1923: **III**, 52–55
M. und E. Husserl an Darkow, 31. X. 1923: **IX**, 172–174
Husserl an Fritz Kaufmann, 10. XI. 1923: **III**, 346
Husserl an Bell, 15. XI. 1923: **III**, 55
Husserl an Vossler, 17. XI. 1923: **VII**, 271
Husserl an Dekan Jantzen (Universität Freiburg), 12. XII. 1923: **VIII**, 185

Husserls Korreferat zur Dissertation von Nink, *Grundfragen der Erkenntnistheorie behandelt aus dem Gedankenkreise Kleutgens*, 12. XII. 1923: **VIII**, 185
Husserl an Daubert, 22. XII. 1923: **II**, 79–80

1924

Husserls Empfehlungsbrief für Ammann, *Die menschliche Rede*, ca. 1924 (Abschrift): **IV**, 4–5
Husserl an Natorp, 23. I. 1924: **V**, 164–165
Husserl an Dekan Deubner (Universität Freiburg), 3. II. 1924: **VIII**, 186
Husserl an Dingler, 9. II. 1924: **III**, 75
Husserl an Woods (Harvard University), 18. II. 1924: **VIII**, 227
M. Husserl an E. Heidegger, 19. II. 1924: **IV**, 137
E. und M. Husserl an Heidegger, 23. II. 1924: **IV**, 138
M. Husserl an Ingarden, 25. II. 1924: **III**, 219–220
Husserl an Mahnke, 20. IV. 1924: **III**, 443–445
Husserl an den Senat der Universität Freiburg, 9. VI. 1924 (Entwurf): **VIII**, 187–188
Husserl an Ingarden, 16. VI. 1924: **III**, 220–221
Husserls Gutachten über Sterns Dissertation *Die Rolle der Situationskategorie bei den logischen Sätzen*, 12. VII. 1924: **IV**, 501–502
Husserl an Felix Kaufmann, 13. VII. 1924: **IV**, 176
Husserl an Felix Kaufmann, 26. VII. 1924: **IV**, 177
Husserl an den Senat der Universität Freiburg, 6. VIII. 1924 (Entwurf): **VIII**, 188–190
Husserl an Mahnke, 7. VIII. 1924: **III**, 445–447
Husserl an einen Freiburger Professor, Ende August 1924? (Entwurf): **IX**, 519–520
M. und E. Husserl an Albrecht, 14. IX. 1924: **IX**, 62–64
Husserl an Ingarden, 27. IX. 1924: **III**, 221
Husserl an Cairns, 29. IX. 1924: **IV**, 21
Bestätigung Husserls für Cairns, 21. X. 1924: **IV**, 61
Husserls Korreferat zur Dissertation von Rombach, *Bewahrendes und verarbeitendes Gedächtnis als echte Typen*, 2. XII. 1924: **VIII**, 190
M. Husserl an Ingarden, 9. XII. 1924: **III**, 221–222
Husserl an Heidegger, 28. XII. 1924: **IV**, 139
Husserl an Ingarden, Ende Dezember 1924: **III**, 222–225

1925

Husserl an Schöningh (Verlag Ferdinand Schöningh), Anfang 1925 (Entwurf): **VIII**, 265
Husserl an Pfeilschifter (Deutsche Akademie), 10. I. 1925 (Abschrift): **VIII**, 13–16
Husserl an Mahnke, 10. II. 1925: **III**, 447–448

Husserl an Metzger, 18. II. 1925: **IV**, 416
Husserl an Felix Kaufmann, 23. III. 1925: **IV**, 177–178
Husserl an Cassirer, 3. IV. 1925 (Durchschlag): **V**, 3–6
Husserl an Feldkeller, 25. V. 1925 (Durchschlag): **VI**, 98–99
Husserl an Mahnke, 13. VI. 1925: **III**, 448–449
Husserl an Metzger, 19. VI. 1925: **IV**, 416–417
Husserl an Jaensch, ca. 26. VI. 1925: **III**, 333–334
Husserl an Ingarden, 27. VI. 1925: **III**, 225–226
Husserl an Albrecht, 26. VII. 1925: **IX**, 64–65
Empfehlung Husserls für Celms, 30. VII. 1925 (Abschrift): **IV**, 67–68
Husserl an Bell, 10. XI. 1925: **III**, 55–58
Husserl an Mahnke, 25. XI. 1925: **III**, 450–453
Husserl an Ingarden, 10. XII. 1925: **III**, 227–230
Husserl an Darkow, 19. XII. 1925: **IX**, 174–176
Husserl an Spranger, Ende Dezember 1925 (Entwurf): **VI**, 423

1926
Husserls Korreferat zur Dissertation von Holtkamp, *Der Begriff „intentio" in der scholastischen Philosophie*, 11. II. 1926: **VIII**, 191
Husserl an Mahnke, 21. II. 1926: **III**, 453–454
Husserls Korreferat zur Dissertation von Edelstein, *Die Musikanschauung Augustins nach seiner Schrift „De musica"*, 22. II. und 6. V. 1926: **VIII**, 191–193
Husserl an Landsberg, ca. 1. IV. 1926 (Entwurf): **IV**, 387
M. Husserl an Ingarden, 16. IV. 1926: **III**, 230–231
Husserl an Fritz Kaufmann, ca. 20. IV. 1926: **III**, 347
M. und E. Husserl an Albrecht, 28. IV. 1926: **IX**, 65–67
Husserls Korreferat zur Dissertation von Elkau, *Zur Problemgeschichte der Platonischen Dialektik*, 16. V. 1926: **VIII**, 194
Husserl an Mahnke, 31. V. 1926: **III**, 454–455
Husserls Gutachten über Reiners Dissertation, 12. VII. 1926: **IV**, 464–466
Husserl an Albrecht, 15. VIII. 1926: **IX**, 67–70
Husserl an J. Rosenberg, 3. IX. 1926: **IX**, 350–351
Husserl an Celms, 21. IX. 1926 (Abschrift): **IV**, 67
Husserl an H. Husserl, 16. X. 1926: **IX**, 294
Husserl an Hartshorne, 20. X. 1926: **IV**, 121
Husserl an die philosophische Dozentengruppe der Universität Freiburg, 18. XI. 1926 (Entwurf): **VIII**, 194
Husserl an Heidegger, Dezember 1926 (Entwurf): **IV**, 139–140

1927
E. und M. Husserl an E. Rosenberg, 5. II. 1927: **IX**, 351–353
Husserls Gutachten über Landgrebes Dissertation, 13. II. 1927: **IV**, 376–378
Husserl an Banfi, 27. II. 1927: **VI**, 3

Husserl an Heidegger, 5. IV. 1927: **IV**, 140
Husserl an Walther, 5. IV. 1927: **II**, 265
Husserl an Ingarden, 9. IV. 1927: **III**, 232
Husserl an Heidegger, 8. V. 1927: **IV**, 141
Husserl an Heidegger, 24. V. 1927: **IV**, 142–143
E. und M. Husserl an Heidegger, 26. V. 1927: **IV**, 143–144
Husserl an E. Rosenberg, 30. V. 1927: **IX**, 353–354
Husserl an Bühler, 28. VI. 1927: **VII**, 46–48
E. und M. Husserl an Ingarden, 29. VI. 1927: **III**, 233
Husserls Gutachten über Salmons Dissertation, 12. VII. 1927: **IV**, 469–470
Husserl an Mahnke, 3. VIII. 1927: **III**, 455–456
Husserl an Coit (Ethical Union), 18. IX. 1927 (Durchschlag): **VIII**, 39–41
Husserl an Jensen, 30. IX. 1927: **IX**, 305–307
Husserl an Ingarden, 19. XI. 1927: **III**, 233–235
Husserl an das Badische Kultusministerium, 22. XI. 1927: **VIII**, 133–134
Husserl an Heidegger, 8. XII. 1927: **IV**, 148–149
E. und M. Husserl an Heidegger, 14. XII. 1927: **IV**, 149–150
E. und M. Husserl an Ingarden, 26. XII. 1927: **III**, 235–238
Husserl an Mahnke, 26. XII. 1927: **III**, 456–463
Husserl an Pos, 26. XII. 1927: **IV**, 442–443
M. Husserl an Heidegger, 30. XII. 1927: **IV**, 150–151

1928
Husserl an Mahnke, 8. I. 1928: **III**, 465–466
Husserl an Pos, 15. I. 1928: **IV**, 443
Husserl an Heidegger, 21. I. 1928: **IV**, 151
Husserls Gutachten zur Wiederbesetzung seines Lehrstuhls (Universität Freiburg), Ende Januar 1928 (Entwurf): **VIII**, 194–195
Husserl an Heidegger, 30. I. 1928: **IV**, 151–152
Husserls Korreferat zur Dissertation von Kohler, *Die Logik des Destutt de Tracy*, 30. I. 1928: **VIII**, 195
Husserl an Güldenstein, ca. Anfang Februar 1928 (Entwurf): **VII**, 103
Husserl an Heidegger, 7. II. 1928: **IV**, 152
Husserls Korreferat zur Dissertation von Edelstein, *Die Musikanschauung Augustins nach seiner Schrift „De musica"*, 14. II. 1928: **VIII**, 195–196
Husserls Gutachten über Bohners Dissertation, 22. II. 1928: **IV**, 13–14
M. Husserl an Ingarden, 23. II. 1928: **III**, 238
Husserl an Mahnke, 29. II. 1928: **III**, 466–467
Husserl an Heidegger, 5. III. 1928: **IV**, 152–153
Husserl an Pos, 9. III. 1928: **IV**, 444–445
M. und E. Husserl an Darkow, 24. III. 1928: **IX**, 176–177

Husserl an Windelband (Preußisches Unterrichtsministerium), ca. 15. IV. 1928 (Entwurf): **VIII**, 114
Husserl an D. Husserl, 17. IV. 1928: **IX**, 211–212
M. Husserl an Pos, ca. 19. IV. 1928: **IV**, 445
M. und E. Husserl an Albrecht, 5. V. 1928: **IX**, 70–71
M. Husserl an Ingarden, 6./9. V. 1928: **III**, 239–240
Husserl an Heidegger, 9. V. 1928 (1): **IV**, 153–157
Husserl an Heidegger, 9. V. 1928 (2): **IV**, 157–158
Husserl an Pos, 18. V. 1928: **IV**, 446
Husserl an Jensen, 21. V. 1928: **IX**, 307–308
M. Husserl an E. Jensen, 23. V. 1928: **IX**, 309–310
Husserl an die Notgemeinschaft der Deutschen Wissenschaft, ca. Juni 1928 (Entwurf): **VIII**, 69–70
Husserls Notiz zu einem Antrag an die Philosophische Fakultät der Universität Freiburg, 7. VI. 1928: **VIII**, 196
Husserl an Mahnke, 8. VI. 1928: **III**, 467–469
M. Husserl an E. Rosenberg, 29. VI. 1928: **IX**, 355–356
E. und M. Husserl an Albrecht, 1. VII. 1928: **IX**, 71–74
M. Husserl an Heidegger, 10. VII. 1928: **IV**, 158
Husserl an Ingarden, 13. VII. 1928: **III**, 240–242
Husserl an Twardowski, 13. VII. 1928: **I**, 181
Husserl an Mahnke, 11. VIII. 1928: **III**, 469–470
E. und M. Husserl an Rosenberg, 23. VIII. 1928: **IX**, 357–358
M. und E. Husserl an J. Rosenberg, 2. IX. 1928: **IX**, 358–360
Husserl und Koyré an Ingarden, 18. X. 1928: **III**, 242
Husserl an Beck, 28. X. 1928: **II**, 9–10
Husserl an Schestow, 3. XI. 1928: **VI**, 371
Husserl an Gouhier, 15. XI. 1928 (Abschrift): **VI**, 155
Husserl an Felix Kaufmann, 19. XII. 1928: **IV**, 178–179
Husserl an Ingarden, 23. XII. 1928: **III**, 242–243
Husserl an Gibson, 24. XII. 1928: **VI**, 131–132
Husserl an Rickert, 26. XII. 1928: **V**, 185–187
Husserl an Ingarden, 31. XII. 1928: **III**, 244

1929
M. Husserl an Ingarden, 9. I. 1929: **III**, 244–245
M. Husserl an Felix Kaufmann, 24. I. 1929: **IV**, 179
M. Husserl an Darkow, 10. II. 1929: **IX**, 177–179
M. Husserl an E. Rosenberg, 27. II. 1929: **IX**, 360–361
Husserl an Berger (Société d'Études Philosophiques Marseille), ca. März 1929 (Abschrift): **VIII**, 78
M. und E. Husserl an E. Rosenberg, 5. III. 1929: **IX**, 361–362

Husserl an Beck, 15. III. 1929: **II**, 10–11
M. und E. Husserl an Ingarden, 24./26. III. 1929: **III**, 245–247
Husserl an von Arnim, 12. IV. 1929: **IX**, 139–140
Husserl an Jaegerschmid, 12. IV. 1929: **IV**, 165
Husserl an Geiger, ca. Mitte April 1929: **II**, 112–114
Husserl an Grimme, ca. Mitte April 1929: **III**, 87
Husserl an H. Lipps, ca. Mitte April 1929: **III**, 385–386
Husserl an Rickert, ca. Mitte April 1929: **V**, 187–188
Husserl an Hildebrandt, Mitte April 1929 (Abschrift): **VII**, 125
Husserl an Jensen, 20. IV. 1929: **IX**, 314–315
M. Husserl an E. Rosenberg, 7. V. 1929: **IX**, 362–364
M. und E. Husserl an Darkow, 10. V. 1929: **IX**, 179–181
Husserl an E. Jensen, 11. V. 1929: **IX**, 315–316
M. und E. Husserl an E. Rosenberg, 21. V. 1929: **IX**, 364–365
Husserl an Ingarden, 26. V. 1929: **III**, 248–249
M. und E. Husserl an E. Rosenberg, 30. V. 1929: **IX**, 365–367
M. Husserl an Fink, 30. V. 1929: **IV**, 89
M. Husserl an L. Kaufmann, 2. VI. 1929: **III**, 347
Husserl an den Verlag der Revista de Occidente, 19. VI. 1929: **VIII**, 261
Husserl an E. Jensen, 20. VI. 1929: **IX**, 316–317
M. Husserl an E. Rosenberg, 24. VI. 1929: **IX**, 368–369
Husserl an Misch, 27. VI. 1929 (Abschrift): **VI**, 274–276
Husserl an Nyman, 28. VI. 1929: **VI**, 311–312
Husserl an Schestow, 3. VII. 1929: **VI**, 371–372
Husserl an Ammann, 26. VII. 1929: **IV**, 3
Husserl an Misch, 3. VIII. 1929: **VI**, 276–278
E. und M. Husserl an Fink, 26. VIII. 1929: **IV**, 89
Husserl an Gibson, 10. IX. 1929: **VI**, 133–135
Husserl an von Arnim, 12. IX. 1929: **IX**, 140–142
Husserl an Schestow, 21. IX. 1929: **VI**, 372–373
Husserl an Gibson, 23. X. 1929: **VI**, 135–137
M. Husserl an E. Rosenberg, 26. X. 1929: **IX**, 369–370
Husserl an Mahnke, 27. X. 1929: **III**, 470
M. Husserl an Gibson, 28. X. 1929: **VI**, 137–138
Husserl an Mahnke, 4. XI. 1929: **III**, 471–472
M. Husserl an E. Rosenberg, 25. XI. 1929: **IX**, 371–373
Husserls Gutachten über Finks Dissertation, 27. XI. 1929: **IV**, 96–97
E. und M. Husserl an Ingarden, 2. XII. 1929: **III**, 253–256
M. Husserl an Reiner, 11. XII. 1929: **IV**, 454
Husserl an Gurwitsch, 30. XII. 1929: **IV**, 101

1930

Husserl an Hering, nach 1930? (Entwurf): **III**, 119–120
Husserl an die Wissenschaftliche Gesellschaft Freiburg, Anfang 1930 (Entwurf): **VIII**, 87
M. und E. Husserl an Darkow, 16. I. 1930: **IX**, 181–183
Husserl an Jaegerschmid, 16. I. 1930: **IV**, 165–166
M. und E. Husserl an E. Rosenberg, 16. I. 1930: **IX**, 373–375
M. Husserl an Gibson, 17. I. 1930: **VI**, 138–139
Husserl an Grimme, 1. II. 1930: **III**, 88
Husserl an Gurwitsch, 1. II. 1930: **IV**, 101–102
Husserl an Gurwitsch, 13. III. 1930: **IV**, 102
Husserl an Hicks, 15. III. 1930 (Entwurf): **VI**, 179–181
Husserl an Ingarden, 19. III. 1930: **III**, 261–263
M. und E. Husserl an E. Jensen, 19. III. 1930: **IX**, 317–319
Husserl an Cairns, 21. III. 1930: **IV**, 21–24
Husserl an Beil (Gesellschaft für geistigen Aufbau Karlsruhe), ca. Ende März 1930 (Entwurf): **VIII**, 45
M. Husserl an Schestow, 17. V. 1930: **VI**, 373
M. und E. Husserl an E. Rosenberg, 31. V. 1930: **IX**, 375–377
Husserl an Pannwitz, 4. VI. 1930: **VII**, 215–216
Husserl an Misch, 7. VI. 1930 (Abschrift): **VI**, 281
Husserl an Schestow, 12. VI. 1930: **VI**, 374
Husserl an Beck, 16. VI. 1930: **II**, 11
Husserl an Gurwitsch, 17. VI. 1930: **IV**, 102–103
Husserl an Gurwitsch, 18. VI. 1930: **IV**, 103
M. und E. Husserl an E. Jensen, 18. VI. 1930: **IX**, 319–320
M. Husserl an E. Rosenberg, 22. VI. 1930: **IX**, 378–379
Husserl an Gurwitsch, 1. VII. 1930: **IV**, 104
M. Husserl an E. Rosenberg, 10. VII. 1930: **IX**, 379–381
Husserl an Gibson, 16. VII. 1930: **VI**, 139–140
Husserl an Rickert, 23. VII. 1930: **V**, 188–189
M. Husserl an Darkow, 27. VII. 1930: **IX**, 183–184
M. Husserl an J. Rosenberg, 28. VII. 1930: **IX**, 381–382
Husserl an Pannwitz, 4. VIII. 1930: **VII**, 216
M. und E. Husserl an Rosenberg, 9. VIII. 1930: **IX**, 383–385
Husserl an Spiegelberg, 12. VIII. 1930: **II**, 251
Husserl an Jaegerschmid, 28. VIII. 1930: **IV**, 166
Husserl an Fink, 2. IX. 1930: **IV**, 90
M. und E. Husserl an E. Jensen, 5. IX. 1930: **IX**, 320–322
E. und M. Husserl an J. Rosenberg, 6. IX. 1930: **IX**, 385
Husserl an Cairns, 23. IX. 1930: **IV**, 24–25
Husserl an Landgrebe, 23. IX. 1930: **IV**, 247–248

M. Husserl an Banfi, 3. X. 1930: **VI**, 3
M. Husserl an E. Rosenberg, 4. X. 1930: **IX**, 385–386
M. Husserl an Cairns, 7. X. 1930: **IV**, 25–26
Husserl an Landgrebe, 25. X. 1930: **IV**, 248–249
Husserl an Von den Driesch (Preußisches Unterrichtsministerium), 4. XI. 1930 (Entwurf): **VIII**, 115
E. und M. Husserl an Koyré, 7. XI. 1930: **III**, 358–359
Husserl an Grimme, 13. XI. 1930: **III**, 88–89
Husserl an Misch, 16. XI. 1930 (Abschrift): **VI**, 282–283
Husserl an die Notgemeinschaft deutscher Wissenschaft, 16. XI. 1930 (Abschrift): **II**, 21–22
Husserl an Pannwitz, 16. XI. 1930: **VII**, 216–217
M. Husserl an Ingarden, 19. XI. 1930: **III**, 266–267
Husserl an Landgrebe, 22. XI. 1930: **IV**, 249
Husserl an Reiner, 24. XI. 1930: **IV**, 454
Husserl an Misch, 27. XI. 1930 (Abschrift): **VI**, 283–284
Husserl an Landgrebe, 28. XI. 1930: **IV**, 250
M. Husserl an E. Rosenberg, 28. XI. 1930: **IX**, 386–389
M. Husserl an Albrecht, 30. XI. 1930: **IX**, 74
Husserl an Pfänder, 6. XII. 1930: **II**, 177–178
M. Husserl an Darkow, 8. XII. 1930: **IX**, 184–185
E. und M. Husserl an Ingarden, 21. XII. 1930: **III**, 267–271
Husserl an Heidegger, 22. XII. 1930: **IV**, 159
M. Husserl an Rosenberg, 23. XII. 1930: **IX**, 389–390
Husserl an Albrecht, 29. XII. 1930: **IX**, 75–77
Husserl an Gibson, 29. XII. 1930: **VI**, 141
E. und M. Husserl an Ingarden, 31. XII. 1930: **III**, 271–272
Husserl an P., Ende Dezember 1930 (Entwurf): **IX**, 520
Husserl an Harms, Jahreswechsel 1930/1931 (Entwurf): **VII**, 108

1931
Husserl an Grimme, Januar 1931 (Entwurf): **III**, 89
Husserl an Binswanger, 4. I. 1931: **VII**, 31
Husserl an Pfänder, 6. I. 1931: **II**, 180–184
Husserl an Felix Kaufmann, 8. I. 1931: **IV**, 179–180
Husserl an Landgrebe, 8. I. 1931: **IV**, 250–251
Husserl an Mahnke, 8. I. 1931: **III**, 473–476
Husserl an Weyl, 9. I. 1931: **VII**, 295–296
Husserl an Mahnke, 26. I. 1931: **III**, 476–477
M. Husserl an E. Rosenberg, 1. II. 1931: **IX**, 390–392
E. und M. Husserl an Ingarden, 5. II. 1931: **III**, 272
Husserl an Landgrebe, 10. II. 1931: **IV**, 251–252

Husserls Korreferat zur Dissertation von Pfeiffer, *Das lyrische Gedicht als ästhetisches Gebilde*, 13. II. 1931: **VIII**, 197
Husserl an Ingarden, 16. II. 1931: **III**, 273
Husserl an Mahnke, 23. II. 1931: **III**, 477
Husserl an Landgrebe, 24. II. 1931: **IV**, 253–254
Husserls Urteil über das Rigorosum von Pfeiffer, 26. II. 1931: **VIII**, 197
Husserl an Pos, 1. III. 1931: **IV**, 446
Husserl an Grimme, 5. III. 1931: **III**, 89–91
Husserl an Landgrebe, 13. III. 1931: **IV**, 256–257
Husserl an Landgrebe, 19. III. 1931: **IV**, 258
Husserl an Landgrebe, 31. III. 1931: **IV**, 259
Husserl an Pfänder, 9. IV. 1931: **II**, 185–186
Husserl an Schestow, 14. IV. 1931: **VI**, 374–375
Husserl an Fritz Kaufmann, s. d. (Mitte April 1931?): **III**, 353
Husserl an Ingarden, 19. IV. 1931: **III**, 273–274
Husserl an Landgrebe, 25. IV. 1931: **IV**, 259–260
Husserl an Schestow, 30. IV. 1931: **VI**, 375
Husserl an Cairns, 2. V. 1931: **IV**, 26
M. Husserl an E. Rosenberg, 3. V. 1931: **IX**, 392–394
Husserl an Mahnke, 12. V. 1931: **III**, 478
M. Husserl an Ingarden, 15. V. 1931: **III**, 274–275
M. Husserl an Ingarden, 21. V. 1931: **III**, 275–276
M. Husserl an Cairns, 22. V. 1931: **IV**, 27
Husserl an E. von Arnim, 29. V. 1931: **IX**, 142–143
Husserl an Grimme, 29. V. 1931: **III**, 91
M. Husserl an Reiner, 31. V. 1931: **IV**, 457
M. Husserl an E. Rosenberg, 16. VI. 1931: **IX**, 394–395
Husserl an Grimme, 22. VI. 1931: **III**, 91–92
Husserl an Koyré, 22. VI. 1931: **III**, 359–360
Husserl an Landgrebe, 22. VI. 1931: **IV**, 262–263
Husserl an Cairns, 23. VI. 1931: **IV**, 27
Husserl an Cairns, 26. VI. 1931: **IV**, 28
Husserl an van der Hoop, 27. VI. 1931: **VII**, 143
Husserl an Felix Kaufmann, 27. VI. 1931: **IV**, 181
Husserl an eine Literarische Gesellschaft, ca. Sommer 1931 (Entwurf): **IX**, 520
Husserl an Landgrebe, 2. VII. 1931: **IV**, 264–265
E. und M. Husserl an Ingarden, 8. VII. 1931: **III**, 276–277
Husserl an Dingler, 9. VII. 1931: **III**, 76
Husserl an Landgrebe, 27. VII. 1931: **IV**, 266–267
M. Husserl an Cairns, 28. VII. 1931: **IV**, 28
Husserl an Cairns, 10. VIII. 1931: **IV**, 28
Husserl an Ingarden, 31. VIII. 1931: **III**, 277–278

Husserl an Felix Kaufmann, 12. IX. 1931: **IV**, 181–182
M. und E. Husserl an Landgrebe, 19. IX. 1931: **IV**, 268–269
Husserl an Landgrebe, 1. X. 1931: **IV**, 269–271
Husserl an Landgrebe, 8. X. 1931: **IV**, 272
Husserl an Felix Kaufmann, 29. X. 1931: **IV**, 184
Husserl an Beck, 1. XI. 1931: **II**, 12
Husserl an Utitz, 2. XI. 1931: **I**, 187–188
M. Husserl an Cairns, 5. XI. 1931: **IV**, 29
Husserl an Landgrebe, 7. XI. 1931: **IV**, 274–275
Husserl an Landgrebe, 12. XI. 1931: **IV**, 275–276
Husserl an Ingarden, 13. XI. 1931: **III**, 278–281
Husserl an Pos, 19. XI. 1931: **IV**, 447
Husserl an Ingarden, 25. XI. 1931: **III**, 281–282
Husserl an Vasmer, ca. Dezember 1931 (Entwurf): **VII**, 261
M. und E. Husserl an E. Rosenberg, 3. XII. 1931: **IX**, 395–399
Husserl an Felix Kaufmann, 16. XII. 1931: **IV**, 187
Husserl an Ingarden, 17. XII. 1931: **III**, 282
E. und M. Husserl an Albrecht, 22. XII. 1931: **IX**, 77–82
M. und E. Husserl an Rosenberg, 22. XII. 1931: **IX**, 399–401
Husserl an Welch, 23. XII. 1931 (Abschrift): **VI**, 455

1932
Husserl an Heidegger, 2. I. 1932 (Abschrift): **IV**, 159
Husserl an Gibson, 7. I. 1932: **VI**, 141–143
Husserl an Felix Kaufmann, 10. I. 1932: **IV**, 187–188
Husserl an Marcuse, 14. I. 1932: **IV**, 401
Husserl an Hilbert, 21. I. 1932: **VII**, 122
Husserl an Mahnke, 24. I. 1932: **III**, 479
Husserl an Grimme, 3. II. 1932: **III**, 92–93
M. Husserl an E. Rosenberg, 3. II. 1932: **IX**, 401–402
Husserl an Brück, 4. II. 1932 (Abschrift): **VI**, 19
Husserl an Landgrebe, 7. II. 1932: **IV**, 278–279
Husserl an Ingarden, 10. II. 1932: **III**, 283
Husserl an Pannwitz, 21. II. 1932: **VII**, 217–218
Husserl an Grimme, 22. II. 1932: **III**, 93–94
Husserl an Landgrebe, 12. III. 1932: **IV**, 279
Husserl an Ingarden, 7. IV. 1932: **III**, 283–284
Husserl an Gurwitsch, 15. IV. 1932: **IV**, 104–105
M. Husserl an Cairns, 21. IV. 1932: **IV**, 29
Husserl an Landgrebe, 26. IV. 1932: **IV**, 283
M. Husserl an E. Rosenberg, 27. IV. 1932: **IX**, 402–403
Husserl an Gurwitsch, 30. IV. 1932: **IV**, 105–106

Husserl an Cairns, 1. V. 1932 (1): **IV**, 29
Husserl an Cairns, 1. V. 1932 (2): **IV**, 30
Husserl an Landgrebe, 1. V. 1932: **IV**, 286–287
Husserl an Grimme, 3. V. 1932: **III**, 94–95
Husserl an Schütz, 3. V. 1932: **IV**, 483
M. Husserl an E. Rosenberg, 3. V. 1932: **IX**, 404–405
Husserl an Cohn, 11. V. 1932: **V**, 20
Husserl an Ruth Rosenberg, ca. 22. V. 1932: **IX**, 405
Husserl an Landgrebe, 28. V. 1932: **IV**, 288–289
Husserl an E. Rosenberg, 31. V. 1932: **IX**, 406–407
Husserl an Landgrebe, 2. VI. 1932: **IV**, 291–292
Husserl an Albrecht, 3. VI. 1932: **IX**, 82–84
Husserl an Felix Kaufmann, 5. VI. 1932: **IV**, 188
Husserl an Ingarden, 11. VI. 1932: **III**, 284–287
Husserl an Landgrebe, 21. VI. 1932: **IV**, 294
M. Husserl an E. Rosenberg, 21. VI. 1932: **IX**, 407–409
Husserl an Pos, 25. VI. 1932: **IV**, 447
M. und E. Husserl an E. Albrecht, 26. VI. 1932: **IX**, 85–86
M. Husserl an Landgrebe, 27. VI. 1932: **IV**, 294
Husserl an Gurwitsch, 4. VII. 1932: **IV**, 106
Husserl an Gurwitsch, 5. VII. 1932: **IV**, 106
M. Husserl an E. Rosenberg, 5. VII. 1932: **IX**, 410–411
Husserl an Gurwitsch, 11. VII. 1932: **IV**, 107
Husserl an Lyon-Caen (Académie des Sciences Morales et Politiques), 2. Julihälfte 1932 (Entwurf): **VIII**, 3
Husserl an Przywara, 15. VII. 1932 (Durchschlag): **VII**, 237–238
Husserl an Gurwitsch, 16. VII. 1932: **IV**, 107
Husserl an Gurwitsch, 19. VII. 1932: **IV**, 107
Husserl an Rickert, 20. VII. 1932: **V**, 189
M. Husserl an Rosenberg, 23. VII. 1932: **IX**, 411–412
M. und E. Husserl an Albrecht, 31. VII. 1932: **IX**, 86–88
Husserl an Åkesson, 1. VIII. 1932: **VII**, 3
Husserl an Schütz, 13. VIII. 1932: **IV**, 483–484
Husserl an Cairns, 19. VIII. 1932: **IV**, 30
Husserl an Ingarden, 19. VIII. 1932: **III**, 287–288
Husserl an Schütz, 24. VIII. 1932: **IV**, 484–485
M. und E. Husserl und P. Jensen an J. Rosenberg, 8. IX. 1932: **IX**, 413–414
Husserl an Lyon-Caen (Académie des Sciences Morales et Politiques), 2. Septemberhälfte 1932 (Entwurf): **VIII**, 4–5
Husserl an Schütz, 26. IX. 1932: **IV**, 485–486
Husserl an Gurwitsch, 1. X. 1932: **IV**, 108–110
Husserl an Ingarden, 16. X. 1932: **III**, 288–289

M. Husserl an T. Albrecht, 16. X. 1932: **IX**, 88–89
M. Husserl an Darkow, 17. X. 1932: **IX**, 186–187
Husserl an Mahnke, 17. X. 1932: **III**, 484–486
Husserl an Honecker, 18. X. 1932: **VI**, 187
Husserl an Landgrebe, 18. X. 1932: **IV**, 296
M. Husserl an Ingarden, 21. X. 1932: **III**, 290
Husserls Empfehlung für Gurwitsch, ca. November 1932 (Entwurf): **IV**, 113
Husserl an Landgrebe, 7. XI. 1932: **IV**, 296–297
Husserl an Schütz, 20. XI. 1932: **IV**, 486–487
Husserl an Geiger, 21. XI. 1932: **II**, 115
Husserl an Conrad-Martius, 28. XI. 1932: **II**, 19–20
Husserl an Honecker, 20. XII. 1932: **VI**, 187
Husserl an Schütz, 28. XII. 1932: **IV**, 487–488

1933
Husserl an Schmidt-Ott (Notgemeinschaft der Deutschen Wissenschaft), ca. 25. I. 1933 (Entwurf): **VIII**, 70
M. Husserl an Rosenberg, 25. I. 1933: **IX**, 414–416
Husserl an E. Rosenberg, 2. II. 1933: **IX**, 416
Husserl an Grimme, 4. II. 1933: **III**, 96–97
Husserl an Landgrebe, 5. II. 1933: **IV**, 304–306
Husserl an Schwoerer (Badisches Kultusministerium), 7. II. 1933: **VIII**, 135
Husserl an Mahnke, 10. II. 1933: **III**, 486–487
Husserl an Schütz, 15. II. 1933: **IV**, 488–489
Husserl an Fink, 6. III. 1933: **IV**, 90–92
Husserl an Landgrebe, 9. III. 1933: **IV**, 307–308
M. und E. Husserl an E. Rosenberg, 20. III. 1933: **IX**, 417–418
Husserl an I. von Arnim, 23. III. 1933: **IX**, 143–145
Husserl an Feuling, 30. III. 1933 (Abschrift): **VII**, 87–90
Husserl an Landgrebe, 30. III. 1933: **IV**, 310–311
M. Husserl an Rosenberg, 14. IV. 1933: **IX**, 418–419
Husserl an Felix Kaufmann, 15. IV. 1933: **IV**, 192
M. und E. Husserl an Rosenberg, 15. IV. 1933: **IX**, 419–420
Husserl an Schütz, 15. IV. 1933: **IV**, 489–490
M. Husserl an E. Rosenberg, 21. IV. 1933: **IX**, 420–421
M. Husserl an G. Husserl, 26. IV. 1933: **IX**, 212–213
M. Husserl an E. Rosenberg, 2. V. 1933: **IX**, 421–423
M. und E. Husserl an Darkow, 4. V. 1933: **IX**, 187–189
E. und M. Husserl an Mahnke, 4./5. V. 1933: **III**, 491–502
M. Husserl an Albrecht, 8. V. 1933: **IX**, 89–91
M. Husserl an E. Rosenberg, 8. V. 1933: **IX**, 423–424
Husserl an Patočka, 12. V. 1933: **IV**, 425

M. Husserl an Mahnke, 18. V. 1933: **III**, 502–504
M. und E. Husserl an Cairns, 20. V. 1933: **IV**, 31–32
Husserl an Schestow, 29. V. 1933: **VI**, 376
M. und E. Husserl an E. Rosenberg, 31. V. 1933: **IX**, 424–426
Husserl an Åkesson, 17. VI. 1933: **VII**, 5
Husserl an Welch, 17./21. VI. 1933: **VI**, 456–462
M. Husserl an G. Husserl, 25. VI. 1933: **IX**, 213–215
M. Husserl an G. und D. Husserl, 27. VI. 1933: **IX**, 215–216
Husserl an von Hippel, 28. VI. 1933 (Entwurf): **VII**, 129
Husserl an Albrecht, 1. VII. 1933: **IX**, 91–94
Husserl an H. Lipps, 7. VII. 1933: **III**, 386
Husserl an Landgrebe, 21. VII. 1933: **IV**, 312–314
Familie Husserl an Albrecht, 4. VIII. 1933: **IX**, 95
M. und E. Husserl an Felix Kaufmann, 19. VIII. 1933: **IV**, 194–196
M. Husserl an E. Rosenberg, 26. VIII. 1933: **IX**, 426–429
Husserl an Madelin (Comité Gabriel Hanotaux), 27. VIII. 1933 (Entwurf): **VIII**, 23–24
M. Husserl an G. und D. Husserl, 29. VIII. 1933: **IX**, 216–219
Husserl an Welch, 31. VIII. 1933: **VI**, 463–464
M. Husserl an E. Rosenberg, 7. IX. 1933: **IX**, 429–432
M. und E. Husserl an Felix Kaufmann, 11. IX. 1933: **IV**, 196–198
Husserl an Grimme, 9. X. 1933: **III**, 97–98
Husserl an Ingarden, 11. X. 1933: **III**, 290–291
Husserl an Felix Kaufmann, 15. X. 1933: **IV**, 198–199
M. Husserl an Felix Kaufmann, 21. X. 1933: **IV**, 199–200
M. und E. Husserl an G. Husserl, 22. X. 1933: **IX**, 219–221
Husserls Empfehlungsschreiben für Metzger, 25. X. 1933: **IV**, 417–418
Husserl an Landgrebe, 31. X. 1933: **IV**, 316
Husserl an Ingarden, 2. XI. 1933: **III**, 291–292
M. und E. Husserl an G. Husserl, 10. XI. 1933: **IX**, 222–224
M. und E. Husserl an E. Rosenberg, 10. XI. 1933: **IX**, 432–434
M. Husserl an G. Husserl und E. Rosenberg, 12. XI. 1933: **IX**, 224–225
E. und M. Husserl an Cairns, 15. XI. 1933: **IV**, 32–34
M. Husserl an Felix Kaufmann, 17. XI. 1933: **IV**, 200–201
M. Husserl an E. Rosenberg, 17. XI. 1933: **IX**, 434–435
Husserl an Ingarden, 20. XI. 1933: **III**, 292
Husserl an Flewelling (University of Southern California Los Angeles), ca. 22. XI. 1933 (Entwurf): **VIII**, 231–232
M. Husserl an Ingarden, 23. XI. 1933: **III**, 293
Husserl an Gurwitsch, 24. XI. 1933: **IV**, 110
M. Husserl an G. Husserl, 26. XI. 1933: **IX**, 225–227
M. Husserl an Cairns, 29. XI. 1933: **IV**, 37–38

Husserl an G. Husserl, 30. XI. 1933: **IX**, 227–228
Entwurf E. Finks für Husserl an Mahnke, 30. XI. 1933: **III**, 519–520
Husserl an Landgrebe und Patočka, 8. XII. 1933: **IV**, 318–319
M. Husserl an Darkow, 8. XII. 1933: **IX**, 190–191
M. und E. Husserl an Brenner, 9. XII. 1933: **IX**, 95–97
Husserl an Cairns, 9. XII. 1933: **IV**, 38–40
Husserl an Wertheimer, 9. XII. 1933: **VII**, 279–281
E. und M. Husserl an Ingarden, 13. XII. 1933: **III**, 294
Husserl an Grimme, 15. XII. 1933: **III**, 102
M. und E. Husserl an G. Husserl, 29. XII. 1933: **IX**, 228–230
Husserl an Albrecht, 30. XII. 1933: **IX**, 97–99
Husserl an Mahnke, 31. XII. 1933: **III**, 511–512

1934
Husserl an Kuhn, ca. 1934 (nicht abgesandter Entwurf): **VI**, 243–247
Husserl an Felix Kaufmann, 5. I. 1934: **IV**, 201
Husserl an Mahnke, 8. I. 1934: **III**, 514–515
M. Husserl an E. Rosenberg, 8. I. 1934: **IX**, 436–437
Husserl an Landgrebe, 11. I. 1934: **IV**, 323–324
Husserl an Schütz, 27. I. 1934: **IV**, 490
M. Husserl an Cairns, 28. I. 1934: **IV**, 41–42
Husserl an Stout, 4. II. 1934: **VI**, 441–442
Husserl an Kuhn, 23. II. 1934: **VI**, 237
M. Husserl an G. Husserl, 23. II. 1934: **IX**, 230–231
Husserl an G. Husserl, 26. II. 1934: **IX**, 231–232
M. Husserl an Rosenberg, 28. II. 1934: **IX**, 437
M. und E. Husserl an G. Husserl, 13. III. 1934: **IX**, 232–235
Husserl an Stenzel, 28. III. 1934 (Abschrift): **VI**, 428–430
M. und E. Husserl an G. Husserl, 29. III. 1934: **IX**, 236–237
Husserl an Felix Kaufmann, 12. IV. 1934: **IV**, 202
Husserl an H. Lipps, 12. IV. 1934: **III**, 387
E. und M. Husserl an Rosenberg, 12. IV. 1934: **IX**, 438–439
Husserl an Cairns, 13. IV. 1934: **IV**, 42
Husserl an Ingarden, 13. IV. 1934: **III**, 295
Husserl an Spiegelberg, 13. IV. 1934: **II**, 251
Husserl an Schwoerer (Badisches Kultusministerium), 16. IV. 1934: **VIII**, 136
Husserl an Panzer (Heidelberger Akademie der Wissenschaften), 18. IV. 1934: **VIII**, 20
M. und E. Husserl an G. Husserl, 24. IV. 1934: **IX**, 237–239
Husserl an Grimme, 25. IV. 1934: **III**, 103–104
Husserl an Mittelsten Scheid, 25. IV. 1934: **VII**, 189–190
M. und E. Husserl an G. und D. Husserl, 6. V. 1934: **IX**, 239–241

Husserl an Reiner, 16. V. 1934: **IV**, 463
Husserl an Pannwitz, 17. V. 1934: **VII**, 218–220
Husserl an Cairns, 18. V. 1934: **IV**, 43–44
Husserl an Albrecht, 19. V. 1934: **IX**, 100–101
E. und M. Husserl an Baudin, 26. V./8. VI. 1934: **VII**, 13–17
Zu Husserls Brief an Baudin vom 26. V./8. VI. 1934: **VII**, 18–22
E. und M. Husserl an E. Rosenberg, 3. VI. 1934: **IX**, 439–442
Husserl an Mahnke, 4. VI. 1934: **III**, 516
Husserl an Stoltenberg, 11. VI. 1934: **VI**, 437–438
Husserl an Koyré, 20. VI. 1934: **III**, 360–362
Husserl an Baudin, ca. 25. VI. 1934 (Entwurf): **VII**, 17–18
Familie Husserl an Albrecht, 2. VII. 1934: **IX**, 101–102
Husserl an Fink, 21. VII. 1934: **IV**, 93–94
Husserl an H. Lipps, 23. VII. 1934: **III**, 387
Husserl an Fritz Kaufmann, 24. VII. 1934: **III**, 348
M. Husserl an E. Rosenberg, 15. VIII. 1934: **IX**, 442–443
M. Husserl an E. Rosenberg, 23. VIII. 1934: **IX**, 443–445
M. Husserl an Ingarden, 25. VIII. 1934: **III**, 295–296
Husserl an Rádl (VIII. Internationaler Philosophenkongreß Prag), 30. VIII. 1934 (Abschrift): **VIII**, 91–95
Husserl an Rádl (VIII. Internationaler Philosophenkongreß Prag), ca. 30. VIII. 1934 (Abschrift): **VIII**, 95–96
Husserl an Ingarden, 31. VIII. 1934: **III**, 296
Husserl an Patočka, 2. IX. 1934: **IV**, 425–426
Husserl an Felix Kaufmann, 3. IX. 1934: **IV**, 203
Husserl an J. Rosenberg, 3. IX. 1934: **IX**, 445–446
Husserl an Patočka, 13. IX. 1934: **IV**, 427
E. und M. Husserl an Jensen, 24. IX. 1934: **IX**, 322–324
M. und E. Husserl an Albrecht, 7. X. 1934: **IX**, 102–106
Husserl an Ingarden, 7. X. 1934: **III**, 297
M. Husserl an E. Rosenberg, 19. X. 1934: **IX**, 446–447
Husserl an Baumgarten, 20. X. 1934: **VII**, 25–26
Husserl an Patočka, 20. X. 1934: **IV**, 427–428
Husserl an Albrecht, 26. XI. 1934: **IX**, 106–111
Husserl an Ingarden, 26. XI. 1934: **III**, 297–298
Husserl an Kuhn, 28. XI. 1934: **VI**, 237–239
Husserl an Pannwitz, 28./29. XI. 1934: **VII**, 220–223
Husserl an Ingarden, 21. XII. 1934: **III**, 298
Husserl an Pannwitz, 21. XII. 1934: **VII**, 223–224
Husserl an Albrecht, 23. XII. 1934: **IX**, 112
M. Husserl an Rosenberg, 27. XII. 1934: **IX**, 448–450
Husserl an Grimme, 28. XII. 1934: **III**, 105

M. und E. Husserl an Albrecht, 29. XII. 1934: **IX**, 113–114
Husserl an Cairns, 30. XII. 1934: **IV**, 44

1935
Husserl an X, ca. 1935 (Entwurf): **IX**, 521
Husserl an Felix Kaufmann, 2. I. 1935: **IV**, 205
Husserl an Masaryk, 3. I. 1935 (Abschrift): **I**, 118–120
M. Husserl an E. Rosenberg, 5. I. 1935: **IX**, 450–451
Husserl an Pos, 17. I. 1935: **IV**, 448–450
Husserl an Wertheimer, 17. I. 1935: **VII**, 281–284
Husserl an Pos, 9. II. 1935: **IV**, 450
Husserl an Patočka, 14. II. 1935: **IV**, 428–429
Husserl an Kuhn, 18. II. 1935: **VI**, 239–240
Husserl an Spiegelberg, 7. III. 1935: **II**, 252
Husserl an Lévy-Bruhl, 11. III. 1935 (Durchschlag): **VII**, 161–164
M. Husserl an Ingarden, 15. III. 1935: **III**, 299
M. Husserl an Felix Kaufmann, 15. III. 1935: **IV**, 206–207
M. Husserl an G. Husserl, 16. III. 1935: **IX**, 241–242
M. und E. Husserl an Albrecht, 17. III. 1935: **IX**, 114–116
Husserl an G. Husserl, 18. III. 1935 (Abschrift): **IX**, 242–243
M. Husserl an E. Rosenberg, 24. III. 1935: **IX**, 452–453
Husserl an G. Husserl, 9. IV. 1935 (Abschrift): **IX**, 243
M. und E. Husserl an Rosenberg, 10. IV. 1935: **IX**, 453–456
M. und E. Husserl an Albrecht, 11. IV. 1935: **IX**, 116–118
Husserl an Landgrebe, 11. IV. 1935: **IV**, 327–330
Husserl an Patočka, 11. IV. 1935: **IV**, 429–430
Husserl an Rektor Kern (Universität Freiburg), 12. IV. 1935: **VIII**, 198
Husserl an Landgrebe, 14. IV. 1935: **IV**, 330
M. Husserl an Albrecht, 16. IV. 1935: **IX**, 118
M. Husserl an Albrecht, 21. IV. 1935: **IX**, 119
M. Husserl an Cairns, 24. IV. 1935: **IV**, 45
M. Husserl an Albrecht, 1. V. 1935: **IX**, 119–120
M. Husserl an Ingarden, 13. V. 1935: **III**, 300
Husserl an Jaegerschmid, 19. V. 1935: **IV**, 167
E. und M. Husserl an Landgrebe, 21. V. 1935: **IV**, 330–332
M. Husserl an Albrecht, 25. V. 1935: **IX**, 120
Husserl an Rektor Kern (Universität Freiburg), 28. V. 1935: **VIII**, 198
Husserl an E. Rosenberg, 31. V. 1935: **IX**, 456–457
Husserl an G. Husserl, ca. Juni 1935 (Abschrift): **IX**, 243
Autorisation Husserls für Cairns, Juni 1935: **IV**, 62
E. und M. Husserl an Gibson, 3. VI. 1935: **VI**, 143–144
E. und M. Husserl an Felix Kaufmann, ca. Mitte Juni 1935: **IV**, 210–211

M. Husserl an Landgrebe, 16. VI. 1935: **IV**, 333
E. und M. Husserl an Cairns, 19. VI. 1935: **IV**, 49–52
Husserl an Spiegelberg, 19. VI. 1935: **II**, 252–253
Husserl an Patočka, 20. VI. 1935: **IV**, 430–431
Husserl an Schütz, 20. VI. 1935: **IV**, 491
Husserl an G. Husserl, 5. VII. 1935 (Abschrift): **IX**, 244
Husserl an Felix Kaufmann, 9. VII. 1935: **IV**, 211–212
Husserl an Rektor Kern (Universität Freiburg), 9. VII. 1935: **VIII**, 198
E. und M. Husserl an Ingarden, 10. VII. 1935: **III**, 300–303
Husserl an Landgrebe, 11. VII. 1935: **IV**, 335–336
M. Husserl an Jaegerschmid, 30. VII. 1935: **IV**, 167
Husserl an Landgrebe, 1. VIII. 1935: **IV**, 337–339
M. und E. Husserl an J. Rosenberg, 2. IX. 1935: **IX**, 457–459
Husserl an das Volksbildungshaus Urania Prag, 16. IX. 1935 (Entwurf): **VIII**, 83
Husserl an Felix Kaufmann, 17. IX. 1935: **IV**, 216
M. Husserl an E. Rosenberg, 19. IX. 1935: **IX**, 460–461
M. und E. Husserl an G. und D. Husserl, 21. IX. 1935: **IX**, 244–247
Husserl an E. Rosenberg, 9. X. 1935: **IX**, 461–462
Husserl an Gurwitsch, 18. X. 1935: **IV**, 110–111
M. Husserl an Landgrebe, 18. X. 1935: **IV**, 339–340
M. und E. Husserl an Rosenberg, 22. X. 1935: **IX**, 463–464
M. Husserl an Ingarden, 23. X. 1935: **III**, 304
Husserl an Fritz Kaufmann, 1. XI. 1935: **III**, 348
M. Husserl an E. Rosenberg, 3. XI. 1935: **IX**, 464–466
Husserl an Landgrebe, 5. XI. 1935: **IV**, 342
Empfehlungsschreiben Husserls für Fritz Kaufmann, 10. XI. 1935: **III**, 354
Husserl an Fritz Kaufmann, 11. XI. 1935: **III**, 349
Husserl an Dekan Helfert (Universität Brünn), ca. 20. XI. 1935 (Entwurf): **VIII**, 157
M. Husserl an E. Rosenberg, 28. XI. 1935: **IX**, 466–467
Husserl an Felix Kaufmann, Anfang Dezember 1935: **IV**, 218
M. Husserl an Landgrebe, 7. XII. 1935: **IV**, 342–343
Husserl an Medicus, 10. XII. 1935: **VI**, 261
M. Husserl an I. Schütz, 14. XII. 1935: **IV**, 491–492
Husserl an Landgrebe, 19. XII. 1935: **IV**, 343–344
M. und E. Husserl an M. Darkow, 21. XII. 1935: **IX**, 191–192
M. und E. Husserl an Albrecht, 22. XII. 1935: **IX**, 121–125

1936
Husserl an Landgrebe, s. d. (1936/37): **IV**, 383
M. Husserl an Landgrebe, 2. I. 1936: **IV**, 345
M. Husserl an Cairns, 7. I. 1936: **IV**, 52–53

M. Husserl an Ingarden, 14. I. 1936: **III**, 304–306
M. Husserl an Landgrebe, 15. I. 1936: **IV**, 345
M. Husserl an E. Rosenberg, 18. I. 1936: **IX**, 468–469
M. Husserl an G. Husserl, 23. I. 1936: **IX**, 247–249
M. Husserl an E. Rosenberg, 31. I. 1936: **IX**, 469–471
M. Husserl an Cairns, 2. II. 1936: **IV**, 53–54
M. Husserl an Patočka, 8. II. 1936: **IV**, 431–432
Husserl an Landgrebe, 17. II. 1936: **IV**, 346
M. Husserl an Farber, 17. II. 1936: **IV**, 71
Husserl an Farber, 18. II. 1936: **IV**, 72
Husserl an Scholz, 19. II. 1936: **VI**, 379
Husserl an G. Husserl, 20. II. 1936: **IX**, 249–251
M. Husserl an Cairns, 27. II. 1936: **IV**, 54–55
Husserl an Landgrebe, 28. II. 1936: **IV**, 347–348
E. und M. Husserl an Lassner, 1. III. 1936 (Abschrift): **IV**, 391–393
M. Husserl an Felix Kaufmann, 3. III. 1936: **IV**, 220–221
M. und E. Husserl an J. Rosenberg, 8. III. 1936: **IX**, 471–473
Husserl an Scholz, 8. III. 1936: **VI**, 379–380
M. Husserl an Albrecht, 14. III. 1936: **IX**, 125
Husserl an Landgrebe, 17. III. 1936: **IV**, 351–352
Husserl an Eucken-Erdsiek, 3. IV. 1936: **VII**, 83
M. und E. Husserl an Cairns, 11. IV. 1936: **IV**, 55–56
Husserl an Liebert (Philosophia), ca. Mitte April 1936 (Abschrift): **VIII**, 277
Husserl an den Präsidenten der Académie des Sciences Morales et Politiques, 2. Aprilhälfte 1936 (Entwurf): **VIII**, 6
M. Husserl an Landgrebe, 15. IV. 1936: **IV**, 352
M. Husserl an D. Husserl, ca. 21. IV. 1936: **IX**, 251–252
Husserl an Felix Kaufmann, ca. 26. IV. 1936: **IV**, 221–222
Husserl an Fink, 26. IV. 1936: **IV**, 95
M. Husserl an Landgrebe, 26. IV. 1936: **IV**, 352
Husserl an Morris, Anfang Mai 1936 (Entwurf): **VI**, 295
Husserl an Felix Kaufmann, 5. V. 1936: **IV**, 224–228
Husserl an Hartshorne, 10. V. 1936: **IV**, 123
E. und M. Husserl an Cairns, 15. V. 1936: **IV**, 57
Husserl an Ingarden, 16. V. 1936: **III**, 306
Husserl an Fritz Kaufmann, 26. V. 1936: **III**, 349–350
M. und E. Husserl an E. Rosenberg, 29. V. 1936: **IX**, 473–475
Husserl an E. Rosenberg, 31. V. 1936: **IX**, 475
Husserl an X, ca. Juni 1936 (Entwurf): **IX**, 521–522
Husserl an Patočka, 10. VI. 1936: **IV**, 432–433
M. und E. Husserl an I. Schütz, 11. VI. 1936: **IV**, 492–493
Husserl an Landgrebe, 16. VI. 1936: **IV**, 354–356

CHRONOLOGISCHES VERZEICHNIS DER BRIEFE HUSSERLS 109

Husserl an Liebert (Philosophia), ca. 25. VI. 1936 (Entwurf): **VIII**, 277–278
Husserl an Patočka, 26. VI. 1936: **IV**, 433–434
Husserl an Baudin, ca. Juli 1936 (Entwurf): **VII**, 18
Husserl an die Universitätsbibliothek Freiburg, Juli 1936 (Entwurf): **VIII**, 199
Husserl an Patočka, 15. VII. 1936: **IV**, 434–435
M. Husserl an Jaegerschmid, 15. VII. 1936: **IV**, 168
Husserl an Rektor Metz (Universität Freiburg), 21. VII. 1936: **VIII**, 199
Husserl an Scholz, 29. VII. 1936: **VI**, 380
M. und E. Husserl an Felix Kaufmann, 30. VII. 1936: **IV**, 230–231
M. und E. Husserl, Fink, Ott und Lassner an Felix Kaufmann, 2. VIII. 1936: **IV**, 232
Husserl an Gurwitsch, 3. VIII. 1936: **IV**, 112
M. und G. Husserl an E. Rosenberg, 6. VIII. 1936: **IX**, 476–477
M. Husserl an Farber, 9. VIII. 1936: **IV**, 72–73
Husserl an Farber, 19. VIII. 1936: **IV**, 73–75
E. und M. Husserl an Cairns, 20. VIII. 1936: **IV**, 57–58
Husserl an Jančík (Klub historický a státovedný Prostejov), 21. VIII. 1936 (Abschrift): **VIII**, 57–58
M. Husserl an Jaegerschmid, 22. VIII. 1936: **IV**, 168
M. und E. Husserl an J. Rosenberg, 3. IX. 1936: **IX**, 477–479
M. Husserl an Landgrebe, 9. IX. 1936: **IV**, 357–359
Husserl an Liebert (Philosophia), ca. 20. IX. 1936 (Entwurf): **VIII**, 279
M. Husserl an Rosenberg, 24. IX. 1936: **IX**, 479–481
M. Husserl an Felix Kaufmann, 2. X. 1936: **IV**, 232–233
M. Husserl an Albrecht, 3. X. 1936: **IX**, 126–127
M. Husserl an Felix Kaufmann, 7. X. 1936: **IV**, 234
E. und M. Husserl an Jaegerschmid, 18. X. 1936: **IV**, 169
M. Husserl an Felix Kaufmann, 18. X. 1936: **IV**, 235–236
Husserl an Binswanger, 22. X. 1936: **VII**, 31–32
Husserl an Rektor Metz (Universität Freiburg), 28. X. 1936: **VIII**, 199
Empfehlungsschreiben Husserls für von Aster, ca. November 1936 (Entwurf): **II**, 4
E. und M. Husserl und J. Hering an Ingarden, 2. XI. 1936: **III**, 307
M. und E. Husserl an E. Kaufmann, 7. XI. 1936: **IV**, 236
M. Husserl an Landgrebe, 7. XI. 1936: **IV**, 359
M. Husserl an G. Husserl, 10. XI. 1936: **IX**, 252–255
Husserl an Landgrebe, 14. XI. 1936: **IV**, 360–361
M. Husserl an Cairns, 15. XI. 1936: **IV**, 59
M. Husserl an Ingarden, 15. XI. 1936: **III**, 307–308
E. und M. Husserl an Farber, 20. XI. 1936: **IV**, 75–77
M. Husserl an Patočka, 9. XII. 1936: **IV**, 435–436
Husserl an Albrecht, 16. XII. 1936: **IX**, 127–130

Husserl an Felix Kaufmann, 17. XII. 1936: **IV**, 237–238
Husserl an Baumgarten, 22. XII. 1936: **VII**, 26–27
M. und E. Husserl an Darkow, 23. XII. 1936: **IX**, 193–194
Husserl an Ruth Rosenberg, 24. XII. 1936: **IX**, 481
Husserl an Landgrebe, 27. XII. 1936: **IV**, 363–364
Husserl an Ingarden, 31. XII. 1936: **III**, 309–310

1937
Husserl an Pannwitz, 1. I. 1937: **VII**, 225–227
Husserl an Fritz Kaufmann, 4. I. 1937: **III**, 350
Husserl an Schütz, 6. I. 1937: **IV**, 493–494
Husserl an Landgrebe, 25. I. 1937: **IV**, 364–365
M. und E. Husserl an E. Rosenberg, 26. I. 1937: **IX**, 481–482
Husserl an Patočka, 29. I. 1937: **IV**, 436
M. Husserl an G. Husserl, 2. II. 1937: **IX**, 255–257
Husserl an Kuhn, 3. II. 1937: **VI**, 240–241
M. Husserl an Schütz, 3. II. 1937: **IV**, 494
Husserl an Kuhn, 4. II. 1937: **VI**, 241–242
Husserl an Rektor Metz (Universität Freiburg), 4. II. 1937: **VIII**, 200
M. Husserl an E. Rosenberg, 7. II. 1937: **IX**, 483–484
M. Husserl an G. Husserl, 15. II. 1937: **IX**, 257–260
Husserl an van der Hoop, 22. II. 1937 (Abschrift): **VII**, 143–144
Husserl an Löwith, 22. II. 1937: **IV**, 397–398
Empfehlungsschreiben Husserls für Fritz Kaufmann, ca. März 1937: **III**, 584
M. Husserl an E. Rosenberg, 4. III. 1937: **IX**, 484–486
M. Husserl an J. Rosenberg, 8. III. 1937: **IX**, 486–487
Husserl an Cassirer, 11. III. 1937: **V**, 8–9
M. Husserl an E. Rosenberg, 26. III. 1937: **IX**, 487
Husserl an Landgrebe, 31. III. 1937: **IV**, 365–369
M. und E. Husserl an D. Husserl, 11. IV. 1937: **IX**, 260–262
Husserl an Pannwitz, 14. IV. 1937: **VII**, 227–228
M. Husserl an Ingarden, 15. IV. 1937: **III**, 310–311
Husserl an Misch, 17. IV. 1937: **VI**, 284
Husserl an Felix Kaufmann, 19. IV. 1937: **IV**, 241
Husserl an Landgrebe, 5. V. 1937: **IV**, 372–374
Husserl an Rektor Metz (Universität Freiburg), 12. V. 1937: **VIII**, 200–201
Husserl an Landgrebe, 30. V. 1937: **IV**, 374–375
Husserl an Cairns, 31. V. 1937: **IV**, 60–61
Husserl an Farber, 18. VI. 1937: **IV**, 81–85
Husserl an G. Husserl, 19. VI. 1937: **IX**, 262
Husserl an Gabriele Husserl, 28. VI. 1937: **IX**, 262–263
M. Husserl an Rosenberg, 19. VII. 1937: **IX**, 489–490

Husserl an Ingarden, 23. VII. 1937: **III**, 311–312
Husserl an Cairns, 7. VIII. 1937: **IV**, 61
Husserl an Petzäll (Theoria), 14. VIII. 1937: **VIII**, 283–284
M. Husserl an G. und D. Husserl, 20. VIII. 1937: **IX**, 263–264
M. Husserl an Rosenberg, 20. VIII. 1937: **IX**, 490–491
M. Husserl an Banfi, 22. VIII. 1937: **VI**, 4
M. Husserl an Felix Kaufmann, 26. VIII. 1937: **IV**, 241–242
M. Husserl an J. Rosenberg, 31. VIII. 1937: **IX**, 492
M. Husserl an Rosenberg, 15. IX. 1937: **IX**, 492–494
M. Husserl an G. und D. Husserl, 18. IX. 1937: **IX**, 264–265
M. Husserl an Darkow, 24. IX. 1937: **IX**, 194
M. Husserl an Rosenberg, 26. IX. 1937: **IX**, 494–495
M. Husserl an G. und D. Husserl, 30. IX. 1937: **IX**, 266–267
M. Husserl an E. Rosenberg, 6. X. 1937: **IX**, 495–497
M. Husserl an Rosenberg, 12. X. 1937: **IX**, 497
M. Husserl an G. Husserl, 14. X. 1937: **IX**, 267–269
M. Husserl an Schütz, 16. X. 1937: **IV**, 494–495
M. Husserl an E. Rosenberg, 25. X. 1937: **IX**, 498–499
M. Husserl an G. Husserl, 5. XI. 1937: **IX**, 269
M. Husserl an E. Rosenberg, 13. XI. 1937: **IX**, 499–501
M. Husserl an G. Husserl, 21. XI. 1937: **IX**, 270–271
M. Husserl an E. Rosenberg, 3. XII. 1937: **IX**, 501–502
M. Husserl an E. Rosenberg, 10. XII. 1937: **IX**, 502–504
M. Husserl an Familie Rosenberg und Familie G. Husserl, 12. XII. 1937: **IX**, 504–505
M. Husserl an Schütz, 20. XII. 1937: **IV**, 495
M. Husserl an E. Rosenberg, 24. XII. 1937: **IX**, 505
M. Husserl an Schütz, 26. XII. 1937: **IV**, 495–496
M. Husserl an Felix Kaufmann, 27. XII. 1937: **IV**, 243
M. Husserl an E. Rosenberg, 27. XII. 1937: **IX**, 505–506
M. Husserl an Grimme, 29. XII. 1937: **III**, 110–111
M. Husserl an Fritz Kaufmann, 29. XII. 1937: **III**, 350–351

1938

M. Husserl an E. Rosenberg, 9. I. 1938: **IX**, 506–507
M. Husserl an Landgrebe, 12. I. 1938: **IV**, 375–376
M. Husserl an Grimme, 16. I. 1938: **III**, 111
M. Husserl an Ingarden, 24. II. 1938: **III**, 312
Husserl an G. Husserl, 6. III. 1938 (Entwurf, Abschrift): **IX**, 271
M. Husserl und E. Rosenberg an Schütz, 7. III. 1938: **IV**, 496–497
M. Husserl an Jensen, 10. III. 1938: **IX**, 324
M. Husserl an Ingarden, 20. III. 1938: **III**, 313

M. Husserl an E. Rosenberg, 24. III. 1938: **IX**, 507
M. Husserl und C. Immisch an E. Rosenberg, 31. III. 1938: **IX**, 508
M. Husserl an E. Rosenberg, 2. IV. 1938: **IX**, 508–509
M. Husserl an E. Rosenberg, 6. IV. 1938: **IX**, 509–510
M. Husserl an Schütz, 8. IV. 1938: **IV**, 497
M. Husserl an Albrecht, 10. IV. 1938: **IX**, 132
M. Husserl an Grimme, 10. IV. 1938: **III**, 113
M. Husserl an Darkow, 12. IV. 1938: **IX**, 195
M. Husserl an Landgrebe, 15. IV. 1938: **IV**, 376
M. Husserl an E. Rosenberg, 15. IV. 1938: **IX**, 510–511
M. Husserl an E. Rosenberg, 19. IV. 1938: **IX**, 511
M. Husserl an E. Jensen, 20. IV. 1938: **IX**, 324–325
M. Husserl an Ingarden, 21. IV. 1938: **III**, 315
M. Husserl an E. Rosenberg, 23. IV. 1938: **IX**, 512–513
M. Husserl an D. Husserl, 25. IV. 1938: **IX**, 271–272
M. Husserl an Marchionini, 25. IV. 1938: **VII**, 167

s. d.
Husserl an Fritz Kaufmann, s. d.: **III**, 353
Husserl an Metzger, s. d.: **IV**, 417

CHRONOLOGISCHES VERZEICHNIS DER BRIEFE AN HUSSERL

1877
Masaryk an Husserl, 11. IX. 1877: **I**, 99–100
1878
Masaryk an Husserl, 20. I. 1878: **I**, 101–103
Masaryk an Husserl, 1. VII. 1878: **I**, 104
1879
Masaryk an Husserl, 7. I. 1879: **I**, 105
1887
Marty an Husserl, 29. I. 1887: **I**, 69–70
Paulsen an Husserl, 12. VIII. 1887: **VI**, 319
1890
Brix an Husserl, 27. VII. 1890: **VII**, 35–36
Brix an Husserl, 31. X. 1890: **VII**, 36–37
Gustav Ferdinand Meyer an Husserl, 12. XI. 1890: **VII**, 185–186
1891
Avenarius (Vierteljahrsschrift für wissenschaftliche Philosophie) an Husserl, 4. II. 1891: **VIII**, 287
Brentano an Husserl, 27. IV. 1891: **I**, 6
Brentano an Husserl, ca. Mai 1891: **I**, 6–7
Münsterberg an Husserl, 6. V. 1891: **VI**, 299
Meinong an Husserl, 17. V. 1891: **I**, 123
Frege an Husserl, 24. V. 1891: **VI**, 107–110
Riehl an Husserl, 28. V. 1891: **V**, 193
Meinong an Husserl, 19. VI. 1891: **I**, 129–130
Sigwart an Husserl, 29. VI. 1891: **VI**, 397
1892
Brentano an Husserl, 26. I. 1892: **I**, 8
1893
Brentano an Husserl, 3. I. 1893: **I**, 12–14
Höfler an Husserl, 16. II. 1893: **I**, 63–64
Das Preußische Unterrichtsministerium an Husserl, 22. IV. 1893 (Abschrift): **VIII**, 99
Avenarius (Vierteljahrsschrift für wissenschaftliche Philosophie) an Husserl, 2. VIII. 1893: **VIII**, 288–289
Venn an Husserl, 21. XI. 1893: **VII**, 265–266
Venn an Husserl, 14. XII. 1893: **VII**, 266

Brentano an Husserl, 26. XII. 1893: **I**, 14–15

1894
Venn an Husserl, 14. I. 1894: **VII**, 266–268
Natorp an Husserl, 30. IV. 1894: **V**, 39
Weyrauch (Preußisches Unterrichtsministerium) an Husserl, 1. VIII. 1894: **VIII**, 99
Emil Husserl an Husserl, 10. XII. 1894: **IX**, 207
Brentano an Husserl, ca. Ende Dezember 1894: **I**, 16

1895
Das Preußische Unterrichtsministerium an Husserl, 26. III. 1895 (Abschrift): **VIII**, 100
Grassmann an Husserl, 21. XI. 1895: **VI**, 159–163

1896
Brentano an Husserl, 7. I. 1896: **I**, 17
Grassmann an Husserl, 7. II. 1896: **VI**, 163–168
Schuppe an Husserl, 8. VI. 1896: **VI**, 387

1897
Natorp an Husserl, 17. I. 1897: **V**, 40–43
Natorp an Husserl, 1. II. 1897: **V**, 44–48
Natorp an Husserl, 8. III. 1897: **V**, 49–51
Natorp an Husserl, 20. III. 1897: **V**, 56–58
Das Preußische Unterrichtsministerium an Husserl, 27. III. 1897 (Abschrift): **VIII**, 100
Natorp an Husserl, 1. IV. 1897: **V**, 64–69
Höfler an Husserl, 11. VII. 1897: **I**, 64

1898
Brentano an Husserl, 5. II. 1898: **I**, 18
Schröder an Husserl, 22. XI. 1898: **VII**, 245–246

1899
Couturat an Husserl, 1. VII. 1899: **VI**, 27–28
Couturat an Husserl, 26. VII. 1899: **VI**, 28–29
Couturat an Husserl, 25. X. 1899: **VI**, 30
Couturat an Husserl, 6. XI. 1899: **VI**, 30–31
Natorp an Husserl, 5. XII. 1899: **V**, 69–70
Natorp an Husserl, 30. XII. 1899: **V**, 72

1900
Couturat an Husserl, 20. V. 1900: **VI**, 31–32
Schuppe an Husserl, 9. VII. 1900: **VI**, 387
Sigwart an Husserl, 9. VII. 1900: **VI**, 397

Marty an Husserl, 10. VII. 1900: **I**, 70
Volkelt an Husserl, 10. VII. 1900: **VI**, 451
Meinong an Husserl, 12. VII. 1900: **I**, 135
Natorp an Husserl, 14. VII. 1900: **V**, 75–76
Brentano an Husserl, 28. VII. 1900: **I**, 18–19
Paulsen an Husserl, 28. VII. 1900: **VI**, 319–320

1901
Althoff (Preußisches Unterrichtsministerium) an Husserl, 8. V. 1901: **VIII**, 100
Marty an Husserl, 7./8. VI. 1901: **I**, 71–74
Sigwart an Husserl, 10. VI. 1901: **VI**, 398
Mach an Husserl, 23. VI. 1901: **VI**, 258
Marty an Husserl, 17. VIII. 1901: **I**, 83–85
Natorp an Husserl, 25. VIII. 1901: **V**, 78–79
Elster (Preußisches Unterrichtsministerium) an Husserl, 4. IX. 1901: **VIII**, 101–102
Natorp an Husserl, 10. IX. 1901: **V**, 86–90
Wever (Preußisches Unterrichtsministerium) an Husserl, 14. IX. 1901 (Abschrift): **VIII**, 102–103
Klein an Husserl, 11. XI. 1901: **VII**, 151
Meinong an Husserl, 25. XI. 1901: **I**, 137–138

1902
Masaryk an Husserl, 1. I. 1902: **I**, 106
Riehl an Husserl, 1. I. 1902: **V**, 194–196
Meinong an Husserl, 10. IV. 1902: **I**, 145–147
Riehl an Husserl, 27. IV. 1902: **V**, 196
Marty an Husserl, 25. VI. 1902: **I**, 85–86
Natorp an Husserl, 8. X. 1902: **V**, 90
Elster (Preußisches Unterrichtsministerium) an Husserl, 12. XII. 1902: **VIII**, 103–104
Althoff (Preußisches Unterrichtsministerium) an Husserl, 15. XII. 1902: **VIII**, 104–105

1903
Hocking an Husserl, 10. I. 1903: **III**, 129–130
Münsterberg an Husserl, 7. II. 1903: **VI**, 299–300
Laudahn an Husserl, 13. II. 1903: **VII**, 155
Hocking an Husserl, 14. II. 1903: **III**, 133–135
Laudahn an Husserl, 9. III. 1903: **VII**, 155–156
J. Schultz an Husserl, 27. III. 1903: **VI**, 383
Hocking an Husserl, 1. IV. 1903: **III**, 136–137
Althoff (Preußisches Unterrichtsministerium) an Husserl, 8. IV. 1903: **VIII**, 105
Uphues an Husserl, 15. V. 1903: **VI**, 447

Hocking an Husserl, 4. VI. 1903: **III**, 137–140
Riehl an Husserl, 8. VI. 1903: **V**, 197–198
Natorp an Husserl, 19. VI. 1903: **V**, 92–93
Marty an Husserl, 11. VII. 1903: **I**, 86
Hocking an Husserl, 19. VII. 1903: **III**, 141–142
Hocking an Husserl, 15. VIII. 1903: **III**, 142
Hocking an Husserl, 5. IX. 1903: **III**, 143
Hocking an Husserl, 18. IX. 1903: **III**, 150
Hocking an Husserl, 11. X. 1903: **III**, 150–151
Laudahn an Husserl, 23. X. 1903: **VII**, 156–157
Dingler an Husserl, Ende Oktober 1903 (Entwurf): **III**, 61–62
Th. Lipps an Husserl, 8. XII. 1903: **II**, 121–122
Couturat an Husserl, 13. XII. 1903: **VI**, 33
Molk an Husserl, 14. XII. 1903: **VII**, 193
Marty an Husserl, 23. XII. 1903: **I**, 87

1904
Dingler an Husserl, ca. Januar 1904 (Entwurf): **III**, 64
Daubert an Husserl, ca. Februar 1904 (Entwurf): **II**, 35
Marty an Husserl, 7. III. 1904: **I**, 87–88
Hocking an Husserl, 17. III. 1904: **III**, 151–153
Cantor an Husserl, 7. IV. 1904: **VII**, 51
Vaihinger an Husserl, 14. IV. 1904: **V**, 203–204
Th. Lipps an Husserl, 13. V. 1904: **II**, 128
Daubert an Husserl, ca. Mitte Mai 1904 (Entwurf): **II**, 38–40
Riehl an Husserl, 15. V. 1904: **V**, 199
Vaihinger an Husserl, 15. V. 1904: **V**, 204–205
R. Richter an Husserl, 27. VI. 1904: **VI**, 357
Pfänder an Husserl, 13. VII. 1904: **II**, 131
R. Richter an Husserl, 15. VII. 1904: **VI**, 358–359
Pfänder an Husserl, 25. VII. 1904: **II**, 131–132
Brentano an Husserl, 7. X. 1904: **I**, 19
Brentano an Husserl, 21. X. 1904: **I**, 22–24
Hocking an Husserl, 29. X. 1904: **III**, 153–156
Daubert an Husserl, Anfang November 1904 (Entwurf): **II**, 40–41
Couturat an Husserl, 7. XI. 1904: **VI**, 33–35
Meinong an Husserl, 6. XII. 1904: **I**, 147–148

1905
Brentano an Husserl, 9. I. 1905: **I**, 30–35
von Aster an Husserl, 25. I. 1905: **II**, 3–4
Pitkin an Husserl, 8. II. 1905: **VI**, 333
Pitkin an Husserl, 13. II. 1905: **VI**, 336–337

Gomperz an Husserl, 22. II. 1905: **VI**, 149–150
Natorp an Husserl, 4. III. 1905: **V**, 94–95
Simmel an Husserl, 19. III. 1905: **VI**, 401
Pfänder an Husserl, 20. III. 1905: **II**, 132–133
Pitkin an Husserl, 23. III. 1905: **VI**, 337–338
Groethuysen an Husserl, 28. III. 1905: **VI**, 171
Groethuysen an Husserl, ca. April 1905: **VI**, 171–172
Pitkin an Husserl, 9. IV. 1905: **VI**, 338–339
Pitkin an Husserl, 27. IV. 1905: **VI**, 339–341
Brentano an Husserl, 30. IV. 1905 (nicht abgesandter Entwurf): **I**, 57–59
Vaihinger an Husserl, 28. VII. 1905: **V**, 205
Pfänder an Husserl, 31. VII. 1905: **II**, 133–135
Pfänder an Husserl, 12. VIII. 1905: **II**, 136
Pitkin an Husserl, 20. VIII. 1905: **VI**, 342
Hocking an Husserl, 17. IX. 1905: **III**, 158–159
Pitkin an Husserl, 5. X. 1905: **VI**, 343–345
Marty an Husserl, 9. X. 1905: **I**, 88–89
Pfänder an Husserl, 3. XI. 1905: **II**, 136–138
Freudenthal an Husserl, 10. XI. 1905: **VI**, 121
Daubert an Husserl, Ende Dezember 1905 (Entwurf): **II**, 45–46

1906
Geiger an Husserl, 7. I. 1906: **II**, 87–88
Daubert an Husserl, ca. Mitte Januar 1906 (Entwurf): **II**, 47
Jaensch an Husserl, 10. II. 1906: **III**, 321
Scheler an Husserl, 5. III. 1906: **II**, 211–213
Jaensch an Husserl, 12. VI. 1906: **III**, 322
Elster (Preußisches Unterrichtsministerium) an Husserl, 12. VI. 1906: **VIII**, 105–106
Elster (Preußisches Unterrichtsministerium) an Husserl, 4. VII. 1906: **VIII**, 106
Althoff (Preußisches Unterrichtsministerium) an Husserl, 12. VII. 1906: **VIII**, 106–107
Lalande (Société Française de Philosophie) an Husserl, 14. VII. 1906: **VIII**, 73
Simmel an Husserl, 19. VII. 1906: **VI**, 401
Riehl an Husserl, 21. VII. 1906: **V**, 199–200
Paulsen an Husserl, 22. VII. 1906: **VI**, 320
Reinach an Husserl, 24. VII. 1906: **II**, 189–190
Brentano an Husserl, 1. VIII. 1906: **I**, 40
Brentano an Husserl, 27. VIII. 1906: **I**, 43–44
Althoff (Preußisches Unterrichtsministerium) an Husserl, 7. IX. 1906: **VIII**, 107
Pfänder an Husserl, 30. IX. 1906: **II**, 138–139
Cornelius an Husserl, 1. X. 1906: **II**, 29–31

Frege an Husserl, 30. X./1. XI. 1906 (Abschrift): **VI**, 113–116
Frege an Husserl, 9. XII. 1906 (Abschrift): **VI**, 116–118

1907
Simmel an Husserl, 29. I. 1907: **VI**, 402
Simmel an Husserl, 11. II. 1907: **VI**, 402–404
Simmel an Husserl, 12. III. 1907: **VI**, 404–405
Geiger an Husserl, 27. III. 1907: **II**, 88–91
Brentano an Husserl, 9. V. 1907: **I**, 46–48
Lessing an Husserl, 24. V. 1907: **III**, 365–366
Jaensch an Husserl, 2. VI. 1907: **III**, 322–323
Daubert an Husserl, Anfang August 1907 (Entwurf): **II**, 52–56
Daubert an Husserl, 29. X. 1907 (Entwurf): **II**, 57–59

1908
Marty an Husserl, 9. I. 1908: **I**, 93
Brentano an Husserl, 16. I. 1908: **I**, 49–51
Lessing an Husserl, 5. IV. 1908: **III**, 366–367
Geiger an Husserl, 12. IV. 1908: **II**, 92–93
Lessing an Husserl, 12. IV. 1908: **III**, 367–371
Lessing an Husserl, 14. IV. 1908: **III**, 371–373
Lessing an Husserl, 18. IV. 1908: **III**, 374
Lessing an Husserl, 23. IV. 1908: **III**, 375
Lessing an Husserl, 25. IV. 1908: **III**, 376
Lessing an Husserl, 28. IV. 1908: **III**, 376–377
Geiger an Husserl, 6. VI. 1908: **II**, 93–95
Marty an Husserl, 13. VI. 1908: **I**, 93–94
Simmel an Husserl, 14. X. 1908: **VI**, 405–406
Gomperz an Husserl, 16. X. 1908: **VI**, 152
Natorp an Husserl, 12. XII. 1908: **V**, 95–98

1909
Jaensch an Husserl, 1. I. 1909: **III**, 323–324
Natorp an Husserl, 21. I. 1909: **V**, 104–107
Natorp an Husserl, 20. III. 1909: **V**, 112
Reinach an Husserl, 26. III. 1909: **II**, 191–192
Geiger an Husserl, 2. IV. 1909: **II**, 95–97
Reinach an Husserl, 30. IV. 1909: **II**, 192–193
Reinach an Husserl, 6. V. 1909: **II**, 193–194
Geiger an Husserl, 30. VII. 1909: **II**, 97–98
Pfänder an Husserl, 29. IX. 1909: **II**, 139–140
Geiger an Husserl, 28. XII. 1909: **II**, 98–99
Jaensch an Husserl, 31. XII. 1909: **III**, 324–325

1910

Marty an Husserl, 5. IV. 1910: **I**, 94–95
Palme an Husserl, 10. V. 1910: **VII**, 211–212
Schmalenbach an Husserl, 3. VII. 1910: **II**, 235
Geiger an Husserl, 2. VIII. 1910: **II**, 100–102
Geiger an Husserl, 28. IX. 1910: **II**, 102–103
Natorp an Husserl, 27. X. 1910: **V**, 113–115
Geiger an Husserl, 30. XI. 1910: **II**, 103–105
Geiger an Husserl, 5. XII. 1910: **II**, 105–106
Natorp an Husserl, 15. XII. 1910: **V**, 117–118
Lask an Husserl, 25. XII. 1910 (Abschrift): **V**, 31–32

1911

Geiger an Husserl, 5. II. 1911: **II**, 106–107
Simmel an Husserl, 19. II. 1911: **VI**, 406–407
Daubert an Husserl, 23. II. 1911: **II**, 61
Simmel an Husserl, 13. III. 1911: **VI**, 407–408
Marty an Husserl, 15. III. 1911: **I**, 96
Pfänder an Husserl, 21. III. 1911: **II**, 140–141
Lask an Husserl, 29. III. 1911: **V**, 32–33
Cohn an Husserl, 31. III. 1911 (Entwurf): **V**, 17–20
Eucken an Husserl, 12. V. 1911: **VI**, 85–86
Delbos an Husserl, 15. V. 1911: **VI**, 39
Vaihinger an Husserl, 15. V. 1911: **V**, 209–211
Eucken an Husserl, 20. V. 1911: **VI**, 86
Eucken an Husserl, 30. V. 1911: **VI**, 87
Eucken an Husserl, 15. VI. 1911: **VI**, 87–88
Rickert an Husserl, 28. VI. 1911: **V**, 170–171
Dilthey an Husserl, 29. VI. 1911 (Abschrift): **VI**, 43–47
Eucken an Husserl, 29. VI. 1911: **VI**, 88–89
Eucken an Husserl, 1. VII. 1911: **VI**, 89
Eucken an Husserl, 2. VII. 1911: **VI**, 89–91
Eucken an Husserl, 9. VII. 1911: **VI**, 91–92
Dilthey an Husserl, 10. VII. 1911 (Abschrift): **VI**, 51–52
Sterzinger an Husserl, 29. VII. 1911: **VI**, 433
Jaensch an Husserl, 5. IX. 1911: **III**, 325
Jaensch an Husserl, 28. IX. 1911: **III**, 326
Delbos an Husserl, 26. X. 1911: **VI**, 39
Brentano an Husserl, 17. XI. 1911: **I**, 51–52
Lask an Husserl, 24. XII. 1911: **V**, 33–35

1912

Dingler an Husserl, ca. 27. II. 1912 (Entwurf): **III**, 67

Dingler an Husserl, 11. III. 1912 (Entwurf): **III**, 68
Jaensch an Husserl, 8. V. 1912: **III**, 327
Pfänder an Husserl, 28. V. 1912: **II**, 142–143
Pfänder an Husserl, 10. VI. 1912: **II**, 143
Dekan Simon (Universität Göttingen) an Husserl, 13. VII. 1912: **VIII**, 211–212
Kerler an Husserl, 18. VII. 1912: **VI**, 215
Elster (Preußisches Unterrichtsministerium) an Husserl, 30. IX. 1912: **VIII**, 108
Scheler an Husserl, 1. X. 1912: **II**, 213–216
Dekan Simon (Universität Göttingen) an Husserl, 4. XI. 1912: **VIII**, 212
Daubert an Husserl, 10. XI. 1912 (Entwurf): **II**, 64
Oldenberg an Husserl, 4. XII. 1912: **VII**, 201

1913

Simmel an Husserl, 2. III. 1913: **VI**, 409
Scheler an Husserl, 12. III. 1913: **II**, 216–218
Steinmann an Husserl, 21. IV. 1913: **VII**, 257
Natorp an Husserl, 1. V. 1913: **V**, 118–119
Pfänder an Husserl, 21. V. 1913: **II**, 144–145
Scheler an Husserl, 21. V. 1913: **II**, 219–220
Scheler an Husserl, 23. V. 1913: **II**, 220–222
Delbos an Husserl, 30. V. 1913: **VI**, 40
Daubert an Husserl, 26. VI. 1913 (Entwurf): **II**, 65–67
Pauer (Universität Göttingen) an Husserl, 4. VIII. 1913: **VIII**, 213–214
Scheler an Husserl, 4. VIII. 1913: **II**, 222–223
Daubert an M. Husserl, 12. VIII. 1913: **II**, 69
Bergson an Husserl, 15. VIII. 1913: **VI**, 11
Dingler an Husserl, 8. XI. 1913 (Entwurf): **III**, 70
Dingler an Husserl, 14. XI. 1913 (Entwurf): **III**, 71–72
Pfänder an Husserl, 16. XI. 1913: **II**, 145–146
von Spett an Husserl, 23. XI. 1913: **III**, 528–529
von Spett an Husserl, 14. XII. 1913: **III**, 529–531

1914

Delbos an Husserl, 16. I. 1914: **VI**, 40
Natorp an Husserl, 26. I. 1914: **V**, 120
von Spett an Husserl, 11. III. 1914: **III**, 533–536
Pfänder an Husserl, 21. IV. 1914: **II**, 146–147
Meiner (Verlag Felix Meiner) an Husserl, 1. V. 1914: **VIII**, 245
von Spett an Husserl, 4. V. 1914: **III**, 540–542
Meiner (Verlag Felix Meiner) an Husserl, 6. V. 1914: **VIII**, 248
Driesch an Husserl, 3. VII. 1914: **VI**, 57–59
Reinach an Husserl, 30. VIII. 1914: **II**, 194–195
Simmel an Husserl, 15. XII. 1914: **VI**, 409–410

1915
Reinach an Husserl, ca. Januar 1915: **II**, 196
Scheler an Husserl, 4. I. 1915: **II**, 224–225
Pfänder an Husserl, 8. I. 1915: **II**, 147–148
Münsterberg an Husserl, 25. II. 1915: **VI**, 302–303
Vaihinger an Husserl, 21. III. 1915: **V**, 214–216
Pfänder an Husserl, 28. III. 1915: **II**, 148–149
Müller (Preußisches Unterrichtsministerium) an Husserl, 31. III. 1915: **VIII**, 108
Pfänder an Husserl, 5. IV. 1915: **II**, 150–151
Cantor an Husserl, 7. IV. 1915: **VII**, 51
Reinach an Husserl, 17. IV. 1915: **II**, 196–197
Reinach an Husserl, 30. V. 1915: **II**, 198
Pfänder an Husserl, 21. VI. 1915: **II**, 151–152
Scheler an Husserl, 9. VII. 1915: **II**, 225–227
Reinach an Husserl, 21. VIII. 1915: **II**, 198–199
Reinach an Husserl, 29. VIII. 1915: **II**, 199–200
Hofstetter (Verlag Max Niemeyer) an Husserl, 22. XI. 1915: **VIII**, 253–254
Reinach an Husserl, 1. XII. 1915: **II**, 200–201

1916
Schwoerer (Badisches Kultusministerium) an Husserl, 5. I. 1916: **VIII**, 119
Schwoerer (Badisches Kultusministerium) an Husserl, 11. I. 1916: **VIII**, 119–120
Reinach an Husserl, 14. I. 1916: **II**, 201–202
Scheler an Husserl, 14. I. 1916: **II**, 228–229
Grossentann (Preußisches Unterrichtsministerium) an Husserl, 26. I. 1916: **VIII**, 109
Vaihinger an Husserl, 4. II. 1916: **V**, 217–219
Sieber (Badisches Kultusministerium) an Husserl, 17. II. 1916: **VIII**, 120
Prorektor Aschoff (Universität Freiburg) an Husserl, 19. II. 1916: **VIII**, 161
Reinach an Husserl, 5. III. 1916: **II**, 202
Scheler an Husserl, 8. III. 1916: **II**, 229–231
Freundlich an Husserl, 14. III. 1916: **VII**, 93–94
Verlag Max Niemeyer an Husserl, 17. III. 1916: **VIII**, 254–255
Eucken an Husserl, Frühling 1916: **VI**, 92
Eucken an Husserl, 20. III. 1916: **VI**, 93–94
Natorp an Husserl, 29. III. 1916: **V**, 121–122
Brentano an Husserl, 6. IV. 1916: **I**, 55
Simmel an Husserl, 10. IV. 1916: **VI**, 410
Rudolf Meyer an Husserl, 13. IV. 1916: **III**, 523
Stenzel an Husserl, 28. IV. 1916: **VI**, 427
Brentano an Husserl, 30. IV. 1916: **I**, 56
Pfänder an Husserl, 21. V. 1916: **II**, 153–154

Pfänder an Husserl, 24. V. 1916: **II**, 154–156
Das Badische Kultusministerium an Husserl, 17. VI. 1916: **VIII**, 121
Ingarden an Husserl, 28. VII. 1916: **III**, 175
Die Wissenschaftliche Gesellschaft Freiburg an Husserl, 17. X. 1916: **VIII**, 87
Hufnagel an Husserl, 26. X. 1916: **VII**, 147

1917
Kynast an Husserl, 6. I. 1917: **VI**, 251
Frischeisen-Köhler (Kant-Studien) an Husserl, 10. I. 1917: **VIII**, 49–50
Jaederholm an Husserl, 10. I. 1917: **VI**, 195
Frischeisen-Köhler (Kant-Studien) an Husserl, 16. I. 1917: **VIII**, 50–51
Dub an Husserl, 17. I. 1917: **IX**, 199
Hofstetter (Verlag Max Niemeyer) an Husserl, 8. III. 1917: **VIII**, 255
E. Brentano an Husserl, 20. IV. 1917: **I**, 56–57
Schulze-Gaevernitz an Husserl, 27. IV. 1917: **VII**, 249
Reinach an Husserl, 12. V. 1917: **II**, 202–204
Natorp an Husserl, 3. VI. 1917: **V**, 123–126
Heim (Badisches Kultusministerium) an Husserl, 15. VI. 1917 (1): **VIII**, 122
Heim (Badisches Kultusministerium) an Husserl, 15. VI. 1917 (2): **VIII**, 122
Bezold (Heidelberger Akademie der Wissenschaften) an Husserl, 28. VII. 1917: **VIII**, 19
Reinach an Husserl, 27. VIII. 1917: **II**, 204
Natorp an Husserl, 7. X. 1917: **V**, 130
Natorp an Husserl, 15. X. 1917: **V**, 132–133
Meckauer an Husserl, 12. XI. 1917: **VII**, 171
Liebert (Kant-Studien) an Husserl, 29. XI. 1917: **VIII**, 51–52
Jaensch an Husserl, 29. XII. 1917: **III**, 327–329
Sieber (Badisches Kultusministerium) an Husserl, 29. XII. 1917: **VIII**, 123

1918
Thust an Husserl, 1918: **IV**, 519–520
Simmel an Husserl, 15. III. 1918: **VI**, 410–411
Sieber (Badisches Kultusministerium) an Husserl, 22. IV. 1918: **VIII**, 123–124
von Spett an Husserl, 10. VI. 1918: **III**, 542–543
Natorp an Husserl, 27. VI. 1918: **V**, 133–135
Natorp an Husserl, 2. VII. 1918: **V**, 138–139
Oldenberg an Husserl, 6. VII. 1918: **VII**, 201–202
Sieber (Badisches Kultusministerium) an Husserl, 20. VII. 1918: **VIII**, 124
Ingarden an Husserl, Ende Juli 1918 (Entwurf): **III**, 183–200
Spranger an Husserl, 29. VII. 1918: **VI**, 415
Moog an Husserl, 2. VIII. 1918: **VI**, 291
Frischeisen-Köhler an Husserl, 8. VIII. 1918: **VI**, 127
Spranger an Husserl, 30. VIII. 1918: **VI**, 415–417

Pfänder an Husserl, 30. XII. 1918: **II**, 156–157

1919
Pfänder an Husserl, 2. IV. 1919: **II**, 157–158
Geiger an Husserl, 5. IV. 1919: **II**, 107–108
Pfänder an Husserl, 5. IV. 1919: **II**, 158–159
Daubert an Husserl, 6. IV. 1919: **II**, 75–76
Rektor Finke (Universität Freiburg) an Husserl, 9. IV. 1919: **VIII**, 161
Wechßler an Husserl, 7. V. 1919: **VII**, 275–276
F. Schultz (Universität Freiburg) an Husserl, 11. V. 1919: **VIII**, 162
Wechßler an Husserl, 17. V. 1919: **VII**, 276
Geyser (Universität Freiburg) an Husserl, 1. VI. 1919: **VIII**, 163–164
Misch an Husserl, 18. VI. 1919: **VI**, 271–272
Das Truppen-Departement des Kriegsministeriums Berlin an Husserl, 14. VII. 1919: **VIII**, 139
Heimberger (Universität Bonn) an Husserl, 4. VIII. 1919: **VIII**, 151
Keyserling an Husserl, 21. IX. 1919: **VI**, 219–222
Keyserling an Husserl, 2. X. 1919: **VI**, 226–228
Keyserling an Husserl, 7. XI. 1919: **VI**, 228–229
Kuner (Universität Freiburg) an Husserl, 24. XI. 1919: **VIII**, 167

1920
Pfänder an Husserl, 17. I. 1920: **II**, 159–161
Pfänder an Husserl, 15. II. 1920: **II**, 161–162
Natorp an Husserl, 21. III. 1920: **V**, 141–142
Pfänder an Husserl, 5. IV. 1920: **II**, 163–164
Russell an Husserl, 19. IV. 1920: **VI**, 367
Hocking an Husserl, 4. V. 1920: **III**, 161
Rachfahl (Universität Freiburg) an Husserl, 14. V. 1920: **VIII**, 169
Walther an Husserl, 18. V. 1920: **II**, 257–260
Ploetz (Verband Alter Herren des Mathematischen Vereins an der Universität Berlin) an Husserl, 6. VI. 1920: **VIII**, 63
Wust an Husserl, 6. VI. 1920: **VI**, 471–473
Wust an Husserl, 15. VI. 1920: **VI**, 473–476
Das Rektorat der Universität Freiburg an Husserl, 30. VI. 1920: **VIII**, 171
Hocking an Husserl, 31. VII. 1920: **III**, 166–167
Selety an Husserl, 16. VIII. 1920: **VI**, 391–393
Holzmann (Badisches Kultusministerium) an Husserl, 6. X. 1920: **VIII**, 125–126
Hocking an Husserl, 30. XI. 1920: **III**, 168–169
Haupt (Buchdruckerei des Waisenhauses Halle) an Husserl, 6. XII. 1920: **VIII**, 256
Pfänder an Husserl, 12. XII. 1920: **II**, 164–165

1921

Schwarz an Husserl, 1. I. 1921: **II**, 239
Holzmann (Badisches Kultusministerium) an Husserl, 27. I. 1921: **VIII**, 126
Rothacker an Husserl, 27. II. 1921: **VI**, 363–364
Dekan Fabricius (Universität Freiburg) an Husserl, 2. III. 1921: **VIII**, 173
Pfänder an Husserl, 5. III. 1921: **II**, 165–167
Weyl an Husserl, 26./27. III. 1921: **VII**, 290–293
Pfänder an Husserl, 2. V. 1921: **II**, 167–168
Holzmann (Badisches Kultusministerium) an Husserl, 22. VI. 1921: **VIII**, 126
Meiner (Verlag Felix Meiner) an Husserl, 22. VI. 1921: **VIII**, 249
Brecht an Husserl, 3. VII. 1921: **IV**, 17–18
Das Sekretariat der Universität Freiburg an Husserl, 7. VII. 1921: **VIII**, 176
Pfänder an Husserl, 26. VIII. 1921: **II**, 168–170
Brunner an Husserl, September 1921: **VII**, 41
Rektor de la Camp (Universität Freiburg) an Husserl, 5. X. 1921: **VIII**, 177–178
Holzmann (Badisches Kultusministerium) an Husserl, 13. X. 1921: **VIII**, 127
Mundle an Husserl, 24. X. 1921: **VII**, 197
Winkler an Husserl, 3. XII. 1921: **VII**, 299

1922

Jaensch an Husserl, 14. I. 1922: **III**, 329–331
Natorp an Husserl, 29. I. 1922: **V**, 142–147
Schmid (Badisches Kultusministerium) an Husserl, 10. II. 1922: **VIII**, 127
Masaryk an Husserl, 12. II. 1922: **I**, 112
Bell an Husserl, 19. II. 1922 (Abschrift): **III**, 36–38
Natorp an Husserl, 23. III. 1922: **V**, 152–155
Pfänder an Husserl, 7. IV. 1922: **II**, 170–171
Heidegger an Husserl, 14. IV. 1922: **IV**, 136–137
Koyré an Husserl, 21. V. 1922: **III**, 357–358
Misch an Husserl, 28. V. 1922: **VI**, 272–274
Rektor Rachfahl (Universität Freiburg) an Husserl, 2. VI. 1922: **VIII**, 181
Hold-Ferneck an Husserl, 4. VI. 1922: **VII**, 139
Pfänder an Husserl, 21. VI. 1922: **II**, 171–172
Bühler an Husserl, 17. VII. 1922: **VII**, 45
Akita (Kaizo) an Husserl, 8. VIII. 1922: **VIII**, 273
Geiger an Husserl, 9. VIII. 1922: **II**, 109–111
H. Lipps an Husserl, 7. IX. 1922: **III**, 385
Natorp an Husserl, 22. IX. 1922: **V**, 155–159
Tanabe an Husserl, 4. X. 1922: **IV**, 509
Tanabe an Husserl, 9. X. 1922: **IV**, 509–510
Natorp an Husserl, 30. X. 1922: **V**, 160–162
Natorp an Husserl, 9. XI. 1922: **V**, 162–163

Pfänder an Husserl, 19. XI. 1922: **II**, 172–174
Fritz Kaufmann an Husserl, 1. XII. 1922: **III**, 345
Carr (Aristotelian Society) an Husserl, 11. XII. 1922: **VIII**, 27

1923
Schwoerer (Badisches Kultusministerium) an Husserl, 6. II. 1923: **VIII**, 128
Schmid (Badisches Kultusministerium) an Husserl, 10. II. 1923: **VIII**, 128
Niemeyer (Verlag Max Niemeyer) an Husserl, 16. II. 1923: **VIII**, 256–257
Steiner (Badisches Kultusministerium) an Husserl, 19. II. 1923: **VIII**, 129
J. Ebbinghaus an Husserl, 25. IV. 1923: **VI**, 72
Natorp an Husserl, 13. V. 1923: **V**, 164
Hocking an Husserl, 20. V. 1923: **III**, 169–170
Tanabe an M. Husserl, 5. VI. 1923: **IV**, 510
Liebert (Kant-Gesellschaft) an Husserl, 6. VI. 1923: **VIII**, 52
Port an Husserl, 4. VII. 1923: **VI**, 349–350
W. Richter (Preußisches Unterrichtsministerium) an Husserl, 4. VII. 1923: **VIII**, 109–110
W. Richter (Preußisches Unterrichtsministerium) an Husserl, 9. VII. 1923: **VIII**, 110–111
Schwoerer (Badisches Kultusministerium) an Husserl, 13. VII. 1923: **VIII**, 129–130
Rektor Spemann (Universität Freiburg) an Husserl, 13. VII. 1923: **VIII**, 182–183
Geiger an Husserl, 14. VII. 1923: **II**, 111–112
Dekan Jantzen (Universität Freiburg) an Husserl, 18. VII. 1923: **VIII**, 183–184
Dekan Jantzen (Universität Freiburg) an Husserl, 20. VII. 1923: **VIII**, 184
Schwoerer (Badisches Kultusministerium) an Husserl, 21. VII. 1923: **VIII**, 130
Tanabe an Husserl, August 1923: **IV**, 510
Dekan Jantzen (Universität Freiburg) an Husserl, 5. VIII. 1923: **VIII**, 185
Schwoerer (Badisches Kultusministerium) an Husserl, 9. VIII. 1923: **VIII**, 130–131
Wende (Preußisches Unterrichtsministerium) an Husserl, 9. VIII. 1923: **VIII**, 112–113
Schwoerer (Badisches Kultusministerium) an Husserl, 21. VIII. 1923: **VIII**, 133
Ehrlich an Husserl, 24. X. 1923: **VI**, 77–78
Spranger an Husserl, 8. XI. 1923: **VI**, 421–422
Schreier an Husserl, 22. XI. 1923: **IV**, 477

1924
Pfänder an Husserl, 7. IV. 1924: **II**, 174–175
Hocking an Husserl, 20. VI. 1924: **III**, 170
Tanabe an Husserl, 23. VI. 1924: **IV**, 511–513
Feldmann an Husserl, 20. VIII. 1924: **VI**, 103
Miyata an Husserl, 28. VIII. 1924: **IV**, 421

Feldmann an Husserl, 21. IX. 1924: **VI**, 103–104
Hilbert an Husserl, 29. XII. 1924: **VII**, 120–121
Fritz Kaufmann an Husserl, 30. XII. 1924: **III**, 346–347

1925
Beck an Husserl, 12. I. 1925: **II**, 8
Cassirer an Husserl, 10. IV. 1925: **V**, 6–8
Woerner an Husserl, 4. V. 1925: **VII**, 305–306
Feldkeller an Husserl, 9. V. 1925: **VI**, 97–98
Tanabe an Husserl, 10. V. 1925: **IV**, 513–516
Nishida an Husserl, 20. V. 1925: **VI**, 307
Tanabe an Husserl, 8. VI. 1925: **IV**, 516
Jaensch an Husserl, 24. VI. 1925: **III**, 331–333
Miyata an Husserl, 29. VI. 1925: **IV**, 421
Yasaki an Husserl, 25. VII. 1925: **IV**, 527
Landgrebe an Husserl, 18. IX. 1925: **IV**, 247
Stern an Husserl, 1. X. 1925: **IV**, 501
Celms an Husserl, 28. X. 1925: **IV**, 65–66
Spranger an Husserl, 26. XII. 1925: **VI**, 422–423

1926
Marx (Verlag Alfred Kröner) an Husserl, 5. II. 1926: **VIII**, 241
Landsberg an Husserl, 18. III. 1926: **IV**, 387
Schmidt-Ott (Notgemeinschaft der Deutschen Wissenschaft) an Husserl, 30. III. 1926: **VIII**, 69
Landsberg an Husserl, 3. IV. 1926: **IV**, 388
Pfänder und Daubert an Husserl, 7. IV. 1926: **II**, 176–177
Schor an Husserl, 7. VII. 1926: **IV**, 473
Felix Kaufmann an Husserl, 18. VIII. 1926: **IV**, 178
Mez an Husserl, 19. IX. 19<26?>: **IX**, 329
Windelband (Preußisches Unterrichtsministerium) an Husserl, 22. XI. 1926: **VIII**, 113

1927
Meiner (Verlag Felix Meiner) an Husserl, 30. IV. 1927: **VIII**, 249–250
Reiner an Husserl, 14. VI. 1927 (Entwurf): **IV**, 453–454
Beck an Husserl, 16. VI. 1927: **II**, 9
Mochizuki an Husserl, 19. VII. 1927: **VI**, 287
Pos an Husserl, 5. IX. 1927 (Entwurf): **IV**, 440–441
Heidegger an Husserl, 22. X. 1927: **IV**, 144–148
Barthel an Husserl, 21. XII. 1927: **VI**, 7
Mahnke an Husserl, 30. XII. 1927 (Durchschlag): **III**, 463–465

1928

Leers (Badisches Kultusministerium) an Husserl, 11. I. 1928: **VIII**, 134
Güldenstein an Husserl, 28. I. 1928: **VII**, 103
J. Ebbinghaus an Husserl, 1. III. 1928: **VI**, 73
von Arnim an Husserl, 14. III. 1928: **IX**, 138
Dekan Honecker (Universität Freiburg) an Husserl, 14. III. 1928: **VIII**, 196
Remmele (Badischer Staatspräsident) an Husserl, 3. IV. 1928: **VIII**, 134–135
Schwoerer (Badisches Kultusministerium) an Husserl, 16. IV. 1928: **VIII**, 135
Wust an Husserl, 4. VII. 1928: **VI**, 476–479
Reyer an Husserl, 6. VII. 1928: **VI**, 353
Twardowski an Husserl, 17. VIII. 1928: **I**, 182–184
Hamada an Husserl, 18. VIII. 1928: **IV**, 117
Schweitzer an Husserl, 14. IX. 1928: **VII**, 253–254
Hartshorne an Husserl, 18. IX. 1928: **IV**, 122
Barge an Husserl, 29. IX. 1928: **VII**, 9–10

1929

Gaston Berger (Société d'Études Philosophiques Marseille) an Husserl, 26. II. 1929: **VIII**, 77
Güldenstein an Husserl, 12. III. 1929: **VII**, 104
Masaryk an Husserl, 14. III. 1929: **I**, 116
Feldkeller an Husserl, 16. III. 1929: **VI**, 99
E. Jensen an Husserl, 3. IV. 1929 (Abschrift): **IX**, 310–313
Heuser (Deutsches Haus New York) an Husserl, 4. IV. 1929: **VIII**, 31
Grimme an Husserl, 5. IV. 1929: **III**, 86
Bender (Oberbürgermeister der Stadt Freiburg) an Husserl, 8. IV. 1929 (Entwurf): **VIII**, 143
Berger (Société d'Études Philosophiques Marseille) an Husserl, 13. IV. 1929: **VIII**, 78–79
Roenau an Husserl, 22. IV. 1929: **VII**, 241
Hering an Husserl, 27. IV. 1929: **III**, 117
Liebert (Kant-Gesellschaft) an Husserl, 29. IV. 1929: **VIII**, 52–53
Geiger an Husserl, 5. V. 1929: **II**, 114
Liebert (Kant-Gesellschaft) an Husserl, 29. V. 1929: **VIII**, 53
Misch an Husserl, 9. VIII. 1929: **VI**, 278–281
Stein an Husserl, 10. IX. 1929: **III**, 547
Ingarden an Husserl, 15. XI. 1929: **III**, 249–253
Mahnke an Husserl, 20. XI. 1929 (nicht abgesandter Entwurf): **III**, 517–519
Gibson an Husserl, 4. XII. 1929 (Entwurf): **VI**, 138
Ingarden an Husserl, 18. XII. 1929: **III**, 256–261

1930

Hering an Husserl, nach 1930?: **III**, 118

Škrach an Husserl, 31. I. 1930: **I**, 117
Beil (Gesellschaft für geistigen Aufbau Karlsruhe) an Husserl, 17. II. 1930: **VIII**, 45
Winkler an Husserl, 21. II. 1930: **VII**, 300–301
Masaryk an Husserl, 10. III. 1930: **I**, 118
Ingarden an Husserl, 24. III. 1930: **III**, 263–266
Pannwitz an Husserl, 13. V. 1930: **VII**, 215
Perry an Husserl, 24. VI. 1930: **VI**, 323
Meyerson an Husserl, 30. VI. 1930: **VI**, 265
Meyerson an Husserl, 16. VII. 1930: **VI**, 266–267
Von den Driesch (Preußisches Unterrichtsministerium) an Husserl, 28. X. 1930: **VIII**, 115
Ziegenfuss (Universität Berlin) an Husserl, 21. XI. 1930: **VIII**, 147
Utitz an Husserl, 22. XI. 1930: **I**, 187
Reiner an Husserl, 26. XI. 1930 (Entwurf): **IV**, 455
Harms an Husserl, 4. XII. 1930: **VII**, 107

1931
Harms an Husserl, Januar 1931: **VII**, 108–111
Pfänder an Husserl, 2. I. 1931: **II**, 178–179
Landgrebe an Husserl, 17. II. 1931 (Entwurf): **IV**, 253
Schmied-Kowarzik an Husserl, 25. II. 1931: **I**, 153
Landgrebe an Husserl, 11. III. 1931 (Entwurf): **IV**, 254–256
Landgrebe an Husserl, 17. III. 1931 (Entwurf): **IV**, 257–258
Edwards an Husserl, 25. III. 1931: **VII**, 63
Pfänder an Husserl, 7. IV. 1931: **II**, 185
Edwards an Husserl, 10. IV. 1931: **VII**, 63–65
Edwards an Husserl, 17. IV. 1931: **VII**, 65–66
Landgrebe an Husserl, 7. V. 1931 (Entwurf): **IV**, 260–262
Kelsen an Husserl, 18. V. 1931: **VI**, 211
Reiner an Husserl, 25. V. 1931: **IV**, 455–457
Tschizewskij an Husserl, 25. V. 1931: **IV**, 523–524
Hocking an Husserl, 27. V. 1931: **III**, 170–171
Reiner an M. Husserl, erste Junihälfte 1931 (Entwurf): **IV**, 458
Landgrebe an Husserl, 26. VI. 1931 (Entwurf): **IV**, 263–264
Dingler an Husserl, 3. VII. 1931 (Entwurf): **III**, 75–76
Meyerson an Husserl, 4. VII. 1931: **VI**, 267–268
Reiner an Husserl, 19. VII. 1931 (Entwurf): **IV**, 458
Landgrebe an Husserl, ca. 20. VII. 1931 (Entwurf): **IV**, 265–266
Landgrebe an Husserl, 3. VIII. 1931 (Entwurf): **IV**, 267–268
Leist (Preußisches Unterrichtsministerium) an Husserl, 8. VIII. 1931: **VIII**, 116
Reiner an Husserl, 12. IX. 1931 (Entwurf): **IV**, 459

Landgrebe an Husserl, 6. X. 1931 (Entwurf): **IV**, 271–272
Landgrebe an Husserl, ca. 10. X. 1931 (Entwurf): **IV**, 273
Felix Kaufmann an Husserl, 25. X. 1931 (Durchschlag): **IV**, 182–184
Horkheimer an Husserl, 28. X. 1931: **VI**, 191
Landgrebe an Husserl, 28. X. 1931 (Entwurf): **IV**, 273–274
Felix Kaufmann an Husserl, 7. XI. 1931 (Durchschlag): **IV**, 185–186
Reiner an Husserl, 10. XI. 1931 (Entwurf): **IV**, 459–460
Landgrebe an Husserl, 23. XI. 1931 (Entwurf): **IV**, 276–277
Felix Kaufmann an Husserl, 14. XII. 1931 (Durchschlag): **IV**, 186–187
Landgrebe an Husserl, 28. XII. 1931 (Entwurf): **IV**, 277

1932
Landgrebe an Husserl, 5. II. 1932 (Entwurf): **IV**, 278
Mahnke an Husserl, 3. III. 1932 (Durchschlag): **III**, 480–484
Landgrebe an Husserl, 17. III. 1932 (Entwurf): **IV**, 280
Landgrebe an Husserl, 26. III. 1932 (Durchschlag): **IV**, 280–282
Landgrebe an Husserl, 6. IV. 1932 (Entwurf): **IV**, 282–283
Walther an Husserl, 25. IV. 1932 (Abschrift): **II**, 266–267
Schütz an Husserl, 26. IV. 1932 (Durchschlag): **IV**, 481–483
Kraft an Husserl, 28. IV. 1932: **VI**, 233
Landgrebe an Husserl, 28. IV. 1932 (Durchschlag): **IV**, 283–286
Baba an Husserl, 4. V. 1932: **IV**, 9
Edwards an Husserl, 12. V. 1932: **VII**, 66–67
Landgrebe an Husserl, 25. V. 1932 (Durchschlag): **IV**, 287–288
Landgrebe an Husserl, 31. V. 1932 (Durchschlag): **IV**, 289–291
Landgrebe an Husserl, 13. VI. 1932 (Durchschlag): **IV**, 292–293
Lyon-Caen (Académie des Sciences Morales et Politiques) an Husserl, 16. VII. 1932: **VIII**, 3
Reiner an Husserl, 18. VII. 1932 (Entwurf): **IV**, 460
Åkesson an Husserl, 9. VIII. 1932 (Durchschlag): **VII**, 4
Lyon-Caen (Académie des Sciences Morales et Politiques) an Husserl, 1. IX. 1932: **VIII**, 4
Landgrebe an Husserl, 8. X. 1932 (Durchschlag): **IV**, 295
Utitz an Husserl, 6. XI. 1932 (Abschrift): **I**, 188–189
Landgrebe an Husserl, 11. XI. 1932 (Durchschlag): **IV**, 297–299
Felix Kaufmann an Husserl, 27. XI. 1932 (Durchschlag): **IV**, 188–189
Felix Kaufmann an Husserl, 19. XII. 1932 (Durchschlag): **IV**, 190
Edwards an Husserl, 20. XII. 1932: **VII**, 67–70
Landgrebe an Husserl, 29. XII. 1932 (Durchschlag): **IV**, 299–301
Geiger an Husserl, 31. XII. 1932: **II**, 115–116

1933
Grimme an Husserl, 23. I. 1933 (Abschrift): **III**, 95–96

Landgrebe an Husserl, 31. I. 1933 (Entwurf): **IV**, 302–304
Felix Kaufmann an Husserl, 1. II. 1933 (Durchschlag): **IV**, 191
Landgrebe an Husserl, 10. II. 1933 (Entwurf): **IV**, 306–307
Reiner an Husserl, 2. III. 1933 (Entwurf): **IV**, 461
Mahnke an Husserl, 15. III. 1933 (Durchschlag): **III**, 487–491
Landgrebe an Husserl, 25. III. 1933 (Entwurf): **IV**, 308–310
Edwards an Husserl, 3. IV. 1933: **VII**, 70–72
Rektor Sauer (Universität Freiburg) an Husserl, 3. IV. 1933: **VIII**, 197
Landgrebe an Husserl, 6. IV. 1933 (Entwurf): **IV**, 311–312
E. Heidegger an M. Husserl, 29. IV. 1933 (Abschrift): **IV**, 160–161
Reiner an Husserl, 2. V. 1933 (Entwurf): **IV**, 461–462
Edwards an Husserl, 8. V. 1933: **VII**, 72–73
Welch an Husserl, 9. V. 1933: **VI**, 455–456
Landgrebe an Husserl, 12. VII. 1933 (nicht abgesandter Entwurf): **IV**, 378–383
Welch an Husserl, 20. VII. 1933: **VI**, 463
Felix Kaufmann an Husserl, 4. VIII. 1933 (Durchschlag): **IV**, 192–194
Madelin (Comité Gabriel Hanotaux) an Husserl, ca. 23. VIII. 1933: **VIII**, 23
Landgrebe an Husserl, 26. VIII. 1933 (Entwurf): **IV**, 315–316
Mahnke an Husserl, 4. IX. 1933 (Durchschlag): **III**, 504–511
Geiger an Husserl, 6. X. 1933: **II**, 117
Flewelling (University of Southern California Los Angeles) an Husserl, ca. Anfang November 1933 (Abschrift): **VIII**, 231
Edwards an M. Husserl, Anfang November 1933 (Abschrift): **VII**, 73
Landgrebe an Husserl, 5. XI. 1933 (Entwurf): **IV**, 317–318
Grimme an Husserl, 26. XI. 1933 (Durchschlag): **III**, 98–101
Cairns an Husserl, 28. XI. 1933: **IV**, 34–37

1934
Mahnke an Husserl, 7. I. 1934 (Durchschlag): **III**, 513–514
Landgrebe an Husserl, 8. I. 1934 (Durchschlag): **IV**, 320–323
Flewelling (University of Southern California Los Angeles) an Husserl, 13. I. 1934 (Abschrift): **VIII**, 232
Landgrebe an Husserl, Mitte Januar 1934 (Entwurf): **IV**, 324–325
Cairns an Husserl, 17. I. 1934: **IV**, 40–41
Hicks an Husserl, 31. I. 1934: **VI**, 182–183
Stout an Husserl, 10. II. 1934 (Abschrift): **VI**, 442–443
Grimme an Husserl, 6. IV. 1934 (Entwurf): **III**, 102–103
Landgrebe an Husserl, 6. IV. 1934 (Durchschlag): **IV**, 325–327
Panzer (Heidelberger Akademie der Wissenschaften) an Husserl, 7. IV. 1934 (Durchschlag): **VIII**, 19–20
Reiner an Husserl, 7. IV. 1934 (Entwurf): **IV**, 462
Edwards an M. Husserl, 16. IV. 1934: **VII**, 73–74

Reiner an Husserl, 12. V. 1934 (Entwurf): **IV**, 463
Felix Kaufmann an Husserl, 20. VII. 1934 (Durchschlag): **IV**, 202–203
Felix Kaufmann an Husserl, 9. X. 1934 (Durchschlag): **IV**, 203–204
Edwards an M. Husserl, 10. X. 1934: **VII**, 74–75
Bohacek an Husserl, 22. XII. 1934: **VII**, 224

1935
Felix Kaufmann an Husserl, 8. I. 1935 (Durchschlag): **IV**, 205–206
Bohacek an Husserl, 5. II. 1935: **VII**, 224
Reiner an Husserl, 2. IV. 1935 (Entwurf): **IV**, 464
Felix Kaufmann an Husserl, 5. IV. 1935 (Durchschlag): **IV**, 207
Felix Kaufmann an Husserl, 8. V. 1935 (Abschrift): **IV**, 208
Felix Kaufmann an Husserl, 28. V. 1935 (Durchschlag): **IV**, 209
Landgrebe an Husserl, Anfang Juni 1935 (Entwurf): **IV**, 332–333
Cairns an Husserl, 3. VI. 1935 (Durchschlag): **IV**, 46–49
Landgrebe an Husserl, 4. VII. 1935 (Durchschlag): **IV**, 334–335
Felix Kaufmann an Husserl, 25. VII. 1935 (Durchschlag): **IV**, 212–215
Landgrebe an Husserl, 30. VII. 1935 (Entwurf): **IV**, 336–337
Bohacek an Husserl, 29. VIII. 1935: **VII**, 225
Lassner an Husserl, 27. IX. 1935: **IV**, 391
Felix Kaufmann an M. Husserl, 22. X. 1935 (Durchschlag): **IV**, 216–217
Landgrebe an M. Husserl, 26. X. 1935 (Entwurf): **IV**, 340–341
Felix Kaufmann an Husserl, 18. XI. 1935 (Durchschlag): **IV**, 217
Felix Kaufmann an Husserl, 9. XII. 1935 (Durchschlag): **IV**, 219–220
Bohacek an Husserl, 21. XII. 1935: **VII**, 225
Landgrebe an Husserl, Ende Dezember 1935 (Entwurf): **IV**, 344

1936
Cairns an Husserl, Anfang Februar 1936 (Abschrift): **IV**, 54
Landgrebe an Husserl, ca. 25. II. 1936 (Entwurf): **IV**, 347
Landgrebe an Husserl, Anfang März 1936 (Entwurf): **IV**, 349
Landgrebe an Husserl, 8. III. 1936 (Entwurf): **IV**, 349–351
Reiner an Husserl, ca. 10. III. 1936 (Entwurf): **IV**, 464
Der Präsident der Académie des Sciences Morales et Politiques an Husserl, 31. III. 1936: **VIII**, 5
Felix Kaufmann an Husserl, 29. IV. 1936 (Durchschlag): **IV**, 222–224
Kenyon (The British Academy) an Husserl, 22. V. 1936: **VIII**, 9
Landgrebe an Husserl, 26. V. 1936 (Entwurf): **IV**, 353–354
Kenyon (The British Academy) an Husserl, 15. VII. 1936: **VIII**, 9
Felix Kaufmann an Husserl, 21. VII. 1936 (Durchschlag): **IV**, 228–229
Landgrebe an M. Husserl, 25. VIII. 1936 (Entwurf): **IV**, 356–357
Felix Kaufmann an M. Husserl, 6. X. 1936 (Durchschlag): **IV**, 233–234
Pichl an Husserl, 12. X. 1936: **VII**, 231–232

Felix Kaufmann an M. Husserl, 13. X. 1936 (Durchschlag): **IV**, 234–235
Cairns an Husserl, 27. X. 1936 (Abschrift): **IV**, 59
Pichl an Husserl, 10. XI. 1936: **VII**, 232–234
Osborn an M. Husserl, 15. XII. 1936: **VI**, 315
Landgrebe an Husserl, 18. XII. 1936 (Entwurf): **IV**, 361–362
Felix Kaufmann an Husserl, 22. XII. 1936 (Durchschlag): **IV**, 238–239

1937
Landgrebe an Husserl, 19. I. 1937 (Entwurf): **IV**, 364
Felix Kaufmann an Husserl, 2. III. 1937 (Durchschlag): **IV**, 239–240
Felix Kaufmann an Husserl, 17. III. 1937 (Durchschlag): **IV**, 240
Farber an Husserl, 26. III. 1937 (Entwurf): **IV**, 77–81
Fink an Husserl, 27. III. 1937: **IV**, 95
Felix Kaufmann an Husserl, Anfang April 1937: **IV**, 240
Grimme an Husserl, 6. IV. 1937 (Durchschlag): **III**, 106–108
Landgrebe an Husserl, 6. IV. 1937 (Entwurf): **IV**, 369–371
Broad an Husserl, 20. IV. 1937: **VI**, 15
Felix Kaufmann an M. Husserl, 1. IX. 1937 (Durchschlag): **IV**, 242
Hering an M. Husserl, 24. X. 1937: **III**, 120–121
Grimme an Husserl, 19. XII. 1937 (Durchschlag): **III**, 108–110

1938
Albrecht an Husserl, 5. IV. 1938: **IX**, 130–132
Grimme an Husserl, 6. IV. 1938: **III**, 111–113
Ingarden an Husserl, 7. IV. 1938: **III**, 313–315
Szilasi an M. Husserl, 7. IV. 1938: **IV**, 506

VERÖFFENTLICHUNGEN HUSSERLS

Über den Begriff der Zahl, Halle a.d.S. 1887: **I**, 69, 157–158; **II**, 26; **IV**, 47, 82; **VII**, 35, 185; **VIII**, 221–222

„Der Folgerungscalcul und die Inhaltslogik", *Vierteljahrsschrift für wissenschaftliche Philosophie* 15 (1891), S. 168–189: **I**, 6, 123–124, 126–127; **IV**, 78; **V**, 193; **VI**, 107, 299; **VII**, 265–266; **VIII**, 287–288

„Der Folgerungscalcul und die Inhaltslogik. Nachträge zur gleichnamigen Abhandlung", *Vierteljahrsschrift für wissenschaftliche Philosophie* 15 (1891), S. 351–356: **I**, 128

Philosophie der Arithmetik. Psychologische und logische Untersuchungen. Erster Band, Halle a.d.S. 1891: **I**, 6, 19, 63, 128–129, 157, 164; **II**, 26, 92; **IV**, 46–47, 77–78, 82, 85, 515–516; **V**, 80, 171, 193; **VI**, 27–28, 107–108, 110, 397; **VII**, 37, 155

„E. Schröder, *Vorlesungen über die Algebra der Logik*", *Göttingische gelehrte Anzeigen* 1891, S. 243–278: **I**, 123–124; **IV**, 78; **V**, 40, 193; **VI**, 32, 107, 111, 299

„A. Voigt's ‚elementare Logik' und meine Darlegungen zur Logik des logischen Calcul", *Vierteljahrsschrift für wissenschaftliche Philosophie* 17 (1893), S. 111–120: **I**, 63; **IV**, 78

„Antwort auf die vorstehende ‚Erwiderung' des Herrn Voigt", *Vierteljahrsschrift für wissenschaftliche Philosophie* 17 (1893), S. 508–511: **I**, 63; **IV**, 78; **VIII**, 288

„Psychologische Studien zur elementaren Logik", *Philosophische Monatshefte* 30 (1894), S. 159–191: **I**, 133; **II**, 26; **IV**, 78; **V**, 39

„Bericht über deutsche Schriften zur Logik aus dem Jahre 1894", *Archiv für systematische Philosophie* 3 (1897), S. 216–244: **V**, 39–40, 43–44, 49; **IX**, 136

Logische Untersuchungen:[1] **I**, 18, 25–30, 39, 54, 65, 70–72, 74–75, 89, 107, 135–143, 145–146, 148, 169–171; **II**, 25–27, 29, 41–42, 54–55, 60, 62, 65, 67–68, 70, 83–84, 89–90, 93, 100–101, 108, 121, 131–134, 136–137, 145, 206, 212–213, 251, 253, 276–277; **III**, 14, 28, 51, 53, 130–132, 136, 139–140, 144–145,

---

[1] Da die Bezugnahmen auf die *Logischen Untersuchungen* sich nicht immer eindeutig auf die zwei Bände der Erstauflage (1900/1901) bzw. auf den ersten Band sowie die beiden Teile des zweiten Bands der zweiten (1913/1921) und der folgenden Auflagen (1922 und 1928) beziehen lassen, sind unter dem Titel „Logische Untersuchungen" alle Erwähnungen des Werks unterschiedslos zusammengefaßt.

147–149, 157–160, 169, 182, 184–186, 189, 202, 205, 209, 226, 240, 242, 246–247, 263–264, 269, 286, 298, 301, 340, 374, 405, 417, 425, 459–460, 472–473, 527–532, 537; **IV**, 3, 22, 46–47, 58, 74–80, 84–85, 104, 134, 156, 174–175, 182, 301, 361, 406, 410, 412–413, 444, 481, 509; **V**, 5–6, 14–16, 31–33, 43–44, 49, 51, 55–56, 64, 71–77, 79, 83–86, 88–89, 92, 98, 103, 106–107, 109, 120, 174–175, 198, 205, 207, 209, 212, 225–226; **VI**, 29, 31–32, 34, 39–40, 58, 81, 97, 125–126, 148–150, 200, 205, 215, 255, 257, 271, 275, 280, 282, 291, 295, 311, 319, 327–328, 333–342, 344, 350, 357–358, 367, 380, 387, 397–398, 418, 420, 433, 451, 456, 458, 460; **VII**, 3–4, 25, 41, 47, 59–60, 88, 97, 109, 155–156, 177, 290–292; **VIII**, 52, 100, 253, 256, 261, 265; **IX**, 5, 13, 15–23, 25, 32, 41, 55, 111, 136, 165, 297

„Melchior Palágyi, *Der Streit der Psychologisten und der Formalisten in der Logik*", *Zeitschrift für Psychologie und Physiologie der Sinnesorgane* 31 (1903), S. 287–294: **IV**, 78; **V**, 197; **VI**, 447

„Bericht über deutsche Schriften zur Logik in den Jahren 1895–99", *Archiv für systematische Philosophie* 9 (1903), S. 113–132, 237–259, 393–408, 523–543 und 10 (1904), S. 101–125: **I**, 86–88, 91; **II**, 3, 29–30, 36, 121, 131; **III**, 62, 141, 155; **V**, 15–16, 69, 71, 77–78, 103, 197, 203; **VI**, 33, 113, 115, 171, 342, 380; **IX**, 30

[Bemerkungen zu den Artikeln] „Faculté", „Fait", „Fantaisie", *Bulletin de la Société française de philosophie* 6 (1906), S. 293, 296 und 299: **VIII**, 73

„A. Marty, *Untersuchungen zur Grundlegung der allgemeinen Grammatik und Sprachphilosophie*, I. Band", *Deutsche Literaturzeitung* 31 (1910), Sp. 1106–1110: **I**, 94

„Philosophie als strenge Wissenschaft", *Logos* 1 (1911), S. 289–341: **I**, 96; **II**, 140–141; **III**, 67, 106, 160, 326, 420; **IV**, 80, 83, 134; **V**, 17–19, 32–33, 170–171, 173; **VI**, 43–48, 199, 206, 276–277, 327, 407, 416; **VII**, 4, 176, 181, 276; **IX**, 165, 288

Ideen zu einer reinen Phänomenologie und phänomenologischen Philosophie I (1913):[2] **II**, 10, 19, 65–66, 70, 72, 144, 149, 217, 251, 260, 266; **III**, 33–34, 46, 69–71, 160, 182, 184–187, 190–191, 202, 215, 230, 247, 257, 259, 263–264, 275, 285–286, 405, 412, 450, 459–460, 462, 466, 473–474, 533–535; **IV**, 23, 46–47, 66–67, 90, 105, 133, 156, 174, 185, 283–285, 401, 406, 410, 412–413, 457, 481, 519; **V**, 5, 7, 20, 118, 120, 139, 173, 218; **VI**, 11, 40, 97–98, 132, 135–136, 139, 143, 181, 191, 275–278, 282, 311, 372, 392, 409, 418, 429, 456, 458, 467, 471; **VII**, 3–4, 47, 71, 88, 109, 175–178, 181, 197, 216, 290, 300; **VIII**, 78, 255, 265; **IX**, 80, 140, 155, 165

---

[2] Auch alle Bezugnahmen auf die späteren Auflagen des Werks (1922 und 1928) sind unter der Erstauflage verzeichnet.

[Brief in] Hugo Münsterberg, *The Peace and America*, New York - London 1915, S. 222–224: **VI**, 303

„Vorwort", *Jahrbuch für Philosophie und phänomenologische Forschung* II (1916), S. V–VI: **VIII**, 255

[Empfehlung des Buches *Der Wille zur Ewigkeit* von Dietrich Mahnke], 1917: **III**, 414

„Adolf Reinach †", *Frankfurter Zeitung und Handelsblatt*, Nr. 337 vom 6. Dezember 1917, S. 1: **III**, 327

„Adolf Reinach. Ein Nachruf", *Kant-Studien* 23 (1918), S. 147–149: **VIII**, 51

„Erinnerungen an Franz Brentano", in Oskar Kraus, *Franz Brentano. Zur Kenntnis seines Lebens und seiner Lehre*, München 1919, S. 151–167: **II**, 108, 158

„Die Idee einer philosophischen Kultur. Ihr erstes Aufkeimen in der griechischen Philosophie", *Japanisch-deutsche Zeitschrift für Wissenschaft und Technik* 1 (1923), S. 45–51: **II**, 174, 243; **III**, 53, 444, 446

Kaizo-Artikel über „Erneuerung" (1923/1924):[3] **II**, 7; **III**, 44–45, 217, 439, 446; **IV**, 512–513; **VII**, 253; **VIII**, 273

„Über die Reden Gotamo Buddhos", *Der Piperbote* 2/1 (1925), S. 18–19: **VII**, 305

„Die Phänomenologie und Rudolf Eucken", *Die Tatwelt* 3 (1927), S. 10–11: **III**, 340; **VI**, 92–93

Vorlesungen zur Phänomenologie des inneren Zeitbewußtseins, Halle a.d. Saale 1928: **II**, 182; **III**, 241, 243; **IV**, 75, 83, 156–158, 183, 287, 481; **V**, 186; **IX**, 356

„Phenomenology", *Encyclopaedia Britannica*, 14th edition, vol. 17, London 1929, S. 699–702: **IV**, 80, 152; **VIII**, 147

Formale und transzendentale Logik. Versuch einer Kritik der logischen Vernunft, Halle (Saale) 1929: **II**, 12, 113, 116, 183–184, 251, 253; **III**, 242, 245, 247, 249–250, 253–259, 261, 264–265, 268, 271, 274–275, 285, 287, 301, 347, 386, 474, 485, 499, 547; **IV**, 3, 23–24, 26, 39, 47–48, 51, 57, 59–60, 62, 74, 78, 85, 89, 104–106, 179–180, 182, 189–190, 201, 319, 361, 366–371, 373, 481, 484–485, 488, 538, 568; **V**, 186; **VI**, 132, 134–135, 155, 179, 181, 191, 238, 275, 279, 282, 311–312, 372–373, 429, 438, 458, 460, 462–463; **VII**, 63–65, 109, 216, 300; **VIII**, 70, 246, 261; **IX**, 80, 140, 142, 178–180, 183, 250, 253, 259, 314–316, 363, 365, 367–368

---

[3] Unter diesem Titel werden alle Bezugnahmen auf die drei veröffentlichten und die zwei unveröffentlicht gebliebenen Kaizo-Artikel zusammengefaßt.

Investigaciones Lógicas. Traducción del alemán por Manuel G. Morente y José Gaos, Madrid 1929: **III**, 263, 298, 301; **VII**, 223; **VIII**, 261; **IX**, 111

„Nachwort zu meinen ‚Ideen zu einer reinen Phänomenologie und phänomenologischen Philosophie'", *Jahrbuch für Philosophie und phänomenologische Forschung* XI (1930), S. 549–570: **I**, 153, 187; **II**, 116, 178; **III**, 285, 499; **IV**, 25, 83, 287; **VI**, 140–141, 429, 458, 462; **VII**, 31; **IX**, 380

Méditations Cartésiennes. Introduction à la phénomenologie, Paris 1931: **II**, 113, 116, 177; **III**, 75, 170, 252–253, 262, 267, 269, 274–275, 277–278, 280, 285–289, 358–360, 480–485, 488–489, 496, 498–499, 505, 508, 514; **IV**, 23–24, 26, 30, 78, 85, 104–105, 180, 189–190, 202, 257, 263, 306, 482–487, 555; **V**, 188; **VI**, 133–135, 140, 142, 179, 182, 211, 238, 243, 245–246, 275, 372, 374–375, 429, 438, 458, 462–463; **VII**, 64–65, 217; **IX**, 99, 111, 140, 178, 180, 250, 314–316, 369, 380–381, 410, 412, 418, 522

Ideas: General Introduction to Phenomenology. Translated by W. R. Boyce Gibson, London 1931: **III**, 263, 274–275, 278; **IV**, 36, 48; **VI**, 133–143, 458; **VII**, 66–67

„Author's Preface to the English Edition", in *Ideas: General Introduction to Phenomenology*, London 1931, S. 11–30: **III**, 263; **IV**, 80; **VI**, 133, 135–138, 140, 429, 458; **IX**, 370

Vorwort zu Eugen Fink, „Die phänomenologische Philosophie Edmund Husserls in der gegenwärtigen Kritik", *Kant-Studien* 38 (1933), S. 319–320: **IV**, 94, 316; **VI**, 464; **IX**, 421

„An den Präsidenten des VIII. Internationalen Philosophen-Kongresses, Herrn Professor Dr. Rádl in Prag", *Actes du Huitième Congrès International de Philosophie à Prague 2–7 Septembre 1934*, Prague 1936, S. XLI–XLV: **III**, 296–297; **IV**, 328–329, 425–428, 431; **VI**, 238–239; **VII**, 223; **VIII**, 91–95; **IX**, 104, 107, 110, 117, 442, 445–446

„Die Krisis der europäischen Wissenschaften und die transzendentale Phänomenologie", *Philosophia* I (1936), S. 77–176:[4] **III**, 109, 305–306, 308–309, 311–312, 349; **IV**, 52–60, 72, 74, 76–77, 81, 85, 95, 112, 169, 220–221, 225–226, 228, 230–231, 233, 235, 237–241, 345–349, 352, 354, 358–361, 363, 365, 368–369, 372–373, 375, 392, 397–398, 431, 433–434, 492–494, 567; **V**, 8; **VI**, 4, 15, 144, 241–242, 284, 379; **VII**, 26, 31–32, 143, 225–227, 232; **VIII**, 57, 277–279, 283; **IX**, 125–128, 249, 253, 257, 259, 262, 468, 470, 478, 488

---

[4] Unter diesem Titel werden auch alle Bezugnahmen auf zum Teil ausgearbeitete, zum Teil nur geplante spätere Teile dieser Schrift zusammengefaßt.

WERKENTWÜRFE UND VORTRÄGE HUSSERLS

Beiträge zur Theorie der Variationsrechnung (1882): **III**, 499–500; **VIII**, 222

Philosophie der Arithmetik, Bd. II (1891ff.): **I**, 63, 130, 134, 162

Hypothetisches und kausales Urteil (1893): **I**, 144

Intentionale Gegenstände (1894): **I**, 144, 199; **II**, 42

Rezension von Twardowski, *Zur Lehre vom Inhalt und Gegenstand der Vorstellungen* (Dezember 1896): **I**, 183; **III**, 243; **V**, 40–48

Rezension von Cornelius, *Versuch einer Theorie der Existentialurteile* (Dezember 1896): **V**, 40

Manuskripte zur Zweiten Reihe der *Logischen Untersuchungen* (1898): **I**, 141, 144–145

Über definitive Mannigfaltigkeit (Vortrag in der Mathematischen Gesellschaft Göttingen) (Dezember 1901): **V**, 194; **VII**, 287; **IX**, 27

Ideen II und III (1912ff.): **II**, 67–68, 180; **III**, 73, 79, 84, 237, 406, 412, 422, 445, 460; **IV**, 133, 410; **VI**, 181, 205, 278, 418; **IX**, 55, 157

Vorrede zu den *Logischen Untersuchungen* (1913): **III**, 530

Die reine Phänomenologie, ihr Forschungsgebiet und ihre Methode (Freiburger Antrittsrede) (1917): **II**, 203; **III**, 80–81; **VI**, 72

Phänomenologie und Psychologie; Phänomenologie und Erkenntnistheorie (Beiheft zu den Kant-Studien) (1917/1918): **III**, 79, 84, 414, 544; **IV**, 21, 133; **V**, 184; **VI**, 60, 428; **VIII**, 50; **IX**, 55

Fichtes Menschheitsideal (Vorträge für Kriegsteilnehmer) (1917 und 1918): **III**, 429; **VIII**, 123

Zeit und Individuation (1918): **II**, 180; **III**, 179, 182, 273; **IV**, 130; **VI**, 392; **VII**, 288

Phänomenologische Methode und phänomenologische Philosophie (Londoner Vorträge)[1] (1922): **I**, 111, 115; **II**, 110, 172–173; **III**, 30–32, 34–36, 38–41, 43, 45, 47–49, 52, 85, 215–216, 218, 246, 357, 436, 439–440; **IV**, 173–174, 200, 443; **V**, 152, 160; **VI**, 132, 179; **VII**, 64, 295; **VIII**, 27, 35, 181; **IX**, 165, 361

Kant und die Idee der Transzendental-Philosophie (Mai 1924): **III**, 220, 443

Studien zur Struktur des Bewußtseins (1927f.): **IV**, 145–146; **VIII**, 70; **IX**, 306

---

[1] Einschließlich des „Syllabus" der Londoner Vorträge.

Encyclopaedia Britannica-Artikel (1927f.): **II**, 182; **III**, 236–237; **IV**, 144–147, 149, 154; **IX**, 306

Phänomenologie und Psychologie; Transzendentale Phänomenologie (Amsterdamer Vorträge) (April 1928): **III**, 239, 241, 245, 255, 466; **IV**, 153–156, 442–445; **VI**, 132; **VIII**, 114; **IX**, 70, 72, 176, 307–308, 392

Logische Studien (1928ff.):[2] **III**, 254–256, 258, 261–262, 265, 268–269, 305, 308, 475; **IV**, 3, 53, 59, 189–191, 193, 205, 239, 338, 344–345, 349, 354, 356, 359–360, 362–364, 366–371, 373, 376, 432, 486, 494; **VIII**, 70; **IX**, 124, 257, 356, 483

Pariser Vorträge[3] (Februar 1929): **II**, 183; **III**, 241, 243, 245–246, 248; **IV**, 23, 51, 179; **VI**, 132–133, 155, 179, 265, 275, 372; **VIII**, 78–79; **IX**, 72–73, 140, 178–179, 314–316, 355, 360, 369, 380

Cartesianische Meditationen (1929ff.): **II**, 288; **III**, 90, 248, 253–255, 258, 262, 265–266, 269, 273–278, 283, 285, 288–289, 291–292, 298, 360, 478, 480, 483–484, 488–489, 508, 511–512, 514; **IV**, 23, 39, 48, 50, 57, 74, 109–110, 181, 183, 185, 201, 242, 257, 263, 265, 335, 485; **VI**, 133, 142, 180, 275, 372, 455; **VII**, 65, 217, 223; **VIII**, 261; **IX**, 80, 99, 111, 254

Zeit und Zeitigung (1929ff.): **III**, 90, 283, 291, 298, 303, 308, 360, 512, 514–515; **IV**, 33, 39, 43, 53, 83, 93–94, 197–198, 212, 220, 228, 231, 239, 257, 297, 319; **VI**, 142; **VII**, 65, 222, 284; **VIII**, 87; **IX**, 98–99, 105

Über Ursprung (Januar 1930): **IV**, 101, 166; **VI**, 138

Phänomenologie und Anthropologie (Vortrag in der Kant-Gesellschaft) (Juni 1931): **I**, 188; **III**, 91–92, 273, 275–277, 359, 478; **IV**, 26–27, 181–182, 259–260, 262–264, 457; **VI**, 142, 233; **VII**, 143; **IX**, 80, 392–393, 395–396, 520

Über die gegenwärtige Aufgabe der Philosophie (Prager Abhandlung) (August 1934): **III**, 296–297, 300; **IV**, 328–329, 425–427, 430; **VI**, 237–239; **VIII**, 95; **IX**, 117, 444–445

Die Philosophie in der Krisis der europäischen Menschheit (Wiener Vortrag) (Mai 1935): **III**, 299–300; **IV**, 45, 49–51, 111, 167, 206, 210, 328, 330–331, 430, 491; **VII**, 231; **VIII**, 83, 198; **IX**, 115–120, 242–243, 454, 457

Prager Vorträge (November 1935): **III**, 299, 302, 304–305, 308; **IV**, 52–53, 74, 111, 206, 216–217, 220–221, 226, 327–330, 333, 339–343, 346–347, 391–392, 429–431, 491–492, 565; **VIII**, 58, 157; **IX**, 115–117, 121–123, 125, 192, 241, 245, 249, 253, 449, 454, 458, 460, 462–463, 466

Methode unserer Geschichtsbetrachtung (August 1936): **IV**, 363

---

[2] In Letztfassung unter dem Titel *Erfahrung und Urteil* 1939 in Prag erschienen.
[3] Einschließlich des „Sommaire" der Pariser Vorträge.

VORLESUNGEN UND ÜBUNGEN HUSSERLS[1]

WS 1889/90
Ethik: **I**, 163
Ausgewählte Fragen aus der Philosophie der Mathematik: **I**, 163

SS 1890
Logik: **I**, 163

WS 1891/92
Psychologie: **I**, 7; **II**, 26
Philosophische Übungen im Anschluß an Lockes *Versuch über den menschlichen Verstand:* **I**, 7

WS 1892/93
Über die Freiheit des Willens: **I**, 10
Die Beweise für das Dasein Gottes: **I**, 10
Philosophische Übungen im Anschluß an Schopenhauers *Welt als Wille und Vorstellung:* **I**, 10

WS 1893/94
Der Theismus und die moderne Wissenschaft: **I**, 15

SS 1901
Geschichte der Philosophie: **IX**, 21

WS 1901/02
Logik und Erkenntnistheorie: **IV**, 313, 352
Erkenntnistheoretische Übungen im Anschluß an Berkeleys *Principles of Human Knowledge:* **IV**, 313

SS 1902
Grundfragen der Ethik: **I**, 145; **III**, 378; **IV**, 352

WS 1902/03
Logik: **III**, 135; **IV**, 313, 352; **V**, 90
Allgemeine Erkenntnistheorie: **III**, 68, 133, 135

SS 1904
Allgemeine Geschichte der Philosophie (für Anfänger): **IX**, 32
Hauptstücke der deskriptiven Psychologie der Erkenntnis (für Fortgeschrittene): **II**, 36
Philosophische Übungen im Anschluß an Lockes und Leibnizens Versuch über den menschlichen Verstand: **II**, 36

---

[1] Einschließlich ausgearbeiteter Vorlesungsmanuskripte.

WS 1904/05

Hauptstücke aus der Phänomenologie und Theorie der Erkenntnis in Vorlesungen und Übungen, nur für Fortgeschrittene: **I**, 25, 35; **II**, 41; **III**, 157, 392; **IV**, 82; **V**, 186; **VI**, 147

Philosophische Übungen im Anschluß an D. Humes *Traktat über die menschliche Natur:* **III**, 157

SS 1905

Urteilstheorie: **III**, 157; **VI**, 336

Geschichtsphilosophische Übungen (mit Anknüpfung an die neuere Literatur): **II**, 43; **III**, 157, 460; **VI**, 336

Philosophische Übungen zur Einführung in die Grundprobleme der Philosophie der Mathematik: **II**, 43; **III**, 157, 391; **VI**, 336

WS 1905/06

Kant und die nachkantische Philosophie: **II**, 44

Philosophische Übungen über Kants Theorie der Erfahrung, nach der *Kritik der reinen Vernunft* und den *Prolegomena:* **II**, 44–45

Philosophische Übungen nur für Fortgeschrittene (über Natorp): **II**, 44; **III**, 321; **IV**, 134; **V**, 113

SS 1906

Allgemeine Geschichte der Philosophie (für Anfänger): **II**, 87

Philosophische Übungen über Kants Prinzipienlehre nach der *Grundlegung zur Metaphysik der Sitten* und der *Kritik der praktischen Vernunft:* **II**, 87; **III**, 365, 368, 378, 391; **VIII**, 245

WS 1906/07

Einführung in die Logik und Erkenntniskritik: **II**, 49; **III**, 365, 378, 394

Philosophische Übungen über ausgewählte Probleme der Phänomenologie und Erkenntniskritik: **III**, 365, 378

SS 1907

Allgemeine Geschichte der Philosophie (für Anfänger): **II**, 50; **III**, 392

Hauptstücke aus der Phänomenologie und Kritik der Vernunft: **I**, 46; **II**, 50–51; **III**, 392; **VI**, 277; **VII**, 88

Philosophische Anfängerübungen im Anschluß an Berkeleys *Prinzipien der menschlichen Erkenntnis:* **III**, 392

WS 1908/09

Alte und neue Logik (für Anfänger): **V**, 109

Grundprobleme der Ethik: **IV**, 227; **V**, 109

WS 1910/11
Logik als Theorie der Erkenntnis: **V**, 207
Grundprobleme der Phänomenologie: **III**, 46, 224, 460; **V**, 207; **IX**, 285

SS 1911
Grundprobleme der Ethik und Wertlehre, für Fortgeschrittene: **IV**, 227
Philosophische Übungen mit einigem Anschluß an E. Machs *Analyse der Empfindungen:* **V**, 211–212

SS 1913
Natur und Geist: **III**, 527; **VIII**, 213
Übungen über die Ideen Naturwissenschaft und Geisteswissenschaft: **III**, 527

SS 1914
Grundfragen der Ethik und Wertlehre: **IV**, 227

WS 1914/15
Logik und Einleitung in die Wissenschaftslehre: **II**, 71
Übungen im Anschluß an D. Humes *Traktat über die menschliche Natur:* **II**, 71

SS 1915
Allgemeine Geschichte der Philosophie: **III**, 339
Übungen über J. G. Fichtes *Bestimmung des Menschen:* **III**, 339

SS 1916
Einleitung in die Philosophie: **III**, 406; **IV**, 130

SS 1917
Kants Transzendentalphilosophie: **VI**, 61

WS 1917/18
Logik und allgemeine Wissenschaftstheorie: **IV**, 128

SS 1918
Einleitung in die Philosophie: **IV**, 130; **VI**, 428

Kriegsnotsemester 1919
Geschichte der neueren Philosophie von Descartes bis Kant: **III**, 7

SS 1919
Natur und Geist: **II**, 257; **III**, 8, 14, 203
Grundprobleme der Ethik in philosophischen Übungen: **III**, 8, 14

WS 1919/20
Einleitung in die Philosophie: **III**, 203; **IX**, 59

SS 1920
Einleitung in die Ethik: **III**, 10, 203, 424; **V**, 182; **VII**, 279, 289

WS 1920/21
Logik: **II**, 165, 239; **III**, 14, 20, 206, 208–209, 453; **IV**, 362; **VII**, 279
Seminar für Fortgeschrittene: Phänomenologie der Abstraktion: **III**, 14, 206
Seminar für sehr Fortgeschrittene: Phänomenologie des Zeitbewußtseins: **III**, 14, 206

SS 1921
Geschichte der neueren Philosophie: **III**, 212

WS 1921/22
Natur und Geist: **III**, 26, 213; **VIII**, 175, 178
Phänomenologische Übungen für Vorgeschrittene: **III**, 213

WS 1922/23
Einleitung in die Philosophie: **III**, 42–44, 216, 218, 221, 223, 228, 440, 446; **IV**, 174
Phänomenologische Übungen über P. Natorp, *Allgemeine Psychologie:* **III**, 43–44

WS 1923/24
Erste Philosophie: **III**, 55, 58, 75, 221, 223, 446; **IV**, 60, 101, 109, 138; **IX**, 172

SS 1924
Grundprobleme der Ethik: **III**, 58

WS 1924/25
Übungen über Berkeleys Abhandlung über die Prinzipien der menschlichen Erkenntnis: **III**, 58

SS 1925
Einleitung in die phänomenologische Psychologie: **III**, 225–226, 450
Übungen in der Analyse und Deskription rein geistiger Akte und Gebilde (im Anschluß an die Vorlesungen über phänomenologische Psychologie): **III**, 226

WS 1925/26
Grundprobleme der Logik: **III**, 453

WS 1926/27
Einführung in die Phänomenologie: **IV**, 121, 141
Phänomenologische Übungen für Vorgeschrittene (über Humes *Treatise):* **IV**, 121

SS 1927
Natur und Geist: **IV**, 141; **V**, 186
Phänomenologische Übungen für Fortgeschrittene (über Kant): **IV**, 141

WS 1927/28
Geschichte der neueren Philosophie: **III**, 233; **IV**, 143; **IX**, 306

SS 1928
Einleitung in die phänomenologische Psychologie: **III**, 241; **IV**, 153; **VIII**, 135; **IX**, 307
Seminar: Phänomenologisch-psychologische Übungen: **IV**, 153; **VIII**, 135; **IX**, 307

WS 1928/29
Phänomenologie der Einfühlung in Vorlesungen und Übungen: **VI**, 371

SS 1929
Ausgewählte phänomenologische Probleme in Vorlesungen und Übungen: **IV**, 89

NAMENVERZEICHNIS

Aufgenommen sind alle in Text und Anmerkungen vorkommenden historischen und zeitgenössischen Namen bzw. Hinweise darauf außer in demjenigen Bandteil, in dem die betreffende Person in eigenem Namen als Briefpartner Husserls auftritt (vgl. dafür das „Verzeichnis der Briefpartner Husserls"). Verheiratete Frauen oder Männer, deren Vorname nicht ermittelt werden konnte, sind unter dem Namen ihres Mannes bzw. ihrer Frau verzeichnet. Familienangehörige der Briefpartner sind, selbst wenn namentlich genannt, nicht aufgenommen, sofern sie lediglich in der Grußformel des Briefs erwähnt werden. Auch Personennamen in bibliographischen Angaben wurden nicht aufgenommen. Dagegen werden Personen verzeichnet, auch wo sie nicht namentlich genannt sind, wenn auf sie indirekt mit Ausdrücken wie „mein Kind", „Ihre Frau", „sein Schwager" u.dgl. hingewiesen wird. Da in Band IX in den meisten Fällen nicht die Einzelperson, sondern ihre Familie Korrespondenzpartner ist, sind für den betreffenden Bandteil die Familienmitglieder (mit Ausnahme des im „Verzeichnis der Briefpartner Husserls" aufgenommenen Hauptpartners) pauschal verzeichnet. Die Reihenfolge der Einträge läßt Umlaute und sonstige Sonderzeichen unberücksichtigt.

Abrikossoff [Abrikosow], Nikolaj: **II**, 39
Ach, Narziß: **IV**, 273; **VI**, 273
Achelis, Johann Daniel: **IX**, 219, 229–230, 234–235, 237
Adickes, Erich: **I**, 41; **V**, 134, 136; **VII**, 201
Adler: **IX**, 259
Adler, Felix: **VIII**, 39
Adorno [Wiesengrund], Theodor: **VI**, 191
Aenesidemus: **VI**, 358
Ajdukiewicz, Kazimierz: **III**, 226
Akita, T.: **IV**, 512; **VIII**, 273, 334
Albrecht, Annemarie: **IX**, 106–107, 113, 115, 122, 125

Albrecht, Ella (geb. Krist): **IX**, 3–132, 444
Albrecht, Elli, s. Brenner, Elli
Albrecht, Gustav: **III**, 20, 117, 500; **IV**, 184, 186, 188, 287; **VI**, 320; **IX**, 154, 176, 285–286, 356, 369, 380, 505
Albrecht, Gusti: **IX**, 34–125
Albrecht, Hedi, s. Fischill, Hedi
Albrecht, Rudi: **IX**, 84, 99
Albrecht, Trude: **IX**, 17–132, 380
Alexander I. (König von Jugoslawien): **VII**, 74–75
Alexander, Samuel: **III**, 38
Allen: **IX**, 418, 425
Alphéus, Karl: **III**, 15
Althoff, Friedrich: **I**, 9, 12; **V**, 97,

145

100–101, 204; **VIII**, 100–101, 104–107
Aly, Wolfgang: **VIII**, 165
Amano, I.: **IV**, 511
Ameseder, Rudolf: **I**, 147
Amiel, Henri Frédéric: **III**, 154, 158
Ammersbach: **IX**, 348
Anaximander: **I**, 23
Andler, Charles: **III**, 246; **VIII**, 73
Andrée, Georg: **VIII**, 178–180
Angenheister, Edith (geb. Tammann): **IX**, 381
Angenheister, Gustav: **IX**, 381
Anselm von Canterbury: **III**, 27, 212
Antiphon: **IX**, 137
Apelt, Ernst Friedrich: **VIII**, 208
Aristoteles: **I**, 23, 51–53, 58, 101; **II**, 78, 206, 253; **III**, 25, 34, 186, 217, 441, 457; **IV**, 76, 129, 483, 513; **V**, 67, 106, 126, 150, 158; **VI**, 160, 164, 239, 503; **VII**, 234; **VIII**, 68, 163, 206
Arnim, Bernd von: **VII**, 261; **IX**, 139–143, 416
Arnim, Ella von: **IX**, 119, 123, 135–145, 396, 509
Arnim, Hans von: **I**, 164; **VII**, 261; **VIII**, 191; **IX**, 3, 5, 23, 81, 396, 416
Arnim, Hertha von, s. Eperjesy, Hertha von
Arnim, Ilse von, s. Elias, Ilse
Aschoff, Ludwig: **VIII**, 161; **IX**, 383, 403, 428
Aster, Ernst von: **II**, 95, 155, 212; **V**, 125, 128, 142
Augustinus, Aurelius: **III**, 208; **IV**, 166, 387; **V**, 150; **VI**, 479, 503; **VIII**, 181
Avenarius, Richard: **I**, 27; **II**, 20, 25, 38–39; **III**, 530; **V**, 136; **VI**, 148, 150, 255–256, 402; **VIII**, 287–289; **IX**, 308
Axenfeld, Theodor: **IX**, 372

Baader, Franz von: **III**, 34
Bach: **IV**, 302
Bach, Johann Sebastian: **IX**, 387
Back, Trude, s. Friedländer, Trude
Bacon, Francis: **I**, 40,
Baensch, Otto: **V**, 124, 141
Baeumker, Clemens: **II**, 109, 145, 169–170, 174–175, 229; **III**, 326; **VII**, 271; **VIII**, 67–68, 188
Baeumler, Alfred: **III**, 306
Bahr, Hermann: **VI**, 227
Baist, Gottfried: **VII**, 275; **VIII**, 165
Baldwin, James Mark: **II**, 92
Baligand, Carl von: **III**, 338
Bares, Nicolaus: **IX**, 448
Barth, Karl: **IX**, 433
Barthou, Louis: **VII**, 74–75
Baruzi, Jean: **III**, 517
Batocki(-Friebe), Adolf (Tortilowicz) von: **VI**, 227
Bauch, Bruno: **V**, 164, 205; **VI**, 90; **VIII**, 49; **IX**, 335
Baudin, Émile: **III**, 117, 121, 362; **IV**, 107, 167–168, 368, 434, 485; **IX**, 411, 448, 470
Baumann, Julius: **I**, 41–42, 86–87, 89, 203; **II**, 122, 192; **IV**, 313; **V**, 42, 89, 97, 99–102, 114, 116, 179, 194–195; **VI**, 403; **VIII**, 102, 105, 205; **IX**, 21–22
Baumgarten, Brigitte: **IX**, 373, 387
Baumgarten, Eduard: **II**, 115; **IV**, 188–190; **IX**, 231–233, 235, 264, 372, 374, 376–377, 380, 387, 390, 397–398, 401–403, 405–406, 409, 412, 418, 425, 429–430, 549
Baumgarten, Else: **VII**, 25; **IX**, 231, 233, 264, 373, 376, 387, 403, 405, 430, 451, 484
Baumgarten, Grete: **IX**, 418, 425, 537
Baumgarten, Otto: **IX**, 409
Baumgarten, Ursula: **IX**, 387

Namenverzeichnis

Baumgartner, Matthias: **VI**, 73
Baur, Ludwig: **IV**, 308
Bax, Ernest Belford: **III**, 49
Bayle, Pierre: **I**, 59
Becher, Erich: **II**, 75, 95; **IV**, 157
Beck, Maximilian: **II**, 257
Becker, Carl Heinrich: **IX**, 403
Becker, Oskar: **III**, 15, 35, 53, 73, 75, 215, 217–218, 220, 230–231, 233, 246, 261, 455, 478; **IV**, 141, 143, 149, 157–158, 180, 266–267, 269–271, 274, 453; **VI**, 3, 104, 136, 143, 491; **VII**, 289, 293–294; **VIII**, 128, 197; **IX**, 374, 378
Beenken, Hermann: **III**, 226
Beethoven, Ludwig van: **III**, 6; **VII**, 83
Behn, Siegfried: **IV**, 266
Beil: **VIII**, 45
Bell, Winthrop Pickard: **I**, 115; **III**, 161, 164–165, 167, 169–170, 213–215, 218, 220, 338, 434, 436, 438; **IV**, 121; **VI**, 205, 302; **IX**, 443–444
Bellange, Jacques: **IX**, 398
Below, Georg von: **VIII**, 121, 162, 165, 167; **IX**, 372
Bender, Karl: **VIII**, 143
Beneke, Friedrich Eduard: **I**, 52
Beneš, Edvard: **IV**, 222–226; **VIII**, 58; **IX**, 242
Benz, Richard: **VII**, 83
Berger, Gaston: **IV**, 373; **VIII**, 77–79; **IX**, 105, 442
Bergmann, Ernst: **V**, 124
Bergmann, Hugo: **I**, 51; **VII**, 99
Bergmann, Julius: **I**, 86; **II**, 206; **V**, 103, 197
Bergson, Henri: **II**, 21, 166, 223, 274; **III**, 16, 27, 37, 175, 177, 184, 204, 210, 212–213, 316, 353, 533; **IV**, 481; **VI**, 155, 267, 407
Berkeley, George: **II**, 10, 30; **III**, 159, 279, 283, 285, 288, 291, 294, 417; **IV**, 60, 469, 538; **VI**, 97, 392
Bernays, Paul: **VII**, 296
Berney, Arnold von: **IX**, 402
Bernstein, Eduard: **VIII**, 273
Bertheau, Ernst: **I**, 86
Berthold, Gottfried: **IX**, 300
Bethmann Hollweg, Theobald von: **III**, 416
Beyerle, Franz: **IX**, 94, 214–216, 537
Beyerle, Konrad: **IX**, 214, 342
Bezold, Carl: **VIII**, 19
Bickel, Ernst: **V**, 161
Binswanger, Ludwig: **V**, 159
Binswanger, Otto: **III**, 328; **VI**, 90
Bismarck, Otto von: **III**, 515; **IX**, 64
Bixler, Julius Seelye: **VII**, 253
Bjørnson, Bjørnstjerne: **V**, 182
Blaustein, Leopold: **III**, 226, 228, 232
Bock, Elfried: **IX**, 337, 379, 381–383
Böck, Ernst: **I**, 5
Böcklin, Arnold: **I**, 77
Boethius: **VII**, 16
Bohacek, Karl Albin: **VII**, 224–225
Böhme, Jakob: **III**, 357, 530
Bohnenkamp, Helmut: **IV**, 496; **IX**, 116, 266, 269, 491–492, 494–496, 499–500, 505–506
Bollnow, Otto Friedrich: **IV**, 273
Bolza, Oskar: **IX**, 420
Bolzano, Bernard: **I**, 29, 31, 34, 39, 146, 153, 166; **III**, 144, 407; **IV**, 511, 514; **V**, 4, 229; **VI**, 97–98, 126, 311, 344; **VII**, 97–99
Boole, George: **I**, 126–127; **VI**, 111; **IX**, 517
Borchardt, Carl Wilhelm: **VIII**, 236
Born, Max: **III**, 53; **VII**, 121, 288; **IX**, 170, 336
Bortkiewicz, Ladislaus von: **I**, 165–166
Bosanquet, Bernard: **III**, 16, 30, 49; **VI**, 367; **IX**, 163
Bouquet, Fritz: **VIII**, 176

Boutroux, Émile: **VI**, 32
Boutroux, Pierre: **VI**, 35
Bradley, Francis Herbert: **III**, 30, 33–34, 37
Bradshaw: **VI**, 261
Brandeck, Rudolph: **VI**, 320
Brandes: **VI**, 159
Brandi, Karl: **VIII**, 217
Braun, Heinrich: **IX**, 284
Braun, Otto: **V**, 124
Brecht, Walther: **VIII**, 213
Bréhier, Émile: **VIII**, 200
Brenner, Elli (geb. Albrecht): **IX**, 12–131
Brenner, Toni: **IX**, 62, 96, 118
Brentano, Emilie: **I**, 45, 49, 52, 54–57
Brentano, Franz: **I**, 64, 69–70, 74, 88, 90, 93, 95, 112, 123, 126, 128–129, 144, 157, 164, 174, 189, 203; **II**, 10–11, 26, 37, 52, 54–55, 206; **III**, 134, 189, 220, 314, 368, 500; **IV**, 76–77, 79–80, 82–83, 140, 173, 199–200, 296, 298, 303–305, 310, 312, 314, 319–321, 326, 380–381, 421, 563; **V**, 4; **VI**, 19, 148, 150, 181, 338, 341, 404, 460; **VII**, 46; **VIII**, 222; **IX**, 141, 207, 286
Brentano, Ida: **I**, 3, 5, 7–8
Brentano, Johannes: **I**, 8, 17–18, 174
Brentano, Lujo: **II**, 54; **IV**, 421
Brie, Friedrich: **VIII**, 124, 165, 180–181, 190, 320
Brinckmann, Erich: **IX**, 395
Brink, August: **III**, 99, 102, 104, 108
Brinkmann, Carl: **III**, 5
Brix, Walter: **VII**, 185
Broad, Charlie Dunbar: **III**, 48
Brock, Werner: **IV**, 270, 272–273, 288–289
Brod, Max: **VI**, 467
Brouwer, Luitzen Egbertus Jan: **III**, 239, 478; **IV**, 156, 441–442; **VII**, 294–295
Brühl, Gustav: **VII**, 212
Bruhns, Carl Christian: **VIII**, 236
Brüning, Heinrich: **III**, 282; **IX**, 74, 388, 400
Brunner, Albert: **I**, 8; **V**, 103; **IX**, 5, 52, 279
Brunner, Emil: **IX**, 433
Brunner, Helene (geb. Husserl): **I**, 5, 8; **V**, 103–104; **IX**, 5, 149–150, 207, 279
Bruno, Giordano: **I**, 176; **III**, 417
Bruns, Ernst Heinrich: **VIII**, 236
Brunswig, Alfred: **II**, 44, 102, 104; **III**, 84; **V**, 146, 149
Buchholz, August: **VII**, 185
Bühler, Karl: **II**, 93, 101; **III**, 331, 475; **IV**, 353
Burckhardt, Jakob: **IX**, 243
Burgert, Helmut: **VIII**, 175
Burkamp, Wilhelm: **III**, 338, 341
Busch, Wilhelm: **IX**, 255
Bush: **IX**, 489, 504
Busse, Ludwig: **I**, 41; **V**, 200; **IX**, 5, 135
Butler, Nicholas Murray: **IX**, 235
Cahn: **IX**, 360
Cairns, (Thomas) Dorion: **III**, 58, 170, 301; **IV**, 72, 74–76, 79, 104, 361–362, 485; **VI**, 142, 455, 462–463; **VII**, 280, 283; **VIII**, 232; **IX**, 81–82, 226, 250–252, 259, 393, 400–401, 407, 412, 418, 430, 435, 468–470
Cairns, J. G.: **IV**, 34, 37, 55
Cairns, Margaret: **IV**, 26–35, 38–41, 44–45, 49, 51–54, 56–60; **VII**, 281; **IX**, 393, 400, 469
Cantor, Georg: **I**, 74; **VI**, 27, 261; **VII**, 37; **IX**, 11, 19
Cantor, Vally: **I**, 74, 157; **VII**, 51; **IX**,

NAMENVERZEICHNIS

39, 279
Čapek, Karl: **III**, 310; **IV**, 363
Carathéodory, Constantin: **I**, 44, 48; **II**, 203; **IX**, 435
Carlyle, Thomas: **III**, 52, 81
Carnap, Rudolf: **III**, 304; **IV**, 157–158, 298
Caro: **IX**, 487
Carr, Herbert Wildon: **III**, 33, 48, 489, 512, 514–515; **VIII**, 27, 231; **IX**, 224
Cartwright, Sir Fairfax Leighton: **III**, 7
Casmann, Otto: **III**, 402, 406
Caspar, Erich: **IX**, 372
Cassirer, Ernst: **II**, 106, 183; **III**, 328, 331, 517; **IV**, 249, 278–279, 288, 291; **V**, 97, 99–102, 106–107, 112, 114–118, 124, 126–127, 132–136, 139, 143–144, 147–148, 153; **VIII**, 206, 209
Cattell, James McKeen: **VI**, 343
Cauchy, Augustin-Louis: **VI**, 161
Celms, Theodor: **III**, 44
Chalkiopoulos: **VIII**, 172
Chamberlain, Neville: **VII**, 73
Chandler, Albert Richard: **III**, 160; **IV**, 75
Christian X. (König von Dänemark): **VI**, 329
Cicero: **I**, 111; **II**, 80; **III**, 45, 96, 164, 287; **IV**, 166; **VI**, 374; **IX**, 63, 141, 315
Clarke, Mary Evelyn: **III**, 292; **IV**, 75, 319; **IX**, 254
Clauß, Ludwig Ferdinand: **III**, 21, 202, 208
Clemens von Alexandrien: **III**, 27
Clemens, Rudolf: **III**, 383
Cohen, Hermann: **I**, 5; **II**, 109; **III**, 331, 408, 464, 507; **V**, 23, 51, 96, 99, 102, 104, 109, 113–115, 117–118, 124, 143, 153, 172
Cohn, Jonas: **II**, 101, 110, 230; **IV**, 143; **V**, 128, 132; **VI**, 410; **VIII**, 129, 163–164, 170–171, 190, 320
Coit, Stanton: **VIII**, 39–41
Collin, Ernst: **II**, 38, 40; **IX**, 32
Comenius [Komenský], Amos: **III**, 452, 486; **VIII**, 58
Comte, Auguste: **I**, 14
Conrad, Johannes: **I**, 165–166; **III**, 395; **V**, 95, 104–105, 109; **IX**, 444
Conrad, Theodor: **II**, 52, 59, 89, 96, 135, 159–160, 190–191, 199, 212, 227; **III**, 385, 394
Conrad, Waldemar: **III**, 394; **V**, 95–99, 104–105, 109–110
Conrad-Martius, Hedwig: **II**, 102, 104–105, 144, 148, 150–152, 159–160, 162, 164–167, 171, 197, 199, 201, 222, 226–227; **III**, 27, 34, 215, 350, 353, 385, 400; **IV**, 314; **VI**, 478; **VIII**, 269; **IX**, 284, 309
Cornelius, Hans: **I**, 72, 136; **II**, 99, 102, 121, 155; **IV**, 416, 554; **V**, 39–40, 42, 134, 136, 139; **VI**, 255–256
Coss, John Jacob: **VI**, 422–423; **VIII**, 69
Cotta, Bernhard von: **I**, 100
Courant, Nina [Nerina] (geb. Runge): **VII**, 55, 284; **IX**, 341, 403, 490
Courant, Richard: **III**, 27–28, 53; **VII**, 284, 295; **IX**, 403, 471
Couturat, Louis: **III**, 517; **VI**, 172
Cramer, August: **IX**, 278
Cranach, Lucas (d. Ä.): **IX**, 404, 413–414
Cuckow: **III**, 41
Curtius, Ernst Robert: **IV**, 144; **VII**, 276
Curtius, Ludwig: **VIII**, 125, 165
Cysarz, Herbert: **IV**, 380

Dahle, Paul: **IV**, 136
Dam, Jan van: **IV**, 447
Dante Alighieri: **VI**, 477

Darkow, Angela: **IV**, 230, 357–358, 434; **IX**, 126, 151–194, 258, 480–481
Darkow, Felice: **IX**, 151–194, 256, 258, 469, 480
Darkow, Flora: **IV**, 230, 434; **IX**, 126, 217, 251, 256–257, 468–470, 480, 482–483
Darkow, Marguerite D.: **IV**, 56; **IX**, 151–193, 251, 255, 257–258, 468–470, 480, 482, 487, 490
Darkow, Martin: **IX**, 161–182
Darwin, Charles: **I**, 69
Daubert, Johannes: **II**, 3, 15, 87, 89–90, 94, 106, 134–137, 140, 142–143, 147, 149, 153, 156–158, 176–177, 189–190, 192, 212; **III**, 157, 527; **IX**, 299
Daubert, Steffa: **II**, 77, 80, 177
de Boor, Hans Otto: **IX**, 215–216, 238
de la Camp, Oskar: **VIII**, 177–178
Deetjen, Christian: **IX**, 339
Dehio, Ludwig: **IX**, 428
Deibler, J.: **IX**, 280–282
Denifle, Heinrich: **VIII**, 67
Descartes, René: **I**, 23, 59; **II**, 124; **I-II**, 14, 27, 58, 191, 212, 395, 408, 418, 458, 534–535; **IV**, 60, 101, 130, 147, 265; **V**, 4, 127; **VI**, 160, 182, 224, 244, 456, 459, 471–472; **VII**, 48, 312; **VIII**, 95, 324; **IX**, 56, 250, 283
Dessoir, Max: **II**, 103; **III**, 133–134, 279; **V**, 96; **VIII**, 147
Detmold, Georg: **I**, 48
Deubner, Ludwig: **VIII**, 165, 179, 186–188, 190, 193, 320
Deussen, Paul: **VIII**, 174
Devivaise, Charles: **IV**, 107, 485; **IX**, 382, 411–412
Dewey, John: **II**, 115; **VI**, 343; **VII**, 25
Diehl, Karl: **IV**, 181; **IX**, 226–227, 236, 372, 415, 472, 480
Dilthey, Clara, s. Misch, Clara
Dilthey, Katharina: **VI**, 53, 171
Dilthey, Wilhelm: **I**, 189; **II**, 134, 217–218; **III**, 157, 231, 329, 455, 459–462, 465, 475, 507, 517; **IV**, 155, 247, 260, 303, 309, 318, 321, 367, 370, 376–378; **V**, 118, 134, 205; **VI**, 171–172, 272, 275–281, 283–284, 339, 363–364, 401, 415–416, 428–429; **VII**, 222; **VIII**, 69, 195; **IX**, 21
Döbereiner, Christian: **IX**, 391
Dohrn, Wolfgang: **II**, 47
Doldinger, Friedrich: **VIII**, 177
Dragendorff, Hans: **IX**, 372, 391
Driesch, Hans: **V**, 156; **VII**, 119; **IX**, 335
Driesch, von den: **VIII**, 115
Droysen, Johann Gustav: **VIII**, 330
Du Bois-Reymond, Emil: **IX**, 342
Du Bois-Reymond, Lucy: **IX**, 341–342, 444
Dühring, Eugen: **VI**, 280
Dülberg, Franz: **IX**, 394
Duns Scotus: **V**, 131
Dürer, Albrecht: **III**, 477; **IV**, 91
Dürr, Ernst: **II**, 93, 101, 103
Düssel, Konrad: **II**, 89
Dyroff, Adolf: **IV**, 266; **VIII**, 187, 189

Ebbinghaus, Hermann: **I**, 63, 95; **II**, 43, 212; **III**, 133, 165, 338; **V**, 195–196, 205; **VI**, 71, 121
Ebbinghaus, Hermann (jr.): **III**, 338; **VI**, 71
Ebbinghaus, Julius: **III**, 15, 48, 165–166, 168–169, 207, 475; **IV**, 324; **VIII**, 128
Eberle, Joseph: **IX**, 114
Edelsheim, von: **VII**, 129; **IX**, 93, 216
Edelstein, Heinz: **VIII**, 191–193,

195–196
Edwards, Alfred George: **III**, 275; **VII**, 74
Edwards, Ernest Wood: **III**, 274–275; **VI**, 142; **IX**, 188, 220, 222, 249, 393, 433–436
Ehrenberg, Hedwig: **IX**, 336
Ehrenberg, Viktor: **IX**, 336
Ehrenfels, Christian von: **I**, 112, 129, 131; **III**, 361, 372; **IV**, 317; **VI**, 149
Ehrle, Franz: **VIII**, 67
Ehrlich, Walter: **IV**, 514; **VI**, 422
Einstein, Albert: **III**, 35, 49, 357; **VII**, 93–94, 293–294; **IX**, 163
Eisenmeier, Josef: **I**, 89
Eisler, Rudolf: **IV**, 84
Elias, Ilse (geb. von Arnim): **IX**, 143–145, 509
Elkau, Hans: **VIII**, 194
Elsenhans, Theodor: **III**, 410; **V**, 49–50, 56; **VIII**, 49–50
Elster, Ludwig: **II**, 215; **V**, 97, 102, 115; **VI**, 407; **VIII**, 101–106, 108
Emerson, Ralph Waldo: **VII**, 25
Empedokles: **III**, 22; **IV**, 439
Engels, Friedrich: **IV**, 80
Engliš, Karel: **IV**, 223, 227
Eperjesy, Hertha von (geb. von Arnim): **IX**, 138–143
Epikur: **I**, 23; **VI**, 471
Erdmann, Benno: **I**, 7–9, 12, 25, 132, 163–164; **III**, 132; **IV**, 157, 323; **V**, 39; **VII**, 201; **VIII**, 114; **IX**, 13
Erdmann, Johann Eduard: **I**, 52; **III**, 407; **IV**, 84; **VI**, 261; **VIII**, 236
Erdsiek, Heinrich: **IX**, 410
Erhardt, Franz: **I**, 41
Ernst Ludwig (Großherzog von Hessen): **VI**, 219, 228
Escher, Rosa: **IX**, 356
Ettlinger, Max: **II**, 153–155, 175; **VIII**, 187, 320–321

Ettlinger, Walburga: **II**, 153–154
Eucken, Arnold: **IX**, 99
Eucken, Irene: **IX**, 96, 99, 226, 433, 436, 444, 461
Eucken, Irene (geb. Passow): **IX**, 408, 410, 436
Eucken, Rudolf: **II**, 106, 211, 235; **III**, 340, 416; **V**, 116, 156; **IX**, 49, 99, 408
Eucken, Walther: **III**, 110; **IX**, 82, 94, 96, 99, 214, 225–226, 228, 230, 238, 259, 263, 372, 378, 387, 390, 394, 400–401, 408, 410, 415, 422–424, 433, 435–436, 438, 447, 451, 461–463, 472, 476, 506
Eucken-Erdsiek, Edith: **III**, 110; **IX**, 94, 96, 253, 372, 390, 394, 410, 432–433, 444, 451, 454, 472, 506
Euklid: **I**, 12–13; **III**, 462; **V**, 63, 67
Euler, Leonhard: **I**, 59; **VI**, 108; **VII**, 268
Ewald, Oscar: **V**, 213; **VI**, 402–403
Exner, Adolf: **I**, 10

Fabricius, Ernst: **VIII**, 121, 162, 165, 167, 173, 180; **IX**, 344, 387, 554
Falckenberg, Richard: **V**, 49, 200; **IX**, 23
Farber, Marvin: **III**, 51, 53, 57, 169, 443; **IV**, 57–59, 61, 241, 361; **VI**, 455, 457; **VIII**, 227; **IX**, 171, 258, 260
Fazekas, Alexander: **IV**, 240, 372
Fechner, Gustav Theodor: **I**, 5; **III**, 480; **VII**, 110
Feigl, Hugo: **IX**, 466
Feißt: **IX**, 483, 488, 499
Feldmann: **IX**, 301
Feldmann, Joseph: **VIII**, 265
Ferrario: **IX**, 366
Fichte, Immanuel Hermann: **III**, 480
Fichte, Johann Gottlieb: **III**, 52, 79,

81, 83, 139, 147, 246, 294, 427, 429–430, 437; **IV**, 409, 515; **V**, 124–125, 138, 178; **VI**, 126, 225, 301, 350; **VII**, 89; **IX**, 172
Fickler, Hugo: **IX**, 213, 421
Filtsch: **I**, 103
Fine, Henry Burchard: **VI**, 112
Fink, Eugen: **II**, 177–179, 288; **III**, 89–90, 93, 96, 98, 110, 263, 270, 273–275, 277, 280, 283, 291–292, 294, 298, 301, 303, 308, 349, 360, 474–475, 479, 512, 515, 519–520; **IV**, 25, 30, 32–33, 36–37, 39–44, 50, 53–55, 58–60, 75, 78, 83–85, 104, 111, 153, 180, 184, 187–193, 195–201, 204, 207, 209, 211–214, 216–217, 220, 224, 228–232, 238, 240, 270, 291, 295, 297, 300, 314, 316–317, 319, 322, 324, 326, 334, 343–345, 349–350, 352, 356–358, 360, 362–363, 368, 371–373, 391, 425–426, 428, 430, 432–435, 454, 484–486, 489–490, 494–495, 497, 538; **VI**, 134, 140, 142, 239–240, 242–243, 438, 441–443, 464; **VII**, 13, 15, 25–26, 65–67, 69–71, 74–75, 89, 222–223, 280; **VIII**, 57, 87, 95, 136, 283; **IX**, 74, 76, 80, 98, 100–101, 105, 110–111, 238, 242, 248, 250, 253, 257, 263, 268, 370, 372, 374–377, 380, 382, 401, 407, 421, 430–431, 434–436, 441–442, 448, 452–453, 468, 472, 476, 482, 494, 497, 499–501, 503
Fink, Martl: **IV**, 95; **IX**, 476
Finke, Heinrich: **IV**, 143; **V**, 131; **VIII**, 161, 163, 165, 173, 186, 190, 320; **IX**, 372, 391
Fischer, Aloys: **II**, 38–39, 41–42, 47, 54, 59; **IX**, 59
Fischer, Josef Ludvík: **VIII**, 157
Fischer, Kuno: **VIII**, 320

Fischill, Edi: **IX**, 62, 64–65, 69
Fischill, Else: **IX**, 69
Fischill, Hedi (geb. Albrecht): **IX**, 27–120
Fleischer, Friederike (geb. Steinschneider): **I**, 109, 113; **IX**, 31, 42–44, 49, 285, 345
Fleischer, Karl: **V**, 108; **IX**, 28, 31–33, 297
Fleischer, Moriz: **I**, 109–110, 113; **IX**, 31, 43–44
Fleischer, Ritschi: **IX**, 42
Flewelling, Ralph Tyler: **IV**, 42; **VIII**, 231–232; **IX**, 96, 224–225
Foch, Ferdinand: **III**, 3, 421
Foerster, Friedrich Wilhelm: **II**, 84
Fogarasi, Bela [Adalbert]: **VI**, 40
Fontenelle, Bernard Le Bovier de: **I**, 101
Fraenkel, Eduard: **IX**, 223, 225, 234, 419
Franck, James: **VII**, 120
Frank: **IX**, 300
Frankfurter, Felix: **IX**, 217, 254, 267
Frankfurther, Fritz: **III**, 337, 383
Franklin, Benjamin: **VII**, 25
Frege, Gottlob: **II**, 92; **IV**, 78; **VI**, 379–380; **VII**, 245
Frei, M.: **VIII**, 167
Freundlich, Erwin Finlay: **IX**, 407
Freytag, Willy: **IV**, 157; **VII**, 201; **VIII**, 114
Friedlaender, Walter F.: **IX**, 470
Friedländer, Hedwig: **IX**, 103
Friedländer, Max Jacob: **IX**, 186, 217, 368, 413, 426–427, 463, 470
Friedländer, Trude (geb. Back): **IX**, 175, 282–294
Friedmann, Käte: **III**, 226
Friedrich III. (Kaiser): **IX**, 436
Friedrich V. (König von Böhmen): **I**, 108

Friedrich der Große: **IX**, 445
Fries, Jakob Friedrich: **VIII**, 208–209, 211
Frischeisen-Köhler, Max: **II**, 217; **III**, 416; **V**, 145, 218; **VIII**, 49–51
Fujioka, Soroku: **III**, 44
Fukuda, Tokuzo: **IV**, 421
Funk, Philipp: **IX**, 372, 391, 415, 451, 472
Furtwängler, Adolf: **II**, 215
Furtwängler, Märit [Marinen], s. Scheler, Märit [Marinen]

Gabelsberger, Franz Xaver: **III**, 391
Gadamer, Hans-Georg: **III**, 476; **V**, 161
Galilei, Galileo: **III**, 417, 458, 464; **V**, 75; **VII**, 89; **VIII**, 208; **IX**, 56
Gall: **IX**, 403
Gallinger, August: **II**, 47
Gaos, José: **III**, 298
Garrigue, Charlotte, s. Masaryk, Charlotte
Gauß, Carl Friedrich: **III**, 211; **V**, 80
Gautsch von Frankenthurn, Paul: **I**, 4, 12
Gawehn, Irmgard: **IV**, 156
Geiger, Elisabeth: **IV**, 155
Geiger, Moritz: **II**, 47, 51–52, 54, 66, 74, 137, 142–143, 150–151, 157, 159–160, 162, 173, 189, 192, 229; **III**, 15, 53, 203, 205, 207, 209, 215, 218, 326, 331, 368, 416; **IV**, 102, 154, 157–158, 270, 273; **V**, 144–145, 149–151, 154; **VI**, 273; **VII**, 177
Gelb, Adhémar: **I**, 188; **IV**, 109, 267–268, 455, 457, 461; **IX**, 395
George, David Lloyd: **IX**, 199
George, Stefan: **VII**, 220
Gerber, Hans: **IV**, 295–296, 298
Geyser, Joseph: **II**, 154–155, 174–175; **IV**, 67, 137; **V**, 175; **VII**, 271; **VII**-**I**, 163–166, 172–173, 185–186, 191, 253
Gibson, William Ralph Boyce: **III**, 263, 275; **IV**, 48, 153, 448; **VII**, 281; **IX**, 370
Gilbert, William: **III**, 417
Giotto di Bondone: **IX**, 387
Glaser: **IX**, 412
Goblot, Edmond: **III**, 117
Goedeckemeyer, Albert: **IV**, 291, 293; **V**, 97, 161
Goethe, Johann Wolfgang von: **I**, 24, 50; **III**, 6, 16, 81, 162, 218, 246, 273, 393, 506, 531; **IV**, 90, 92, 135, 306, 323, 410; **V**, 48, 93, 122, 165, 169, 216; **VI**, 222, 476; **VII**, 27, 110; **IX**, 8, 56, 89, 91, 211, 252, 323, 510
Goldschmidt, Adolph: **IX**, 463, 470
Goldschmidt, Arthur: **IV**, 159, 248, 255–257, 264–265, 283, 293, 295, 301, 309, 317, 321, 357, 383
Goldschmidt, Ilse-Maria, s. Landgrebe, Ilse-Maria
Goldschmidt, Victor Moritz: **IX**, 223
Gomperz, Heinrich: **V**, 103
Gomperz, Theodor: **I**, 136
Goodrich, Herbert Funk: **IV**, 79; **IX**, 262, 267
Göppert, Friedrich: **IX**, 300, 341
Göring, Carl: **I**, 100
Gothe, Erika: **III**, 383
Gothein, Eberhard: **VI**, 201
Götze, Alfred: **VIII**, 165, 168
Grabmann, Martin: **VIII**, 67–68
Grass, Anton: **VIII**, 181
Grassmann, Hermann (Ernst) jr.: **V**, 85–86, 89–90, 108; **VI**, 159, 176; **IX**, 11, 19, 149, 297, 444
Grassmann, Hermann (Günther): **I**, 159; **V**, 60–61, 64, 69, 80, 108, 160–164
Grassmann, Ludolf: **IX**, 19

Greenwood, Thomas M.: **III**, 48; **IX**, 259
Gregorovius, Ferdinand: **I**, 17
Gregory, Duncan Farquharson: **VI**, 112
Grimme, Adolf: **III**, 475; **IV**, 32, 92, 192, 248, 257, 297, 458; **VII**, 300; **IX**, 74, 228, 375, 381, 402–403, 406, 416, 430
Grimme, Mascha: **III**, 92–93, 98, 102–103, 105, 107, 109, 111–112
Grisebach, Eduard: **III**, 279
Groenewegen, Herman Ysbrand: **V**, 156
Groethuysen, Bernard: **VI**, 275, 279, 283
Groos, Karl: **VI**, 52, 91; **IX**, 23, 335
Grossentann: **VIII**, 109
Grube, Kurt: **IV**, 356, 358
Grünbaum, Abraham Anton: **II**, 93–94
Guardini, Romano: **IX**, 455
Guenther, Konrad: **VIII**, 172
Guizot, François: **VIII**, 169
Gündell, Erich von: **IX**, 292
Gurvitch, Georges: **III**, 237; **IV**, 108, 110
Gurwitsch, Aron: **II**, 116; **III**, 95, 499; **IV**, 287, 318; **VI**, 462
Gustav V. (König von Schweden): **VI**, 329
Güttler, Carl: **V**, 206, 213

Haag, Wilhelm: **III**, 327
Haberler, Gottfried von: **IX**, 263
Haeckel, Ernst: **VI**, 86; **VII**, 17, 222
Haga, Mayumi: **IV**, 29; **IX**, 76, 382, 387
Hagemann, Oskar: **IX**, 306
Hägerström, Axel: **VI**, 311
Håkon VII. (König von Norwegen): **VI**, 329
Haldane, Richard Burdon (Viscount Haldane of Cloan): **I**, 115; **III**, 33–34, 49
Halle, Erna: **II**, 257, 260
Hamada, Yosuke: **III**, 236; **IV**, 154
Hamann, Richard: **II**, 109
Hamburger: **IX**, 402, 446
Hamilton, William: **I**, 208; **IV**, 84; **V**, 56
Hamsun, Knut: **IX**, 495
Hankel, Hermann: **VI**, 112
Hankel, Wilhelm Gottlieb: **VIII**, 236
Hanotaux, Gabriel: **VIII**, 23; **IX**, 428
Harms, Bernhard: **III**, 503
Hartmann, Eduard von: **III**, 480
Hartmann, Nicolai: **II**, 109–110, 175, 183, 217; **III**, 232, 237, 260, 306, 329–331, 451, 454; **IV**, 139, 178, 252, 302; **V**, 4, 95, 100, 105, 124–125, 127, 132, 141, 143–145, 147–148, 151, 153–154, 158, 161; **VI**, 478; **VII**, 70–71; **IX**, 389
Hartshorne, Charles: **III**, 57; **IX**, 250–251
Hartung, Georg: **III**, 425
Hashimoto, Takashi: **III**, 236; **IV**, 154
Hassinger, Hugo: **IX**, 391
Hauff, Wilhelm: **IX**, 405
Haupt: **IV**, 42; **VIII**, 232
Haupt, Rudolf: **VIII**, 256
Haym, Rudolf: **I**, 163; **V**, 89, 195; **VI**, 261
Hecht, Hans: **IX**, 406
Hedin, Sven von: **VI**, 328
Heffter, Lothar: **III**, 436
Hegel, Georg Friedrich Wilhelm: **I**, 23, 188; **II**, 93; **III**, 52, 165–166, 168, 246; **IV**, 231, 255, 401; **V**, 134, 146, 158, 160, 206, 208–209; **VI**, 224, 327, 406; **VII**, 89, 98; **IX**, 172
Heidegger, Elfride: **IV**, 137–141, 146, 150, 159–161; **IX**, 180, 314, 374, 416, 422–424
Heidegger, Martin: **II**, 77, 109–114,

NAMENVERZEICHNIS

173, 180–184; **III**, 14, 21, 34, 53, 99, 204, 208–210, 214–215, 217–219, 230, 232–234, 236–237, 241, 254–255, 260, 265, 274, 290, 332–334, 347, 441, 451, 454–459, 461–462, 464–465, 467, 473, 475–478, 483, 493, 504; **IV**, 175, 178, 249–254, 257–258, 261, 269–272, 288–289, 293–294, 302, 305, 307, 324, 367, 370, 372, 397, 440, 453–454, 456, 502, 513, 537; **V**, 130–132, 139–141, 145, 149–150, 154, 158, 161–163, 186–187; **VI**, 3, 180–181, 233, 273, 275, 277, 429, 457–458, 503; **VII**, 15, 66, 89, 205, 207, 233; **VIII**, 135, 186, 194–195; **IX**, 65, 70, 180, 223, 329, 351, 356, 374–376, 378, 397, 401, 406, 409, 416, 422
Heim, A.: **VIII**, 122
Heim, Karl: **VI**, 447
Heimberger, Joseph: **VIII**, 151
Heimsoeth, Heinz: **III**, 408, 517; **IV**, 252, 279–281, 286–294, 558; **V**, 119, 124, 127–128, 144, 154–155, 161–163; **VI**, 349
Heine, Heinrich: **III**, 246; **IX**, 211, 397
Heinecke: **IX**, 321
Heinrich, Erich: **VI**, 127
Heiß, Hanns von: **IV**, 148; **VII**, 276; **IX**, 225, 444
Helfert, Vladimír: **VIII**, 157
Heller, Ernst: **VIII**, 177
Hellinger, Ernst: **VII**, 288
Helmholtz, Hermann (von): **I**, 11, 13, 32, 158–160, 164; **VI**, 397; **VII**, 291
Hensel, Fanny (geb. Mendelssohn-Bartholdy): **V**, 100, 102
Hensel, Paul: **II**, 168–169, 211–212, 215; **III**, 416; **V**, 102, 156, 196, 208, 214; **IX**, 23
Hensel, Wilhelm: **V**, 100, 102

Heraklit: **I**, 95
Herbart, Johann Friedrich: **V**, 206, 208–209
Herbst, Curt: **VI**, 62
Herder, Johann Gottfried von: **III**, 6, 506, 548; **V**, 89; **VII**, 27; **IX**, 283
Herglotz, Gustav: **VII**, 121
Hering, Jean: **II**, 16, 159–160, 162–163; **III**, 15, 17, 27, 41, 83, 203, 205–207, 209–210, 212, 216, 218, 238, 241–242, 245–247, 253, 286, 305, 307, 362, 386; **IV**, 107–108, 153, 168, 235, 314, 360, 368, 434; **VI**, 457–458; **VII**, 13, 16–17, 311; **IX**, 57, 105, 114, 254, 360, 407–408, 411–412, 447, 465, 468, 470
Herrenknecht, Wilhelm: **III**, 328
Herth, Anna: **IX**, 510, 512
Hertling, Georg von: **II**, 59, 90, 102, 145, 211, 229; **VIII**, 187, 320
Herzen, Alexander: **I**, 17
Hessen, Sergius: **IV**, 304, 358
Heuser, Frederick W. J.: **VIII**, 31
Hexner, Ervin: **IV**, 217, 220, 222–223, 225, 239–240, 372, 391
Heymans, Gerard: **III**, 239, 241, 245; **IV**, 156, 444, 449; **V**, 52
Heyse, Hans: **IV**, 290–294
Hicks, George Dawes: **III**, 30–32, 34, 38, 40, 42, 45, 47–49 215, 291–294; **IV**, 443; **V**, 151; **VI**, 142; **VII**, 64–65; **VIII**, 35; **IX**, 165
Hilbert, David: **I**, 109; **II**, 60, 117; **III**, 239, 241, 391, 443, 463; **IV**, 155; **V**, 97, 134, 136, 139, 199; **VI**, 272; **VII**, 93, 151, 288, 295–296; **IX**, 26, 170, 355, 403–404, 431
Hilbert, Franz: **II**, 117; **IX**, 431
Hilbert, Käthe: **II**, 117; **VII**, 120, 122; **IX**, 431
Hildebrand, Adolf von: **II**, 38, 89; **III**,

125; **VI**, 404
Hildebrand, Dietrich von: **II**, 89, 96–99, 105, 157, 159–160, 165–167, 175, 193, 216, 224, 227; **III**, 16, 27, 203; **V**, 149; **VIII**, 190; **IX**, 284
Hilka, Alfons: **VII**, 276
Hillebrand, Franz: **I**, 69–70
Himstedt, Franz: **III**, 436; **VI**, 73; **VIII**, 310
Hindenburg, Paul von: **III**, 405; **IX**, 291, 347–348
Hinneberg, Paul: **IV**, 484
Hippel, Arthur von: **IX**, 223
Hippel, Robert von: **IX**, 94, 223
Hippokrates: **III**, 301, 531; **IV**, 22, 121; **V**, 93
Hirsch, Karl: **IX**, 337, 342
Hirsch, Rudolf: **I**, 30
Hirsch, Rudolf von: **IX**, 462
Hitler, Adolf: **III**, 97, 506; **IV**, 477; **IX**, 229
Hitzig, Wilhelm: **VIII**, 164
Hlučka, Franz: **VIII**, 256
Hobbes, Thomas: **III**, 347
Hochstetter, Erich: **IV**, 523
Hocking, William Ernest: **III**, 16, 28–29, 50–51, 292; **IV**, 33, 121, 319; **V**, 90–91; **VI**, 299, 335; **IX**, 251
Hodgson, Shadworth Hollway: **III**, 34; **VI**, 334
Hoeniger, Heinrich: **IX**, 212, 397
Hoernlé, Reinhold Friedrich Alfred: **I-II**, 36–37, 39, 49
Hoetzsch, Otto: **VII**, 211
Höffding, Harald: **I**, 174
Hoffmann, Heinrich: **IX**, 255
Hoffmann, Rolf: **V**, 155–156, 158
Höfler, Alois: **I**, 135, 209; **VI**, 340–341
Hofmann, Heinrich: **III**, 401
Hofmann, Paul: **III**, 306; **IV**, 156; **V**, 154

Hofmannsthal, Hugo von: **IX**, 396
Hofstetter, O.: **VIII**, 253–255
Hölderlin, Friedrich: **IV**, 136; **IX**, 504
Höll: **IX**, 373
Holtkamp, Heinrich: **VIII**, 191
Holzmann, August: **VIII**, 125–127, 129
Honecker, Martin: **II**, 175; **III**, 360; **IV**, 137; **VIII**, 187, 189–191, 194–196, 320–322
Hönigswald, Richard: **IV**, 268, 290, 292, 294; **V**, 125, 128, 145
Hook, Sidney: **IV**, 24
Hoop, Johannes H. van der: **IV**, 155, 372, 445; **IX**, 392
Horaz: **III**, 341, 537; **IV**, 130, 134; **V**, 122; **VI**, 374; **VII**, 261; **IX**, 131, 211, 228
Horkheimer, Max: **IV**, 27, 109, 259–261, 263–267, 274, 278, 291, 556, 559; **IX**, 392
Hornbostel, Erich Moritz von: **IX**, 22
Horst, Carl: **IX**, 337
Hug, Albert: **VIII**, 168
Hugo, Victor: **III**, 21
Humboldt, Wilhelm von: **VII**, 225
Hume, David: **I**, 69, 92, 102–104; **II**, 28–30; **III**, 132, 159, 186; **IV**, 60, 412, 469–470; **V**, 20, 46, 111, 125; **VI**, 45, 146, 257, 278, 392; **VII**, 27, 98, 178; **VIII**, 247
Hummel, Hermann: **VIII**, 124–125
Husserl, Adolf: **III**, 339; **VIII**, 222, 235; **IX**, 53, 275
Husserl, Annie: **IX**, 152
Husserl, Clotilde: **IX**, 5, 37, 48, 77, 153, 175, 178, 276–294, 336
Husserl, Dodo (geb. Tammann): **III**, 41, 52, 217, 222, 247, 309; **IV**, 28, 155, 168, 230, 237, 358, 369, 434; **IX**, 63, 65–66, 68, 93–94, 102, 125–126, 129–130, 168, 170, 173, 176, 178–181, 211–272, 307, 309,

NAMENVERZEICHNIS

351, 356, 363, 368, 371, 376, 381, 388, 397, 400, 408, 411–412, 415, 417, 425–427, 433, 437–439, 441, 463–464, 469, 472–473, 480, 482, 485, 487–488, 491, 493, 495, 498, 500, 507, 512–513

Husserl, Elisabeth [Elli], s. Rosenberg, Elisabeth H.

Husserl, Emil: **IV**, 237–238; **IX**, 4, 24, 68, 77, 119, 152, 175, 178, 278, 290–291, 345

Husserl, Gabriele [Gaby]: **III**, 247, 309, 348; **IV**, 28, 155, 167–168, 230, 237, 357–358, 434; **IX**, 93, 101–103, 125–126, 129–130, 178–181, 215–272, 307, 309, 315, 319, 356, 363, 368, 370–371, 376, 381, 391, 393–394, 400, 411, 415, 417, 425, 433, 439, 441, 445, 454, 458, 472, 477, 482, 485, 498, 504, 536

Husserl, Gerhart: **I**, 14, 108; **II**, 71–75, 95, 148–149, 192, 195–196, 199, 224, 231, 253, 265; **III**, 3, 17–18, 20, 22, 31, 41, 50, 52, 80, 98, 102, 105, 109–110, 201, 207, 210, 217, 222, 226, 229, 255, 261, 290, 294, 309, 337–338, 341, 348, 362, 373, 383, 402–403, 406–407, 421, 443, 495, 500–503, 512, 543, 563; **IV**, 31, 39–40, 53–61, 71–73, 75, 77, 79, 85, 101, 123, 131, 137, 140, 150, 155, 160, 165, 167–168, 176–178, 193–195, 201, 211, 217, 229–230, 234–235, 237, 239–240, 252, 313, 327–328, 335, 339, 342, 351, 357–358, 361, 363, 433–434, 448–450, 485, 490, 494, 505; **V**, 122, 129, 152, 171, 176–178, 180, 214, 216–218; **VI**, 71–72, 125, 139, 141, 144, 242, 295, 301, 315, 376; **VII**, 13–14, 51, 72–73, 129, 161, 189, 202, 219, 249, 281–283, 293; **IX**, 6–7, 9, 11, 15, 17, 28–29, 33, 35, 37–39, 42, 51–52, 54–55, 59–60, 63, 65–66, 68, 85–86, 90–95, 97–98, 101, 103, 112–113, 116–117, 125–127, 129, 138, 152–153, 155–156, 158, 160, 162, 164, 168–170, 173, 176, 178, 180–181, 184, 186, 188–194, 278–279, 281, 288–291, 293–294, 299–300, 307, 309, 314, 319, 335–340, 342–343, 346, 348, 351, 370, 376, 378, 381, 388, 395, 397, 400, 408, 411–412, 414, 416–417, 421–427, 429–430, 433–435, 437–443, 445–447, 449, 451–456, 461–462, 465–472, 474–477, 480, 482–483, 485, 487, 491–496, 498, 500–504, 506–507, 511–512, 532

Husserl, Heinrich: **I**, 6; **III**, 398; **IX**, 5, 20, 24, 29, 37, 42, 48, 52–53, 58–59, 63–64, 68, 77, 153–154, 164, 169, 171, 175, 178, 181, 207, 336, 338, 343, 419, 532

Husserl, Helene, s. Brunner, Helene

Husserl, Julie (geb. Selinger): **II**, 70; **III**, 392, 414, 537; **VI**, 72, 205; **VI-II**, 222; **IX**, 4, 9, 20, 24, 26, 28, 43, 45, 49–50, 52–53, 55, 57–58, 152, 154–155, 160, 207, 275–276, 278, 281–282, 285, 287, 290–292, 338, 343–344, 532

Husserl, Malvine (geb. Steinschneider): **I**, 3, 9, 44–45, 49–50, 55, 113; **II**, 16, 48, 62, 68, 135, 161, 166, 177, 184, 199, 204, 216, 243; **III**, 4, 8, 18, 30–32, 34, 41–42, 47–48, 58, 90–91, 93, 98, 102, 105, 108, 112, 120, 130, 132, 175, 181, 201, 208, 211, 213–214, 217, 220–221, 229, 235, 237, 241, 247–248, 252, 277, 287, 302, 305, 310, 312, 347, 362,

406, 441, 445, 447, 451, 453, 456, 463, 470, 476, 479, 486, 495, 504, 512, 516, 531, 536–537, 539–542; **IV**, 17, 23, 28, 31–32, 44, 49, 51, 65, 75, 81, 92, 123, 135, 142, 144, 146, 150, 156, 159, 178, 188, 190–193, 199, 202, 207–209, 217–219, 224, 228–229, 235, 239, 299, 306, 312, 328, 330, 332, 334, 347, 354, 365, 368–369, 375, 427, 435, 442, 446, 450, 461–462, 492, 511, 513, 516; **V**, 129, 165, 188, 195–197, 199, 213; **VI**, 53, 72, 136, 140, 180, 182, 265, 267–268, 323, 338, 375, 404, 410, 442; **VII**, 17, 26, 115, 119, 122, 147, 280; **VIII**, 27, 161–162, 232; **IX** 4–7, 16, 24, 37, 42, 54, 58, 65, 68, 76, 78, 104–105, 114, 121, 124–125, 129–131, 136, 139, 143–145, 150, 152–154, 156, 162, 164–167, 171, 174, 222–223, 230, 239, 262, 264, 269, 276, 278–279, 284–285, 289–292, 308, 311–313, 315–318, 323–324, 338–340, 344–346, 351, 354–357, 359, 367, 370, 373, 379, 392–393, 399, 407, 416, 426, 435, 439–440, 444–445, 452, 461–462, 464, 472–473, 486, 490, 496, 498–499, 508–509, 511, 520, 545

Husserl, Martha: **IX**, 345

Husserl, Wolfgang: **I**, 55–56, 108; **II**, 71–75, 105, 107, 148–149, 153, 195–196, 199, 224, 231; **III**, 328, 337–338, 341, 383, 402–403, 406, 501, 523, 537, 540, 543; **IV**, 160, 194, 332; **V**, 121–122, 176–178, 180, 214, 216–218; **VI**, 71, 301, 410; **VII**, 51, 115, 147, 189; **IX**, 11, 15, 18, 28–29 33, 35, 42, 44–45, 48, 51–53, 59, 114, 125, 138, 152–153, 155–156, 158, 160, 174, 181, 199, 211, 281, 284–285, 288–291, 293–294, 297, 299–301, 312, 318, 321, 335, 338–339, 341, 343, 346, 423, 444, 460, 472–473

Ibsen, Henrik: **II**, 52; **IX**, 281
Iida, Gyoichi: **IV**, 9
Iljin, Iwan Aleksandrowitsch: **III**, 534, 540
Illemann, Werner: **IV**, 301, 383
Immisch, Cläre: **IX**, 508–512
Immisch, Otto: **IV**, 148; **VIII**, 162, 165, 178–179, 190, 193, 320; **IX**, 508
Inage, Kinshichi: **IV**, 527
Ingarden sr.: **III**, 175–178; **IX**, 344
Ingarden, Roman: **I**, 181–183; **II**, 159–160, 164–166, 259; **III**, 16, 27, 82, 353, 444, 463, 466, 499, 547; **IV**, 203–204, 206, 314, 426–427, 485; **VII**, 68–70; **IX**, 105, 344, 465, 468
Isenstein, Harald: **III**, 106
Itelson, Gregorius: **VI**, 34, 340; **VIII**, 245
Ito, Kichinozuke: **III**, 214

Jäckle, Erwin: **VII**, 223–224
Jacobi, Friedrich Heinrich: **VIII**, 177
Jacobsthal, Paul: **II**, 109
Jaeger, Werner: **VI**, 240
Jaegerschmid, Adelgundis (Amélie): **IX**, 251–252, 458, 476, 494, 507, 510, 512
Jaensch, Erich Rudolf: **II**, 44, 101; **III**, 451, 458, 465, 475–476; **V**, 23, 118–119, 124–126, 128, 130, 132, 135, 139, 142, 144, 149, 151, 153–154, 172
Jaffé: **IX**, 451
Jakobson, Roman: **IV**, 353; **VIII**, 157
Jakowenko, Boris Valentinowitsch: **I**, 117; **III**, 528, 534, 540; **VI**, 138
James, William: **I**, 72–73, 80–81, 85,

199; **II**, 88, 93; **III**, 57, 129–130, 152, 158–159; **VI**, 302, 334, 342; **IX**, 378
Jančík, František: **VIII**, 57–58
Janovics, Jenö: **IX**, 138
Jansen, Bernhard: **III**, 517
Jantzen, Hans: **III**, 226; **IV**, 148, 271; **VIII**, 165, 183–185; **IX**, 373–374, 379, 386–387, 395–396
Jaspers, Karl: **IV**, 143, 146, 465; **V**, 151, 183; **IX**, 402
Jehle: **IX**, 347
Jeiteles, Eleonore: **IX**, 162
Jellinek, Walter: **IX**, 368
Jensen, Elsbeth (geb. Reinhardt): **III**, 402; **IV**, 142, 144, 154; **IX**, 214, 223, 272, 305–325, 337–340, 363, 369–370, 383–384, 393, 396, 399–400, 416, 420, 444, 447, 451, 461, 511
Jensen, Jörg: **IX**, 311
Jensen, Klaus: **IV**, 142, 144; **IX**, 306–310, 383, 400, 416, 420, 451
Jensen, Paul: **I**, 65; **III**, 53, 337, 402; **IV**, 142, 153–154; **IX**, 11, 211, 214, 216, 333, 337–341, 358, 368, 370, 383, 398–400, 413–414, 416
Jensen, Peter: **IX**, 310–318, 369, 416, 420
Jensen, Regine: **IX**, 368, 399–400, 451
Jensen, Wilhelm: **IX**, 305
Jensen, Wilhelm (jr.): **IX**, 318
Jerkes: **III**, 129
Jerusalem, Wilhelm: **II**, 121–122; **V**, 103
Jevons, William Stanley: **I**, 127
Joachim, Johannes: **IV**, 191
Jodl, Friedrich: **VI**, 403
Joël, Karl: **III**, 289; **V**, 106; **IX**, 23
Joffre, Joseph: **II**, 200
Johnson, William Ernest: **III**, 48
Jonas, Hans: **VI**, 421

Jung, Philipp: **IX**, 337
Juraschek [Juroszek]: **IV**, 287–288; **IX**, 100

Kabitz, Willy: **III**, 517; **V**, 125
Kaehler, Martin: **VI**, 261
Kafka, Gustav: **II**, 102; **III**, 444; **V**, 162; **VII**, 45
Kahler, Otto von: **IX**, 391
Kant, Immanuel: **I**, 23, 40, 69, 102–103; **II**, 44, 53, 100; **III**, 6, 15, 47, 58, 85, 125, 133–134, 147, 167, 190, 220, 269, 330, 406, 408, 428, 443, 452, 481, 507; **IV**, 66–67 174–175, 338, 344, 411–412, 469, 482, 514–515; **V**, 4, 6–7, 9, 19, 34, 48, 51, 57, 108, 111, 124–125, 134, 137, 158, 163, 186, 203–204, 206, 208–211, 215–216; **VI**, 35, 45, 49–50, 61, 126, 160, 175, 206, 222, 275, 278, 320, 402, 406, 460, 500; **VII**, 98, 227, 312; **VIII**, 45, 173, 208–209, 211, 324; **IX**, 25, 155
Kantorowicz, Hermann: **IX**, 215, 458
Kantorowicz, Thea: **IX**, 458
Kapp, Wilhelm: **VIII**, 185
Karneades von Kyrene: **VI**, 278
Karstadt: **IX**, 231, 538
Kastil, Alfred: **III**, 372, 444
Katkov, Georg: **IV**, 379
Katz, David: **VI**, 273
Katz, Wilhelm Peter Max: **VII**, 205–206
Kauder, Hugo: **VII**, 217
Kauffmann, Max R.: **VI**, 387
Kaufmann, Else: **IV**, 187, 198, 207–208, 211, 213, 216, 220, 229, 234, 236
Kaufmann, Felix: **III**, 280–281, 283, 296, 303; **IV**, 39, 106, 275, 288, 306, 339, 358, 360, 372, 391, 426, 481–482, 484, 486–487, 489,

491–492, 496; **IX**, 77, 81, 97, 100, 104, 122, 217–218, 253–254, 386, 434, 480
Kaufmann, Fritz: **III**, 207, 215, 220, 226, 231, 233; **IV**, 156, 324, 363; **IX**, 363, 378, 415, 511
Kaufmann, Luise: **III**, 347; **IX**, 511
Kautsky, Karl: **VIII**, 273
Kawabata, Gyokusho: **IX**, 404
Kech: **IX**, 442
Keen: **VIII**, 35
Keilbach, Wilhelm: **VII**, 237
Keller, Gottfried: **IX**, 144
Kelsen, Hans: **IV**, 204, 481
Kenyon, Frederic George: **VIII**, 9
Kepler, Johannes: **VIII**, 208
Kerler, Dietrich Heinrich: **VI**, 349–350; **VIII**, 241
Kern, Eduard: **VIII**, 198
Kiefer: **IX**, 444
Kierkegaard, Søren: **III**, 15, 424; **IV**, 465
Kiltenbye: **IV**, 332
Kimbell, F.: **IX**, 217
Kirchhoff, Gustav Robert: **I**, 14; **III**, 499; **VIII**, 236
Kirschmann, August: **I**, 47
Kita, Ryshon: **III**, 44, 214
Kitayama, Junyu: **IV**, 143; **VI**, 287
Klausener, Erich: **IX**, 448
Klein, Elisabeth: **IX**, 154, 431
Klein, Felix: **I**, 59, 321, 429; **V**, 81; **VII**, 193; **IX**, 22, 26, 154, 170, 431
Klein, Jakob: **IX**, 487
Klemm, Otto: **V**, 118
Klose, Walter: **IV**, 136
Kluge, Friedrich: **VIII**, 165, 167
Kneale, William: **IV**, 153
Knittermeyer, Hinrich: **V**, 163
Koch, Emil: **V**, 41
Kohler, Josef: **III**, 167
Kohler, Oskar: **VIII**, 195

Köhler, Wolfgang: **III**, 306; **IV**, 103, 109
Kokoschka, Oskar: **IV**, 218–219; **IX**, 466
Kolbe, Walther: **IX**, 372, 436
König, Robert: **VII**, 288
Königsberger, Leo: **III**, 500; **VIII**, 236
Kopernikus, Nikolaus: **III**, 361
Kotelnikoff: **VIII**, 213
Koyré, Alexandre: **II**, 18; **III**, 27, 41, 209, 212, 216, 218, 238, 242, 246–248, 267, 291, 307, 386; **IV**, 108, 179, 314, 322, 350; **IX**, 105, 360, 380, 410, 465
Kozák, Jan Blahoslav: **III**, 299; **IV**, 227, 326, 341, 344, 350–351, 360, 430, 432, 435; **IX**, 467
Kraepelin, Emil: **II**, 102
Král, Josef: **IV**, 350, 432
Kramer: **IX**, 469
Kraus, Oskar: **I**, 18, 112, 188–189; **II**, 10; **III**, 361; **IV**, 79, 82–83, 296, 298, 300–305, 307, 309–312, 314–317, 320, 322–324, 326, 328–329, 379–381, 523, 560–562
Krause, Albrecht: **V**, 85
Kries, Johannes von: **I**, 166–168
Krischek, Hedwig: **IX**, 37
Krist: **IX**, 3
Kronecker, Leopold: **III**, 499; **VI**, 397; **VIII**, 236
Kroner, Richard: **II**, 113; **III**, 349; **IV**, 157–158, 230–231, 248, 252, 255–256, 258, 324; **V**, 145–146, 151, 154, 158, 161–163; **VI**, 261; **IX**, 218, 234–235, 371, 427
Krueger, Felix: **II**, 100–101
Krüger, Gerhard: **III**, 476
Krukenberg: **VII**, 115
Kucera, Frantisek Blahoslav von: **IV**, 218
Küchler, Walther: **VII**, 276

NAMENVERZEICHNIS

Kuenberg, Max: **VIII**, 172–173
Kuffner, Wilhelm: **IX**, 393
Kühn, Alfred: **VII**, 121
Kuhn, Helmut: **III**, 297, 306, 499; **VIII**, 283; **IX**, 418
Kühnemann, Eugen: **V**, 89; **VI**, 121; **VIII**, 249; **IX**, 283
Kuki, Shuzô: **IV**, 146, 372
Külpe, Oswald: **II**, 74–75, 93–94, 101, 107, 145, 217; **V**, 205–206; **VI**, 350, 408; **VII**, 47, 59; **IX**, 335
Kummer, Ernst Edward: **VIII**, 236
Kuner, Max: **VIII**, 167
Kunkel, Wolfgang: **IX**, 236
Kuntze, Friedrich: **V**, 124–125, 127, 132, 141
Küppers, Erica: **IX**, 433
Kynast, Reinhard: **V**, 213

Laas, Ernst: **V**, 211
Ladenburg: **IX**, 301
Lalande, André: **VIII**, 73
Lambert, Johann Heinrich: **III**, 407
Landau, Edmund: **VII**, 189; **VIII**, 214; **IX**, 223
Landgrebe, Carl: **IV**, 257, 268, 275–276
Landgrebe, Carl Reimar: **IV**, 330
Landgrebe, Detlev: **IV**, 333, 342–343, 354, 357, 359, 361, 363, 374
Landgrebe, Ilse-Maria (geb. Goldschmidt): **III**, 361; **IV**, 248–250, 255–256, 262, 267, 269–271, 299, 313, 316, 318, 322, 324, 331–333, 335–337, 340, 342–343, 349, 354–357, 359, 361, 363–364, 374, 382–383, 554–555, 563
Landgrebe, Ludwig: **I**, 119, 188–189; **II**, 266; **III**, 53, 218, 229, 231, 254–255, 261, 263, 268, 292, 296, 299, 303, 305, 308, 361–362, 442, 475–476; **IV**, 3, 44, 52–53, 59, 74, 101, 109, 144–145, 154, 158–159, 189, 207, 216, 224, 428–432, 435, 486, 494, 523–524; **VI**, 134, 139–140; **VIII**, 69–70, 116, 196, 301; **IX**, 115, 117, 124, 241–242, 253, 257, 306, 356, 392, 448, 452–453, 462, 468, 482–483
Lang, Victor von: **VIII**, 236
Lange, Friedrich Albert: **I**, 5
Langer, Susanne Katherina: **IV**, 32–33, 35, 37, 40, 196; **IX**, 217, 429–430
Langer, William Leonard: **IV**, 32–33, 35, 37, 39–40, 196–197, 199; **IX**, 217–218, 429–430
Lanz, Heinrich: **VIII**, 19
Laplace, Pierre Simon: **I**, 104; **VI**, 433
Lask, Emil: **II**, 199, 229; **IV**, 511, 514; **V**, 124, 151, 176, 180; **VI**, 215
Lassner, Hans [Jean]: **IV**, 43–44, 205, 210, 216–217, 219–222, 228–230, 232, 240, 339, 343, 358, 433–434, 491; **VII**, 223; **IX**, 100, 106, 112–114, 120–122, 448, 451, 476
Lasswitz, Kurd: **I**, 5; **V**, 84
Lazarus, Moritz: **VIII**, 236
Leau, Léopold: **VI**, 33
Leers, Otto: **VIII**, 134
Lehmann, Karl: **IV**, 56; **IX**, 246, 336
Lehmann, Max: **IX**, 336
Lehmann-Hartleben, Karl: **IV**, 56; **IX**, 246, 336
Lehrer: **IX**, 301
Leibniz, Gottfried Wilhelm: **I**, 23, 27, 31, 50, 59, 127, 153; **III**, 6, 226, 289, 332, 398–401, 404, 407–408, 414, 419, 428–431, 434–435, 437, 439–440, 444, 446–447, 449, 452, 460, 472, 479–481, 485–486, 488–489, 510, 514, 516–518, 534; **IV**, 74, 84, 320, 511, 514; **V**, 19, 53, 125, 127; **VI**, 160, 257; **VII**, 97, 151; **VIII**, 206; **IX**, 87

Leisching, Eduard: **I**, 188–189; **IV**, 296, 298, 300, 302, 328
Leisegang, Hans: **V**, 163
Leist: **VIII**, 116
Lejeune-Dirichlet, Peter Gustave: **V**, 100
Lenel, Otto: **III**, 501–502; **IX**, 213, 372, 419
Lenz: **VIII**, 315
Leo, Cécile (geb. Hensel): **V**, 100
Leo, Friedrich: **II**, 215; **V**, 100
Leon, Philip: **III**, 293
Léon, Xavier: **III**, 246; **V**, 76; **VI**, 40
Lepsius, Sophie: **II**, 215
Leser, Hermann: **II**, 168–169; **V**, 125, 128, 141
Lessing, Gotthold Ephraim: **III**, 6, 506; **VII**, 27
Lessing, Theodor: **VII**, 133; **VIII**, 245–248
Leubl: **IX**, 497
Leumann, Ernst: **VIII**, 174
Levinas, Emmanuel: **III**, 242, 359; **IV**, 108, 110, 153; **VI**, 458; **IX**, 355, 361
Lévy-Bruhl, Lucien: **III**, 246; **IV**, 369; **VI**, 375
Lewald, Hans: **IX**, 223
Lewis, D.: **IX**, 260, 262, 267
Lewis, Sinclair: **IX**, 182
Leyendecker, Herbert: **II**, 144; **III**, 529; **IX**, 284
Lichtenberger, Henri: **III**, 246; **IX**, 355
Lichtenstein, Leon: **VI**, 265–266, 268
Lie, Sophus: **VII**, 291
Liebert, Arthur: **III**, 305, 308; **IV**, 52, 57, 72, 74, 112, 225, 238, 295, 316, 346–349, 359–360, 363, 492; **V**, 210–211, 215; **VI**, 241; **VIII**, 51–53, 277–279; **IX**, 126–127, 180, 250, 253, 374
Liebmann, Otto: **II**, 106; **IV**, 411; **V**, 84; **VI**, 85, 90; **IX**, 49, 335

Liljeqvist, Per Efraim: **V**, 156; **VIII**, 249
Lindenthal, Ernest: **I**, 64
Lindworsky, Johannes: **IV**, 309–311, 321
Linke, Paul Ferdinand: **II**, 106, 199, 216, 226, 230; **III**, 71; **IV**, 405–406; **VI**, 91; **VIII**, 49–50
Lipps, Christine: **IV**, 154
Lipps, Eva: **II**, 191
Lipps, Gottlob Friedrich: **V**, 118
Lipps, Hans: **II**, 159–160; **III**, 27–28, 209, 212, 216; **IV**, 154, 158, 273; **VI**, 273–274, 280; **VII**, 55, 294; **VIII**, 128
Lipps, Theodor: **I**, 46–47, 51, 209; **II**, 3, 15, 35, 38, 40–41, 44, 47, 54, 59, 74, 88–91, 99, 102–106, 131, 135–137, 139, 141–143, 145, 148, 153, 189–192, 199, 205–206, 211–213, 277; **III**, 84, 365, 368, 370, 395; **V**, 96, 105, 112, 115, 118, 149, 196, 198–199, 204, 207; **VI**, 126, 200, 340, 407–408; **VII**, 45; **VIII**, 187, 320; **IX**, 21, 23, 32, 37, 46
Lipschitz, Rudolf: **VII**, 185
Littmann, Enno: **II**, 215; **V**, 122; **IX**, 341
Litzmann, Berthold: **VI**, 67
Locke, John: **II**, 29; **III**, 134, 159; **IV**, 60, 112, 469; **VI**, 150, 257
Loewe [Loew], Konrad: **IX**, 275, 287
Loewe, Mathilde: **IX**, 287
Loewenberg, Jacob: **III**, 166
London, Fritz: **II**, 109–110, 173; **III**, 217
Loofs, Friedrich Armin: **IX**, 347
Lopatin, Leo Michailowitsch: **III**, 534, 540
Losskij, Nikolaj: **VII**, 110
Lotze, Agnete: **IX**, 155

NAMENVERZEICHNIS 163

Lotze, (Rudolf) Hermann: **I**, 13, 39, 41, 86, 88, 110, 153; **II**, 206, 287; **III**, 31, 407, 480; **IV**, 313; **V**, 4, 81, 134, 179; **VI**, 460; **VII**, 185; **VIII**, 50; **IX**, 22, 155
Löwith, Karl: **II**, 108; **III**, 476
Ludendorff, Erich: **III**, 405
Lukrez: **IV**, 130
Lütgens, Hans: **IX**, 414, 419
Luther, Martin: **III**, 6, 105, 256, 395, 419, 471; **IV**, 337, 432; **V**, 150, 163; **VII**, 9, 207, 305; **IX**, 137, 462
Lyon-Caen, M.: **VIII**, 3–5

MacDonald, James Ramsay: **III**, 7
Mach, Ernst: **I**, 14, 27, 107; **II**, 20, 25, 38–39, 50; **III**, 71; **V**, 195; **VI**, 340; **VIII**, 58; **IX**, 23–24, 308
Machlup, Fritz: **IV**, 81, 229; **IX**, 254
Madelin, Louis: **VIII**, 23–24; **IX**, 428
Mahnke, Dietrich: **II**, 51; **III**, 32–33, 85, 95, 226, 233, 235, 332–334; **IV**, 142, 146, 148, 251; **V**, 184; **VI**, 97–98; **VIII**, 255
Mahnke, Kläre: **III**, 423, 425, 430–431, 453, 456, 479
Maier, Heinrich: **II**, 203; **III**, 475; **V**, 3, 97, 102, 105–107, 111, 133–134, 200; **VI**, 52; **VI**, 91, 271; **VII**, 201; **VIII**, 108, 206, 212; **IX**, 337
Maimon, Salomon: **V**, 124–125, 127
Maine de Biran: **III**, 529
Malebranche, Nicolas: **IV**, 101
Mally, Ernst: **I**, 147, 209
Mandl, Charlotte: **IX**, 42–43, 89, 115, 117, 187, 356, 379
Mandl, Emilie: **III**, 495; **IV**, 31; **IX**, 89, 187, 213, 379, 420–422, 424
Manem, Rudolf: **VI**, 222
Mann, Mathilde: **V**, 182
Mann, Thomas: **VI**, 227
Marbe, Karl: **II**, 75, 101

Marchionini, Alfred: **IV**, 366; **IX**, 265, 458, 461, 463, 472, 484, 486, 497, 500
Marchionini, Tilde (geb. Soetbeer): **IV**, 366; **IX**, 265, 458, 484, 499
Marck, Siegfried: **IV**, 307–310
Marks: **IX**, 487
Marten: **IV**, 154
Martin: **IX**, 309–310
Martin, Lillien Jane: **II**, 100
Martín-Alonso, Nicolas: **IX**, 245
Martinak, Eduard: **VI**, 340–341
Martius, Friedrich: **II**, 102
Martius, Götz: **III**, 338; **IX**, 15
Martius, Hedwig, s. Conrad-Martius, Hedwig
Martius, Heinrich: **IX**, 309
Marty, Anton: **I**, 12, 18, 35, 48, 51; **III**, 372; **IV**, 303, 310, 317, 321, 379–380; **V**, 203
Marx: **VIII**, 241
Marx, Karl: **IV**, 80
Masaryk, Alice: **I**, 106
Masaryk, Charlotte (geb. Garrigue): **I**, 99, 104, 111
Masaryk, Herbert: **I**, 106
Masaryk, Thomas Garrigue: **IV**, 101, 166, 222, 224–225, 227, 303, 305–306, 323–324, 344, 363, 408, 426, 428–429, 435; **VI**, 138; **VIII**, 57–58; **IX**, 242, 467
Matejko, Jan: **III**, 179
Maurois, André: **IX**, 389
Max (Prinz von Baden): **VI**, 226–227
Mayer, Adolph: **III**, 500; **VIII**, 236
McMahon: **III**, 292; **IV**, 33, 319
McTaggart, John McTaggart Ellis: **III**, 48
Mehlberg, Henryk: **III**, 232
Mehlis, Georg: **III**, 70; **V**, 169
Meiner, Felix: **III**, 346; **VIII**, 245–250
Meinong, Alexius: **I**, 74, 153; **II**, 41–42,

83, 107; **III**, 437; **V**, 173; **VI**, 126, 200, 340–341; **VII**, 60; **VIII**, 247
Meinong, Doris: **I**, 149
Mellin, Georg Samuel Albert: **VI**, 275
Mellon, Matthew Taylor: **IV**, 122
Melsheimer-Bruhns: **IX**, 455
Mendel-Steinfels, Laura von: **IV**, 457–458
Mendelssohn-Bartholdy, Fanny s. Hensel, Fanny
Mendelssohn-Bartholdy, Felix: **V**, 100
Mennicke, Carl August: **IV**, 450
Menzer, Paul: **III**, 428, 474; **IV**, 180; **VI**, 275
Merckel: **VIII**, 176
Messer, August: **V**, 208, 213–214; **VI**, 175–176
Metz, Friedrich: **VIII**, 199–201
Metzger, Arnold: **II**, 239; **III**, 14–15, 225; **V**, 160
Meyer, Conrad Ferdinand: **IX**, 144
Meyer, Eduard: **I**, 164
Meyer, Rudolf: **III**, 85
Meyerson, Émile: **VI**, 375; **IX**, 361
Mez, Beatrix: **IX**, 333, 337
Mez, Carl: **IX**, 333, 337
Mez, Magda: **IX**, 337
Mez, Marie: **IX**, 337
Mez, Thea: **IX**, 333, 337
Mićić, Zagorka: **IV**, 373, 428–429; **IX**, 253
Mill, John Stuart: **I**, 14, 102–103, 131, 136; **IV**, 84; **V**, 52, 56, 211; **VI**, 255
Mille: **VIII**, 108
Miller, Dickinson Sergeant: **IX**, 407
Mirbt, Carl Theodor: **IX**, 337
Misch, Clara (geb. Dilthey): **VI**, 272, 275, 278
Misch, Georg: **II**, 116; **III**, 328, 416; **IV**, 260, 270, 272–273, 288; **V**, 97, 118, 123–124, 130, 133–134; **VII**, 201

Mittenzwey, A.: **II**, 217
Miyake, Gôichi: **IV**, 29, 397; **IX**, 76, 382, 387
Miyamoto, W.: **IV**, 511, 515
Mochizuki, Shinkô: **IV**, 143
Moe, Henry Allen: **IX**, 267
Moellendorff, Wilhelm Hermann Wichard von: **IX**, 402
Mommsen, Theodor: **IX**, 431
Montaigne, Michel de: **VI**, 358
Moore: **VII**, 25
Moore: **IX**, 183
Moore, George Edward: **I**, 115; **III**, 31, 40, 48, 437
Mörike, Eduard: **I**, 164; **V**, 122; **VI**, 404; **IX**, 144, 211
Morris, Charles William: **IV**, 204, 428; **VII**, 25; **IX**, 251, 447
Moser: **IX**, 358
Moskiewicz, Georg: **IX**, 284
Mügge, Otto: **IX**, 300
Mühlmann, Wilhelm Emil: **IV**, 489
Muirhead, John Henry: **VI**, 136–138
Müller: **VIII**, 108
Müller: **IX**, 391
Müller, Conrad Heinrich: **III**, 439
Müller, Constantin: **VIII**, 165–166
Müller, Erna: **IX**, 58, 85
Müller, Ferdinand August: **I**, 5
Müller, Friedrich von: **IX**, 428
Müller, Georg Elias: **I**, 41–42, 47, 86–87, 89, 203; **II**, 16, 122, 192, 203, 231; **III**, 321, 323; **IV**, 313; **V**, 89, 99–101, 118, 135–136, 139, 179, 194; **VI**, 273–274, 403; **VIII**, 102, 105, 108, 205, 325; **IX**, 21–22, 46
Müller, Johannes: **VI**, 227
Müller, Max: **VI**, 187
Münsterberg, Hugo: **II**, 88, 95, 105; **III**, 17–18, 130, 132, 135, 138, 142; **V**, 14, 90, 181–182

Mutsuhito (Kaiser): **IX**, 405

Napoleon: **VI**, 220, 476; **IX**, 86, 89, 289

Napoleon III.: **I**, 100

Näpple, Josefine: **IV**, 383; **VII**, 167; **IX**, 244, 264, 270, 416, 418, 431, 442, 448, 460–461, 465, 468, 472, 488, 496, 499, 508–510

Natorp, Annemarie: **V**, 146

Natorp, Hans: **V**, 142

Natorp, Paul: **I**, 4; **II**, 44, 46, 92, 109, 217; **III**, 43, 136, 144, 321, 329–330, 408, 416, 464, 468; **IV**, 77, 84, 133–136; **V**, 3–4, 6, 23, 172, 200, 205; **VIII**, 206, 209; **IX**, 25, 136

Naumann: **VII**, 211

Neander, August Wilhelm: **VI**, 159

Neilson, William Allen: **IX**, 254, 257, 261

Nelson, Elisabeth: **V**, 100

Nelson, Leonard: **II**, 194; **IV**, 174; **V**, 99–100, 106, 112, 136, 139; **VI**, 273; **VIII**, 207–211, 214–216

Nernst, Walther Hermann: **III**, 52; **VII**, 121

Neuhaus, Karl: **II**, 193; **III**, 368, 394

Neumann, Carl: **IX**, 34

Neumann, Carl Gottfried: **VIII**, 236

Neumann, Franz: **IX**, 297

Neumann, Friedrich: **III**, 216

Neumann, Friedrich: **IV**, 175

Neumann, Karl Eugen: **VII**, 305–306

Neumann, Ludwig: **VIII**, 162

Neuner, Robert: **IX**, 467

Newald, Richard: **IX**, 69

Newton, Isaac: **I**, 31; **II**, 90–91; **VIII**, 208; **IX**, 108

Nicolson, Harold G.: **IX**, 455

Niebuhr, Reinhold: **VI**, 43

Niemeyer, Hermann: **II**, 9, 113–114, 145, 160–163, 165, 167, 171, 217, 219–224, 226, 228, 230, 266; **III**, 28, 39, 209–210, 212, 219, 228, 231, 238, 251–252, 255–256, 262, 265–267, 279, 288, 290, 346, 409, 414, 424, 436, 446, 452; **IV**, 156, 283–285, 320, 326, 455, 459, 464; **VIII**, 255–257; **IX**, 395

Niemeyer, Max: **VI**, 335; **VIII**, 253

Niese, Berta: **IX**, 215, 366, 458

Niese, Hans: **III**, 339; **IX**, 300

Nietzsche, Friedrich: **III**, 81, 108, 246, 480; **VI**, 357, 402; **VII**, 109, 218; **VIII**, 247; **IX**, 504

Nikolaus von Kues: **VI**, 473

Nink, Kaspar: **VIII**, 185

Nishida, Kitarô: **IV**, 515

Nitzsch, Carl Immanuel: **VI**, 159

Noether, Emmy: **VI**, 271–272

Nohl, Herman: **II**, 109, 111; **IV**, 155, 273; **V**, 134; **VI**, 273, 276, 278, 280; **IX**, 403, 405, 409

Nöldecke, Theodor: **IX**, 341

Norden, Eduard: **VII**, 305–306

Norström, Vitalis: **VII**, 3–4

Northcliffe, Alfred: **III**, 12

Oakeley, Hilda Diana: **III**, 49

Ochsner, Heinrich: **VII**, 205–207

Oertel, Hanns: **II**, 109

Oesterreich, Traugott Konstantin: **V**, 124

Offenberg, Maria: **VIII**, 168

Oldenberg, Babette: **IX**, 321, 396, 444, 469, 490, 505

Oldenberg, Hermann: **II**, 222; **IX**, 321, 348, 396

Oldenberg, Otto: **VII**, 202; **IX**, 396, 444, 469

Oltmann, Friedrich: **VI**, 63

Opitz, Erich: **IX**, 402, 405, 436, 447, 458, 461, 463, 472

Oppenheim, Katharina (geb. von

Kuffner): **IX**, 392–393
Oppenheim, Paul: **IX**, 392–393
Ortega: **IX**, 448, 451
Ortega y Gasset, José: **III**, 298, 579; **IV**, 211; **VI**, 4; **VII**, 223; **IX**, 111, 245, 448
Ortmann, Margarete: **III**, 383
Osborn, Andrew Delbridge: **IV**, 46–51
Ostwald, Wilhelm: **III**, 71, 399; **VI**, 125
Otaka, Tomoo: **III**, 303; **IV**, 29–30, 94, 204, 217, 286–288, 481, 483, 485, 489; **VII**, 222; **IX**, 76, 105, 386, 390, 404–405
Otama, Tomoye: **III**, 214
Ott, Q.: **IV**, 75, 232; **IX**, 254–255, 263, 265, 267–269, 476, 491, 493–494, 503
Otto, Ernst: **I**, 189; **IV**, 302, 380, 564
Otto, Martin: **IX**, 266–267, 269, 325, 491, 493–499, 506, 511–512
Otto, Rudolf: **IV**, 132
Oyama, Tomoye: **IV**, 397, 509

Palágyi, Melchior: **V**, 198; **VI**, 447
Pankow, Otto Robert: **IX**, 433
Panofsky, Erwin: **IX**, 470
Panzer, Friedrich: **VIII**, 19–20
Parmenides: **V**, 19
Patočka, Jan: **I**, 100, 118–120; **III**, 292, 296; **IV**, 43–45, 205, 224, 314–316, 318–320, 322, 324, 326, 333–334, 337, 339–340, 342–343, 349–351, 354–355, 357–359, 361, 391, 565; **VII**, 223; **VIII**, 95; **IX**, 100, 112–114, 241–242, 245, 448, 451
Pauer: **VIII**, 213–214
Paufler, Max: **IV**, 345, 365
Paul (Prinz von Jugoslawien): **VII**, 75
Paulsen, Friedrich: **III**, 9, 129–131, 133, 135; **VI**, 415, 475; **VIII**, 222, 236

Paulsen, Johannes: **II**, 94; **V**, 96–97, 100, 105
Paulus: **III**, 208
Peacock, George: **VI**, 112
Peano, Giuseppe: **VI**, 34
Peiffer, Gabrielle: **III**, 253, 359; **IV**, 107; **IX**, 412
Peipers, David: **V**, 195; **VIII**, 102
Peirce, Charles Saunders: **IV**, 122; **VII**, 267
Peiser: **III**, 93; **IX**, 402
Perry, Ralph Barton: **II**, 223; **IV**, 538; **VI**, 302; **IX**, 183, 378
Pestalozzi, Johann Heinrich: **V**, 93
Peter II. (König von Jugoslawien): **VII**, 75
Peter, Albert: **VIII**, 211
Peter, Hermann Georg: **VIII**, 163
Peters, Kurt: **II**, 38, 40; **IX**, 32
Petrarca, Francesco: **VIII**, 105
Petzäll, Åke: **VIII**, 283–284
Petzold, Joseph: **V**, 136; **IX**, 308
Pfänder, Alexander: **II**, 9, 15–18, 43, 50, 52, 55–62, 64, 66, 72, 78, 87, 89, 96, 109, 113–114, 116, 189, 191–192, 225–227, 239, 253, 257–258, 260, 266; **III**, 14–15, 27, 125, 203, 205, 207–208, 210, 213, 215, 295, 384, 416, 454; **IV**, 285–286, 305; **V**, 144, 149–151, 154, 164; **VI**, 273, 491; **VII**, 59, 177, 290; **VIII**, 177; **IX**, 517
Pfänder, Rosa: **II**, 78, 156, 162, 164, 166, 168, 170, 174–175, 178, 184
Pfeiffer, Carl A.: **VIII**, 169
Pfeiffer, Johannes: **VIII**, 197
Pfeilschifter, Georg: **VIII**, 13–16
Phalén, Adolf: **VI**, 311
Pichler, Hans: **II**, 166; **III**, 431–433, 437, 443–444, 447–448, 452, 464
Pinisch, H.: **IV**, 496
Pischel, Richard: **I**, 164

Pitkin, Walter Boughton: **I**, 39; **II**, 223; **III**, 158, 459–460; **VI**, 149; **VIII**, 253, 332
Planck, Max: **VII**, 93
Platon: **I**, 23, 39, 52, 101, 111; **II**, 51, 92, 94, 102, 288; **III**, 11, 82, 158, 215, 429, 529; **IV**, 130, 132–133, 409; **V**, 19, 79, 85, 89, 91, 95, 111, 125–127, 138, 147, 161, 195; **VI**, 160, 225, 240, 279, 359, 406, 427–428, 456, 461, 472, 476; **VII**, 5, 21, 87; **VIII**, 45, 164, 178–179; **IX**, 109, 137, 144, 387
Plautus: **I**, 14
Plener, Ignaz von: **I**, 12
Plessner, Helmuth: **VI**, 57–59
Ploetz, Arthur: **VIII**, 63
Plotin: **VI**, 456, 460, 503
Pohl, Robert: **VII**, 120
Pohl, Wenzel: **VII**, 233–234
Pohlenz, Max: **II**, 203
Poincaré, Henri: **VI**, 35
Poincaré, Raymond: **III**, 50; **IX**, 173
Poisson, Siméon-Denis: **I**, 104
Polak, Leo: **IV**, 448–449; **VII**, 281
Port, Kurt: **VIII**, 331
Pos, Hendrik: **III**, 44; **IV**, 153, 372; **VI**-**I**, 281; **IX**, 378, 380, 411–412
Prandtl, Ludwig: **VII**, 121
Prees: **I**, 103
Priester, Kurt: **IX**, 335
Pringsheim, Fritz: **IV**, 231; **IX**, 216, 234, 236, 372, 394, 397
Properz: **V**, 162
Protagoras: **I**, 34
Proust, Marcel: **IV**, 144
Przywara, Erich: **IX**, 374
Purves, Grant: **III**, 292; **IV**, 33, 199, 319; **VI**, 441–443
Pythagoras: **I**, 101

Quinet, Edgar: **I**, 100

Quintilian: **VII**, 9
Raabe, Wilhelm: **III**, 518
Rabbow, Paul: **II**, 203
Rachfahl, Felix: **VIII**, 121, 169, 181
Radakovic, Mila: **I**, 139
Rademacher, Hans Adolph: **IX**, 256, 258–259, 485–486
Rádl, Emanuel: **IV**, 425–426; **VI**, 237; **VIII**, 91–96
Raffael: **I**, 91
Ranke, Leopold von: **VI**, 364; **VIII**, 13
Rappeport, Ernst: **IX**, 284
Rathenau, Walther: **VI**, 227
Rauch, Karl: **III**, 503; **IX**, 212, 498
Ravaisson, Felix: **IX**, 382
Rawitscher, Felix: **IX**, 101, 239
Ray, Betty: **IX**, 247, 469
Recaséns Siches, Luis: **IV**, 211; **IX**, 245
Reckendorf: **III**, 345; **IX**, 60–61
Reckendorf, Hermann: **III**, 344–345; **IX**, 60
Redlich, Josef: **VI**, 227; **IX**, 149, 161, 189, 217
Rees, Martha: **IV**, 129, 135–136
Rees, Theophil: **IV**, 129, 135
Rehmke, Johannes: **III**, 507; **IV**, 78, 85
Rehnisch, Eduard (Julius): **IX**, 22
Reinach, Adolf: **II**, 15, 59, 66, 71, 73, 87, 95–96, 105, 141, 146, 150–152, 214, 216, 218, 224; **III**, 14–15, 28, 46, 83, 125, 157, 180, 209, 212, 327, 338, 383, 385, 395, 416; **V**, 112, 129, 132; **VI**, 271; **VII**, 88, 177; **VIII**, 51, 107, 212–213; **IX**, 46, 342
Reinach, Anna: **II**, 194–195, 199, 201, 203–204; **III**, 385
Reinach, Heinrich: **II**, 195, 197
Reiner, Hans: **I**, 187; **IV**, 159, 302; **VII**, 15; **IX**, 395
Reinhardt, Hede: **IX**, 339
Reinhardt, K.: **III**, 402; **IX**, 310–311,

338–340, 342
Reinhardt, Karl: **III**, 402; **IX**, 214, 448
Reininger, Robert: **III**, 331; **VII**, 231
Reinke, Johannes: **VIII**, 249
Reitzenstein, Richard: **II**, 203
Rembrandt: **IV**, 91; **IX**, 310, 455
Remmele, Adam: **VIII**, 134–135
Rensi, Giuseppe: **VIII**, 249
Reyer, Wilhelm: **III**, 14, 231
Reymont, Władysław S.: **III**, 180
Rheinstein, Max: **IX**, 259
Richter, Werner: **III**, 90, 92, 96, 464; **IV**, 92, 142, 146, 248, 262, 264, 266, 269; **VII**, 300; **VIII**, 109–111, 116; **IX**, 219, 228, 233, 236–237, 375–376
Rickert, Arnold: **V**, 180, 184, 188; **IX**, 180, 314
Rickert, Heinrich: **II**, 39, 74, 212; **III**, 44, 71, 138, 144, 151, 164, 225, 341; **IV**, 32, 148; **V**, 14, 27, 31, 34, 124, 130, 132, 134, 151, 156, 200, 205; **VI**, 125–126, 363; **VII**, 205, 275, 299; **VIII**, 119, 166, 273; **IX**, 180
Rickert, Heinrich jr.: **V**, 172, 174, 176–177, 179
Riecke, Eduard: **IX**, 22
Rieffert, Johann Baptist: **VIII**, 139; **IX**, 395
Riehl, Alois: **I**, 107; **II**, 134; **IV**, 412; **V**, 71, 76, 85, 203, 205–206; **VI**, 149, 280; **IX**, 13, 15, 17, 21, 23
Riehl, Sophie: **V**, 195–196
Riemann, Bernhard: **I**, 11, 164; **VII**, 289
Riezler, Kurt: **IV**, 261
Riffler: **I**, 70
Rignano, Eugenio: **VIII**, 3
Rilke, Rainer Maria: **IX**, 211
Rinckart, Martin: **III**, 105; **IX**, 227
Ripka, Hubert: **IV**, 222–223, 227

Ritter, Gerhard: **IV**, 148; **IX**, 226, 356, 379, 405, 409, 424, 429, 432, 472
Ritzel, Albert: **VII**, 93
Ritzel, Hermann: **II**, 39, 41, 71, 74, 227; **VII**, 93; **VIII**, 254
Robbins, Lionel Charles: **III**, 303; **IV**, 198, 209, 211–215, 228–229
Robin, Léon: **VI**, 240
Rodenberg, Carl Friedrich: **III**, 370
Röder: **IX**, 427
Rodigast, Samuel: **VII**, 13
Rogge, Eberhard: **IV**, 339
Röhm, Ernst: **IX**, 448
Rolland, Romain: **III**, 6
Rombach, Josef: **VIII**, 190
Rombach, Otto: **IX**, 262
Ropohl, Heinrich: **IV**, 96, 153–154; **IX**, 77, 389
Rosenberg, Alfred: **IX**, 480
Rosenberg, Bertha: **IX**, 371, 403, 437, 444, 446, 450–451, 471, 477, 488, 507
Rosenberg, Elisabeth [Elli] H. (geb. Husserl): **I**, 8–9, 12, 108; **II**, 73, 84, 110, 161, 167–168, 172, 259; **III**, 17–18, 20, 22, 31, 50, 88, 102, 109, 117, 207, 210, 217, 222, 239, 255, 261, 294, 309, 312, 348, 373, 402, 407, 444, 451, 466, 495, 512; **IV**, 31, 39, 77, 101, 131, 137, 153, 155, 165, 167–168, 192, 201, 230, 237, 239–241, 342–343, 358, 361, 363, 365, 407, 433–434, 445, 457, 496–497, 505; **V**, 119, 121, 123, 129, 133, 140, 152, 178; **VI**, 139, 141, 182, 242, 276, 376, 487; **VII**, 13–14, 26, 167, 190, 219; **VIII**, 6; **IX**, 3, 9, 11, 13–15, 18, 28–29, 33, 38–40, 42–44, 48, 52, 54, 58–60, 63–66, 68, 74, 78, 86, 90, 92–93, 95, 97, 101–103, 118, 125–126, 129–132, 136, 138, 143, 152–156,

160, 162, 164, 168, 172, 175–176, 180–182, 184, 190, 193, 211, 213, 215, 218, 220, 222, 226–227, 230, 233, 235–236, 239–240, 244, 247–248, 252, 256–258, 260, 263–267, 269–271, 279–280, 282, 289–292, 307, 309, 314, 319, 324
Rosenberg, Erich: **IX**, 450–451
Rosenberg, Gabriel: **IX**, 352
Rosenberg, Hansi: **IX**, 433, 466
Rosenberg, Ike: **IX**, 446
Rosenberg, Jakob: **II**, 110, 172; **III**, 22, 91, 94, 98, 110, 217, 222, 309, 348, 495; **IV**, 31, 55–57, 77, 85, 101, 111, 155, 232–235, 237, 259, 351, 433, 445; **V**, 152; **VI**, 182, 376; **IX**, 60, 63, 65–66, 68, 90, 92–93, 101–102, 125–126, 129, 132, 143, 164, 168, 175, 180–181, 186, 189, 191–193, 216–220, 230, 240, 244, 247–248, 251, 256–257, 266–267, 269, 324, 345–513, 536
Rosenberg, Raphael: **IX**, 351, 433, 466
Rosenberg, Ruth: **III**, 222, 309, 348; **IV**, 77, 167–168, 230, 237, 358, 363, 365, 434; **IX**, 63, 65–66, 68, 93, 101–103, 125–126, 129, 175–176, 180, 182, 184, 193, 220, 227, 252, 257, 262, 264, 350–513
Rosenberg, Saemy: **IX**, 446, 466, 485
Rosenberg, Siegfried: **IX**, 466
Rosenberg, Wolfgang: **III**, 309; **IV**, 77, 167–168, 230, 237, 358, 363, 365, 434; **IX**, 93, 101–103, 125–126, 129, 180, 182, 193, 220, 252, 257, 262, 264, 309, 350–513
Rosenblum, Alexander: **II**, 159–160, 167; **III**, 16, 204, 208, 211–213
Rosenkranz, Karl: **III**, 168
Rosin, Heinrich: **VIII**, 173
Rothacker, Erich: **IV**, 157
Rothe: **IX**, 301

Rothfels, Hans: **IV**, 293
Rottenburg, von: **IV**, 268
Rotter, Gustav: **IV**, 43; **VII**, 233; **IX**, 106
Royce, Josiah: **II**, 223; **III**, 17, 19, 42, 164, 166; **VI**, 205, 302
Ruisdael, Jacob van: **IX**, 354, 357
Runge, Aimée (geb. Du Bois-Reymond): **III**, 19; **IX**, 342, 490
Runge, Carl: **III**, 9, 18–19, 28–29, 31, 53, 338; **VI**, 302; **VII**, 55, 284; **IX**, 34, 300, 341–342, 443
Runge, Fanny: **III**, 18–19
Runge, Franz: **IX**, 300
Runge, Nina [Nerina], s. Courant, Nina [Nerina]
Runge, Wilhelm: **III**, 19; **IX**, 443–444
Rupprecht (Prinz von Bayern): **II**, 214–215
Russell, Bertrand: **I**, 115; **III**, 7, 16, 37, 44, 49, 437, 517; **VI**, 29, 33–35
Rust, Bernhard: **IV**, 313
Ryle, Gilbert: **VI**, 180–181
Saalbach, Willy: **IX**, 447
Sachau, Eduard: **VII**, 212
Sachs, Gaby: **IX**, 255
Salmon, Christopher Verney: **III**, 44; **IV**, 152, 372; **VI**, 136–140, 180; **VII**, 66, 70
Salomon, Alice: **IX**, 230
Salvisberg, Paul von: **I**, 137
Satake, Tetsuo: **IV**, 514
Sauer, Joseph: **VIII**, 197; **IX**, 415
Savigny, Friedrich Carl von: **VI**, 364
Schapp, Wilhelm: **II**, 192; **III**, 394
Scharioth, Friedel: **IV**, 463
Scharschuch, Heinz: **VI**, 7
Schayer, Stanislav [Stanislaus]: **III**, 223, 243; **VIII**, 174–175
Scheibner, Wilhelm: **VIII**, 236

Scheler, Märit [Marinen] (geb. Furtwängler): **II**, 215–216, 224
Scheler, Max: **II**, 44, 53, 58–59, 66, 101–102, 105–106, 142, 149–150, 197; **III**, 25, 79–82, 125, 211, 223, 232, 237, 274, 353, 360, 478; **IV**, 178, 302, 397, 417; **V**, 145, 149, 180; **VI**, 227, 233, 276, 407, 409, 422, 429, 455, 457–459, 477–478; **VII**, 66, 71, 231, 233; **VIII**, 188, 191–192, 254–255
Schell, Hermann: **I**, 56
Schelling, Friedrich Wilhelm: **I**, 23; **III**, 34; **IV**, 515; **V**, 124
Schestow, Leo [Chestov, Lev]: **III**, 241; **VI**, 265; **IX**, 361, 378
Schiemann, Theodor: **VII**, 211
Schiller, Ferdinand Canning Scott: **VI**, 333; **VIII**, 231; **IX**, 224
Schiller, Friedrich von: **I**, 95; **III**, 6, 81, 179; **V**, 89, 122; **VI**, 222; **VII**, 27; **IX**, 49, 63, 116, 268, 283, 423, 449
Schlegel, Balbine: **III**, 165, 204, 426
Schleiermacher, Friedrich Ernst Daniel: **III**, 52; **V**, 124; **IX**, 172
Schlick, Moritz: **II**, 110; **III**, 331; **V**, 146; **VII**, 231, 291–292
Schlözer, August Ludwig von: **VII**, 212
Schmalenbach, Hermann: **II**, 117; **III**, 279, 440; **IV**, 273; **VI**, 274
Schmid: **VIII**, 127–128
Schmid, Heinrich Alfred: **IX**, 336
Schmidt, Erhard: **II**, 60, 69; **VII**, 288; **IX**, 223, 226, 432, 435
Schmidt, Raymund: **V**, 160; **VIII**, 249
Schmidt Degener, Henri: **IV**, 155
Schmidt-Ott, Friedrich: **VIII**, 69–70; **IX**, 416
Schmied-Kowarzik, Walther: **V**, 164
Schmitz-Dumont, Otto: **V**, 57, 62, 68–69; **VI**, 387
Schneider, Artur: **II**, 59

Schneider, Otto: **V**, 42, 84
Schniete: **VIII**, 213
Schnitzler, Arthur: **IX**, 297
Scholem, Gershom: **II**, 257, 260
Scholz, Heinrich: **IV**, 111, 157–158
Schopenhauer, Arthur: **III**, 480; **VI**, 278; **VII**, 45
Schor, Jewsei: **IV**, 153
Schrader: **VIII**, 222
Schreier, Fritz: **II**, 173; **IV**, 173, 175–177, 180, 211, 275
Schröder: **IX**, 343
Schröder, Edward: **II**, 110–111, 203
Schröder, Ernst: **IV**, 78; **V**, 40, 44, 193; **VI**, 29, 32, 34, 107–109, 111, 160, 164, 299; **VII**, 267–268; **VIII**, 287
Schubert, H.: **VII**, 193
Schücking, Walther: **III**, 503; **IX**, 212
Schulenburg, Sigrid von der: **VIII**, 167–168
Schultz, Franz: **VIII**, 124–125, 162, 168
Schultz, Julius: **V**, 198; **VI**, 447
Schultze: **IX**, 310
Schultze: **IX**, 500
Schulz, Fritz Heinrich: **IX**, 241, 443, 447
Schulze-Gaevernitz, Gerhart von: **III**, 55, 58
Schulze-Soelde, Walter: **VIII**, 113
Schumann, Friedrich: **I**, 95; **II**, 94, 100
Schumpeter, Joseph: **IX**, 254
Schuppe, Wilhelm: **IV**, 77, 84; **V**, 41, 114; **VI**, 407; **IX**, 25
Schurz, Carl: **IX**, 478
Schütz [Schutz], Alfred: **III**, 288, 499; **IV**, 81, 106, 109, 183, 188, 195–196, 198, 205, 210–211, 218, 221, 231, 236, 238–239, 241, 243, 287–288, 306, 339, 358, 372; **VI**, 462; **IX**, 100, 104, 122, 254, 407, 483

Schütz, Ilse: **IV**, 211, 238, 485, 491–493, 496–497
Schwartz, Eduard: **II**, 50; **IV**, 17; **VII**, 305
Schwarz, Hermann: **II**, 166; **III**, 400, 444; **V**, 41, 97, 114; **VI**, 407
Schwarz, Philipp: **II**, 257
Schwarzschild, Karl: **VII**, 151
Schweitzer, Albert: **IX**, 455
Schwen(n)inger, Alfred: **II**, 43, 137, 162, 164, 174, 265; **III**, 157; **IV**, 176, 505; **VIII**, 184, 307, 311; **IX**, 171
Schwerin, Claudius von: **IX**, 223, 372, 431
Schwoerer, Viktor: **V**, 180; **VIII**, 119–120, 124–125, 128–133, 135–136, 162, 171, 178
Scola, Franz: **IV**, 321
Seckel: **III**, 82
Sehl, Erica: **III**, 44, 236; **IV**, 183
Seifert, Friedrich: **IV**, 300, 304
Seiler, Gottlob: **IX**, 329
Seillière, Ernest: **VIII**, 5
Selz, Otto: **II**, 217; **VII**, 45
Serrus, Charles: **VIII**, 77–78
Severing, Carl: **III**, 563
Sextus Empiricus: **VI**, 358
Sforza, Carlo: **IX**, 389
Shakespeare, William: **VI**, 222
Shea, Francis Michael: **IX**, 254
Shumway, Daniel Bussier: **IX**, 476
Siebeck, Hermann: **V**, 142; **VI**, 175
Siebeck, Paul: **VIII**, 269
Sieber: **VIII**, 120, 123–124
Sigwart, Christoph: **I**, 25; **II**, 206; **III**, 134
Silberschmidt: **IX**, 257
Simmel, Georg: **II**, 216–217, 229, 231; **III**, 133, 533; **IV**, 13; **VI**, 171, 379
Simon, Hermann Theodor: **VIII**, 211–213

Simon, Max: **V**, 78
Simons, Walter: **IX**, 406
Sinclair, Upton: **IX**, 182
Škrach, Vasil K.: **I**, 117; **IV**, 426, 435
Smend, Rudolf: **IX**, 223, 226
Soetbeer, Franz: **III**, 311; **IV**, 366; **IX**, 265, 458, 484, 486, 506
Sokrates: **III**, 297; **VI**, 237–238; **VII**, 109; **VIII**, 178–179
Solger, Karl Wilhelm Ferdinand: **VIII**, 175
Solovjev, Wladimir: **III**, 534
Sommerfeld, Arnold: **II**, 110
Sorley, William Ritchie: **III**, 33, 48
Spemann, Hans: **VIII**, 182–183
Spencer, Herbert: **I**, 136
Spengler, Oswald: **VIII**, 94
Spett, Georg von: **III**, 212
Spinoza, Baruch de: **I**, 174–177; **III**, 99, 466, 506, 534; **V**, 124; **VI**, 50, 406, 471–472
Spranger, Eduard: **III**, 306; **IV**, 102–104, 133; **VI**, 364; **VII**, 79, 201; **VIII**, 69
Staa, von: **IX**, 369
Stammler, Gerhard: **III**, 444; **IV**, 462
Stammler, Rudolf: **VII**, 79
Stange, Carl: **IX**, 337
Stapel, Wilhelm: **III**, 430; **IV**, 295–299, 301, 561
Starcke: **III**, 409, 413
Staufer: **I**, 100
Stavenhagen, Kurt: **IV**, 183; **VI**, 458
Stefan, Josef: **VIII**, 236
Stegemann, Hermann: **IX**, 349
Stein, Edith: **II**, 18, 159–162, 164–167, 171, 173, 203; **III**, 15–16, 27, 34, 82–83, 176, 180–181, 183–184, 202–203, 205, 207–208, 210, 214–215, 219, 262, 266, 291, 340–341, 343, 360, 386, 406, 415, 441; **IV**, 21, 165, 314; **VI**, 271–273;

VIII, 115; **IX**, 299
Stein, Ludwig: **III**, 368, 370–371, 373, 377–379, 398; **VI**, 35; **VII**, 89; **VIII**, 191
Steinart, Armin, s. Loofs, Friedrich Armin
Steiner, Karl: **VIII**, 129
Steiner, Rudolf: **I**, 114; **III**, 25
Steinschneider, Antonie: **I**, 109; **IX**, 24, 28, 35, 49, 153, 169, 285
Stenzel, Julius: **III**, 503; **IV**, 159, 248, 251–253, 255–258; **VI**, 274; **VIII**, 193; **IX**, 222, 371
Stern, Erich: **VIII**, 176
Stern, William: **II**, 101; **VIII**, 249
Sterneck, Robert von: **VI**, 340
Stieler, Donatus: **IX**, 397
Stieler, Georg: **III**, 487; **IV**, 324; **VII**, 143; **VIII**, 196; **IX**, 82, 372, 374, 378, 383, 390, 397, 400, 408, 494
Stieler, Martina: **IX**, 444
Stifter, Adalbert: **IX**, 270, 504
Stinnes, Hugo: **III**, 54
Stolz, Otto: **VII**, 98–99
Stomps, Magda A. H.: **IV**, 153
Störring, Gustav: **III**, 326; **IV**, 157; **IX**, 335
Stout, Alan K.: **VI**, 182, 514
Stout, George Frederick: **III**, 40, 48, 292; **IV**, 33, 199, 319; **VI**, 183, 334
Straßmann: **IX**, 404, 469
Straus, Erwin: **IV**, 108, 110
Strauss, Bruno: **V**, 161
Strauß, Richard: **IX**, 396
Streicher, Julius: **IX**, 245
Strindberg, August: **VI**, 476
Strong, Charles August: **VI**, 343
Stubenrauch: **IX**, 381
Studer: **IV**, 366; **IX**, 484, 491
Studt, Konrad von: **VIII**, 101
Stumpf, Carl: **I**, 4, 7, 9, 14, 43, 48, 69–70, 88, 90, 95, 119, 123, 132; **II**, 56, 215, 231; **III**, 129–131, 133–134, 239, 310, 416, 444, 466; **IV**, 47, 103, 109, 155, 442; **V**, 196–197, 206, 212, 233; **VII**, 185, 211–212, 279, 295; **VIII**, 192; **IX**, 21–23, 98, 118, 279, 307, 309, 339–340, 409
Stumpf, Felix: **I**, 69, 174
Stumpf, Hermine: **I**, 4; **V**, 212; **VII**, 212; **IX**, 24, 32, 39, 339
Stumpf, Rudolf: **I**, 43, 69, 157; **II**, 56; **VII**, 212
Sueton: **IV**, 148
Sutton, Claud W. H.: **III**, 49
Suzuki, Hiroshi: **IV**, 516
Sweezy, Alan R.: **IV**, 192–194, 196–197, 199–200; **IX**, 218
Switalski, Wladislaus: **VIII**, 187–188, 320–321
Sybel, Alfred von: **II**, 16; **IX**, 334
Sybel, Ludwig von: **V**, 117
Szilasi, Lily: **IV**, 150–151, 505; **IX**, 64, 374, 378
Szilasi, Wilhelm: **II**, 110; **IV**, 139, 150–151; **IX**, 64, 378, 402

Taine, Hippolyte: **IX**, 442, 447, 455
Takahashi, Satomi: **IV**, 374, 397
Tammann, Dodo s. Husserl, Dodo
Tammann, Gustav: **III**, 41, 52, 217; **IX**, 63, 170, 173, 218, 256
Tanabe, Hajime: **III**, 44, 50; **IV**, 373–374; **VI**, 307
Tannery, Paul: **VII**, 193
Tegen, Einar: **IX**, 407
Tennant, Frederick Robert: **VII**, 67
Thales: **I**, 23; **IX**, 109
Thannhauser, Siegfried Josef: **IX**, 225, 230, 267, 437, 491, 496, 501
Theresia von Avila: **III**, 530
Thiersch, Hermann: **III**, 177; **IX**, 343
Thomas von Aquin: **III**, 547
Thomas a Kempis: **III**, 530

Thukydides: **V**, 122; **IX**, 137, 211
Thust, Martin: **III**, 15, 424
Tillich, Paul: **IV**, 261
Tilly, Johann Tserclaes: **I**, 108
Tippo: **IV**, 30
Titchener, Edward Bradford: **II**, 93
Titius, Arthur: **VIII**, 217
Tolstoi, Leo: **VI**, 371; **IX**, 320, 348, 398
Torquemada, Tomás de: **IV**, 82
Trentmann: **VIII**, 173
Troeltsch, Ernst: **II**, 80, 112; **III**, 52, 218, 442, 445, 517; **IV**, 176, 440; **V**, 156; **VI**, 220, 227, 421–422, 476; **VIII**, 109, 129, 182; **IX**, 172
Tschizewskij, Dmitrj: **I**, 187–188; **III**, 44, 362; **IV**, 264, 298, 300, 302, 323; **VII**, 261
Turamini, Alessandro: **VIII**, 189, 321
Twardowski, Kasimir [Kazimierz]: **I**, 144, 170; **II**, 41; **III**, 177, 201, 220, 226–227, 230, 232, 240, 243–244, 266, 278, 314; **V**, 40–43, 47; **VI**, 126

Ubbelohde, Otto: **V**, 119; **IX**, 333
Uhland, Ludwig: **IV**, 278
Ulich, Robert: **IX**, 501
Unruh, Fritz von: **III**, 345
Uphues, Goswin Karl: **I**, 163; **V**, 41, 79, 218–219; **VI**, 27
Usui, Jisho: **IV**, 29; **IX**, 76, 382, 387
Utitz, Emil: **III**, 299, 305, 361; **IV**, 159, 218, 227, 233, 296, 298, 302–304, 312, 317, 321–323, 326, 342–343, 346–347, 358, 360, 450, 454–458, 461–462, 491–492; **IX**, 122, 394–395, 466–467

Vaihinger, Hans: **I**, 163; **III**, 162, 193; **V**, 77, 228; **VI**, 27; **VIII**, 51
Valentin, Veit: **VIII**, 121
Varisco, Bernardino: **VIII**, 249
Vasmer, Max: **I**, 188
Vergil: **II**, 77; **IV**, 219

Viertel, Anton: **VIII**, 105
Viktorov, David: **II**, 36, 38–39; **IX**, 32
Vischer, Friedrich Theodor: **IV**, 177; **IX**, 64
Vlach, Milo: **VII**, 231
Voigt, Andreas Heinrich: **IV**, 78; **VIII**, 288
Volkelt, Johannes: **III**, 416; **IV**, 77, 133, 135; **V**, 49; **IX**, 23
Voltaire: **VI**, 45
Voss, Johann Heinrich: **I**, 23
Vossler, Karl: **I**, 94

Wackernagel, Jakob: **IX**, 337–338
Wagner, Ludwig: **V**, 160
Wagner, Richard: **III**, 246
Walther, Gerda: **II**, 160, 166, 168, 171; **III**, 27, 202, 209; **IV**, 283–286, 288; **VI**, 201
Walton, William: **VI**, 112
Wangerin, Albert: **VIII**, 236; **IX**, 149
Ward, Humphrey: **III**, 154
Ward, James: **III**, 31, 40, 47–48; **IV**, 200
Washington, George: **III**, 50; **IX**, 401
Wätzoldt, Wilhelm: **IX**, 381
Waurisch: **IX**, 48
Weber, Alfred: **VI**, 227
Weber, Hermann: **IX**, 436
Weber, Marianne: **VI**, 201; **IX**, 402–403
Weber, Max: **II**, 259; **IV**, 247, 481; **VI**, 201, 227; **IX**, 402
Weber, Wilhelm: **I**, 86
Wedekind, Edgar Léon: **IX**, 203
Wedemeyer, Werner: **III**, 503
Weidauer, Friedrich: **IV**, 489
Weierstrass, Karl: **III**, 9, 458, 488, 499–500; **IV**, 408; **VI**, 461; **VII**, 295; **VIII**, 222, 236; **IX**, 275
Weinmann, Fritz: **II**, 43, 137; **III**, 157
Weiss, Paul: **IV**, 122

Weisse, Christian Hermann: **III**, 480
Weizmann, Sophie: **III**, 212
Welcker, Hermann: **IX**, 3, 11, 19, 145
Wellhausen, Julius: **IX**, 341
Wende, Erich: **VIII**, 111–113
Wendland, Paul: **III**, 341
Wentscher, Max: **IV**, 157
Werner: **VII**, 185
Wertheimer, Max: **IV**, 27, 35–36, 38–39, 41, 43, 103, 107, 109, 250, 261–263, 266, 277, 291, 448
Westphal, Hans: **II**, 231
Wever: **VIII**, 102–103
Weyl, Helene (geb. Joseph): **VII**, 288, 290, 292–293, 295–296; **IX**, 191, 246
Weyl, Hermann: **IV**, 71; **IX**, 125, 191, 246, 248, 251, 255
Weyr, Emil: **VIII**, 236
Weyrauch: **VIII**, 99
Whitehead, Alfred North: **I**, 115; **III**, 38, 49, 437; **VI**, 29
Wiedemann, Gustav Heinrich: **VIII**, 236
Wieland, Christoph Martin: **II**, 45
Wiesengrund, Theodor, s. Adorno, Theodor
Wiktoroff, David, s. Viktorov, David
Wild, John: **IV**, 24
Wilhelm I. (Kaiser): **I**, 104; **IV**, 43
Wilhelm II. (Kaiser): **VI**, 63, 67, 227; **VIII**, 123; **IX**, 217, 430–431
Willmann, Otto: **VII**, 233
Wilson, Woodrow: **VI**, 300–301
Winckelmann, Johann Joachim: **III**, 177; **IX**, 344
Wind, Edgar: **III**, 226
Windaus, Adolf: **VII**, 121
Windelband, Wilhelm: **I**, 22; **II**, 74, 206; **III**, 140, 144, 316, 517; **V**, 14, 27, 31, 84, 177–179; **VI**, 34, 58; **IX**, 297

Windelband, Wolfgang: **IV**, 157–158; **VII**, 300; **VIII**, 113–114
Winkler, Friedrich Horst: **IX**, 463
Wiskovatoff, von: **VI**, 405
Witasek, Stefan: **II**, 107; **V**, 204; **VI**, 340
Witkop, Philipp: **VIII**, 125, 168, 176
Wittke, Carl Frederick: **IX**, 401
Wittmann, Michael: **VIII**, 189
Wobbermin, Georg: **VII**, 299
Woden, Alexis: **II**, 38–39
Wolf: **I**, 103
Wolf, Erik: **IX**, 223, 378, 390, 402
Wolff, Christian: **I**, 23
Wolff, Johannes: **I**, 4
Wölfflin, Heinrich: **II**, 110; **V**, 140; **IX**, 60–61, 380, 382
Wolfskehl, Paul: **I**, 108
Woodbridge, Frederick James Eugene: **VI**, 343
Woods, James H.: **VIII**, 227
Woodworth, Robert Sessions: **VI**, 343
Wulff: **III**, 49
Wundt, Max: **III**, 329, 517; **V**, 124, 132, 139
Wundt, Wilhelm: **I**, 25, 103, 116; **II**, 39, 93, 102, 217; **III**, 410; **V**, 199; **VI**, 363; **VII**, 35; **VIII**, 236; **IX**, 32
Wüst, Helene: **IV**, 458
Wüst, Ildefons: **IV**, 457
Wüst, Minna: **IV**, 457
Wust, Peter: **VIII**, 189–190

Yamanouchi, Tokuryu: **III**, 44; **VI**, 307
Yorck von Wartenburg, Paul: **III**, 231, 354

Zastrow, Constantin von: **VII**, 257
Zenon: **III**, 27
Ziegenfuss, Werner: **VIII**, 147
Ziegler, Theobald: **III**, 326
Ziehen, Theodor: **VIII**, 52
Ziersch, Paul: **IX**, 266, 492, 506

Zimmermann: **IV**, 345
Zimmermann: **IX**, 440, 448, 454
Zimmermann, Eugen: **IV**, 93, 434; **IX**, 252, 440, 454, 472
Zimmermann, Herbert: **IX**, 454

Zocher, Rudolf: **IV**, 242, 294–295, 301
Zöllner, Johann Carl Friedrich: **I**, 106, 116; **VIII**, 236
Zubiri Apalategui, José Xavier: **VI**, 4

INSTITUTIONENVERZEICHNIS

Das Verzeichnis schließt an bei Band VIII dieser Ausgabe. Aufgenommen sind alle in den Briefen genannten Institutionen, die irgendwie Beziehung zur Wissenschaft haben. Die Anmerkungen werden nur berücksichtigt, soweit sie (über den Brieftext oder anderweitig) einen direkten Bezug zu Husserl haben. Abgrenzung gegenüber dem Verzeichnis geographischer Namen erfolgt nach dem formalen Kriterium, daß geographische Adjektiva zu rein universitären Begriffen („Marburger Professur", aber auch „Marburger Professor") hier, zu allgemeineren Begriffen („Marburger Schule", „Marburger Verhältnisse") dagegen dort Aufnahme finden. Steht der Ortsname eindeutig nur für die Institution, wird er hier unter der betreffenden Institution aufgenommen. Ausdrücke wie „die Universität in Marburg" werden sowohl im Institutionenverzeichnis als auch im Verzeichnis geographischer Namen aufgeführt; Fälle wie „Professor in Marburg" dagegen nur in letzterem. In jedem Fall sollten darum zur Vervollständigung des Bildes auch die einschlägigen Einträge des Verzeichnisses geographischer Namen herangezogen werden.

Akademien
Académie Française (Paris): **VIII**, 23; **IX**, 361, 428
Académie des Sciences (Paris): **VII**, 151
Académie des Sciences Morales et Politiques de l'Institut de France (Paris): **IV**, 192, 460; **VII**, 151; **VIII**, 1–6, 197; **IX**, 86, 88, 91, 186–187, 410, 412, 418, 475
Akademie für deutsches Recht: **IX**, 223
American Academy of Arts and Sciences (Boston): **IV**, 113
Bayerische Akademie der Wissenschaften (München): **II**, 134, 136, 138; **IX**, 37
The British Academy: **IV**, 355, 372; **VIII**, 7–9, 199; **IX**, 126, 474–475
Deutsche Akademie (Akademie zur wissenschaftlichen Erforschung und zur Pflege des Deutschtums) (München): **III**, 88; **IV**, 248; **VIII**, 11–16; **IX**, 383, 385, 428
Heidelberger Akademie der Wissenschaften (Heidelberg): **VIII**, 17–20
Polnische Akademie der Wissenschaften (Krakau): **III**, 181, 314
Königlich Preußische Akademie der Wissenschaften (Berlin): **III**, 428, 431, 485; **IV**, 488; **VI**, 44, 339; **VII**, 151; **VIII**, 206–207
Royal Society (London): **IV**, 355

Gesellschaften
Aristotelian Society: **III**, 48, 50, 216; **VI**, 137, 180; **VIII**, 25–27
Association internationale des Académies: **VII**, 151; **IX**, 87
Association of Learned Societies: **IV**, 35
Ethical Union: **VIII**, 37–41

Euckenbund: **VI**, 92, 438
Fichte-Gesellschaft: **III**, 24, 430
Institut de France: **VI**, 39; **VII**, 322; **VIII**, 23; **IX**, 411
Johannes-Rehmke-Gesellschaft: **III**, 507
Kaiser-Wilhelmgesellschaft: **VI**, 52
Kant-Gesellschaft: **I**, 187; **III**, 85; **IV**, 27, 455; **V**, 203–204, 206–207, 210, 212–216, 218; **VI**, 97; **VIII**, 47–53, 245; **IX**, 180
Philosophia: **IV**, 346, 348, 492; **VIII**, 277; **IX**, 250
Philosophical Society of England: **IX**, 259
Société Française de Philosophie: **III**, 241, 245; **VIII**, 71–73
Société Thomiste: **IV**, 311; **VII**, 87

Komitees
Comité Gabriel Hanotaux (Paris): **VIII**, 21–24; **IX**, 428
Emergency Committee (London): **IV**, 363

Kongresse
a) *philosophische*
I. Internationaler Kongreß für Philosophie (Paris 1900): **V**, 75–76; **VI**, 27–30, 32, 34–35; **IX**, 18
II. Internationaler Kongreß für Philosophie (Genf 1904): **VI**, 34–35
III. Internationaler Kongreß für Philosophie (Heidelberg 1908): **V**, 31; **VI**, 35
[V. Internationaler Kongreß für Philosophie (London 1915)]:[1] **VI**, 58
VI. Internationaler Kongreß für Philosophie (Harvard, Cambridge, Mass. 1926): **III**, 252; **IV**, 121; **VI**, 140, 180, 323, 422–423; **VIII**, 69
VII. Internationaler Kongreß für Philosophie (Oxford 1930): **III**, 252, 254, 260; **VI**, 140–141, 180, 323; **VII**, 108, 110
VIII. Internationaler Kongreß für Philosophie (Prag 1934): **III**, 295–297; **IV**, 202–203, 328, 425–427, 450; **VI**, 237; **VIII**, 89–96; **IX**, 104, 117, 442, 446
IX. Internationaler Kongreß für Philosophie (Paris 1937): **III**, 311; **IV**, 371; **VIII**, 199–201; **IX**, 259
I. Internationaler Kongreß für wissenschaftliche Philosophie (Paris 1935): **IV**, 111

b) *psychologische*
V. Internationaler Kongreß für Psychologie (Rom 1904): **VI**, 339–341
I. Kongreß für experimentelle Psychologie (Gießen 1904): **II**, 94
III. Kongreß für experimentelle Psychologie (Frankfurt am Main 1908): **II**, 93–94, 107
IV. Kongreß für experimentelle Psychologie (Innsbruck 1910): **II**, 100
VI. Kongreß für experimentelle Psychologie (Göttingen 1914): **V**, 212–213; **VI**, 57; **VII**, 175; **IX**, 339

---
[1] Wegen des Kriegs ausgefallen.

c) *sonstige*
Congress of Arts and Science (St. Louis 1904): **VI**, 300
Mathematikerkongreß (Charkow 1930): **VI**, 265
Historikerkongreß (Warschau 1933): **IX**, 429
Theologischer Kongreß (Lausanne 1934): **IX**, 447
Internationaler Kongreß für Römisches Recht (Congressus Iuridicus Internationalis) (Rom 1934): **IX**, 112
Medizinischer Kongreß (Budapest 1935): **IX**, 461
Kunsthistorischer Kongreß (New York 1936): **IV**, 56; **IX**, 471

Ministerien
Auswärtiges Amt (Berlin): **III**, 5; **VI**, 302; **VIII**, 197; **IX**, 91
Badisches Ministerium des Kultus und Unterrichts (Karlsruhe): **III**, 213, 232, 502; **IV**, 137, 141, 148–149, 151–152, 192, 270, 348; **V**, 151, 180; **VI**, 134; **VII**, 280; **VIII**, 110, 117–136, 165, 169, 180–184, 187–188, 197; **IX**, 376, 419
Bayerisches Kultusministerium (München): **II**, 96, 105, 168, 215
Justizministerium (Berlin): **IX**, 66
Kriegsministerium (Berlin): **VIII**, 137–139
Ministerium des Innern (Berlin): **IV**, 328, 330; **VIII**, 198
Österreichisches Kultusministerium (Wien): **I**, 85; **III**, 331; **IV**, 140; **V**, 195
Preußisches Unterrichtsministerium (Berlin): **I**, 4, 9, 41–42; **II**, 45, 104–106, 134, 200, 215; **III**, 52, 90, 95–96, 156, 284, 332, 402, 439, 451, 454, 463–465, 474–475, 503; **IV**, 32, 39, 92, 139, 142, 176, 192, 248, 259, 264, 268, 274, 281, 308, 328, 330, 346–347, 391, 458–460, 477, 505; **V**, 3, 97, 99–100, 112, 114–118, 132, 144, 154, 156, 164, 200, 204; **VI**, 240–241, 272; **VII**, 121, 129, 300–301; **VIII**, 83, 97–116, 120–121, 184, 199–200, 223; **IX**, 16, 21–22, 29, 66, 74, 76, 94, 98, 118, 156, 172, 214–216, 218–219, 221, 227, 229–230, 234–236, 240, 245, 248, 375, 381, 430, 437, 446, 452, 458, 474
Propagandaministerium (Berlin): **IV**, 330
Sächsisches Unterrichtsministerium (Weimar): **VI**, 85, 87–90; **IX**, 335
Tschechoslowakisches Unterrichtsministerium (Prag): **IV**, 321, 324–325

Stiftungen
Academic Assistance Council: **III**, 350
Carnegie-Stiftung: **III**, 279
Guggenheim-Stiftung: **IV**, 25–26
Moses Mendelssohnstiftung zur Förderung der Geisteswissenschaften: **III**, 349; **IV**, 230
Notgemeinschaft der Deutschen Wissenschaft: **II**, 18, 21; **III**, 303, 439, 475; **IV**, 94, 154, 198, 200, 247, 249, 259, 271, 338; **VI**, 134; **VII**, 222; **VIII**, 65–70, 128, 136; **IX**, 98, 105, 376, 416, 434, 452
Rockefeller Foundation: **II**, 116; **III**, 361; **IV**, 40, 108, 110, 113, 321–323, 326, 332–333, 338; **VII**, 222; **IX**, 98, 101, 218

Universitäten

a) *deutsche*

Universität Berlin: **III**, 442, 445; **IV**, 103, 136, 176, 477, 505; **V**, 139; **VI**, 171, 220, 421–422; **VII**, 79, 121, 211; **VIII**, 109–113, 129, 139, 145–147, 182, 184, 206, 222, 235; **IX**, 157, 172, 245, 373

Universität Bonn: **IV**, 157, 274; **V**, 179; **VIII**, 149–153, 175, 321; **IX**, 59, 176, 335, 337

Universität Breslau: **I**, 65; **II**, 43, 212; **VI**, 121

Universität Erlangen: **II**, 166, 168–169; **V**, 157, 196; **VIII**, 173; **IX**, 23

Universität Frankfurt am Main: **III**, 105, 110; **IV**, 71, 103, 109, 250, 259–263, 266–268, 271; **V**, 134; **VII**, 129; **IX**, 94, 101, 103, 137, 203, 215–216, 219, 238, 240, 439, 537, 540

Universität Freiburg: **I**, 114; **II**, 17, 32, 75, 154, 161, 163, 173–174, 183, 229; **III**, 5, 8, 10, 21, 44, 52, 54, 57, 80, 165, 175, 183, 203, 210–211, 215, 232, 351, 354, 360, 422–424, 436, 440, 442–443, 446, 470, 474–475, 487, 493, 501–502, 516–517, 584; **IV**, 25, 67, 96, 117, 136–139, 141, 148–149, 151–153, 346, 351, 378, 387, 453, 466, 470, 496, 505; **V**, 131, 178, 187; **VI**, 62–63, 67, 72, 226, 441; **VII**, 4, 15, 271, 275–276, 293, 305; **VIII**, 112–113, 119–121, 123–124, 130–132, 134–136, 159–201; **IX**, 57, 59, 76, 116, 172, 211, 213, 223, 225, 230, 250, 266–267, 310, 350, 391, 396–397, 401–402, 415, 437, 491, 519

Universität Gießen: **IX**, 226

Universität Göttingen: **I**, 26, 40–42, 86, 138; **II**, 15, 20–21, 45, 91, 96, 104, 109, 111–113, 116, 122, 134, 141, 168, 192, 194, 202, 205, 274; **III**, 16, 19, 29, 33, 39, 67, 76, 105, 153, 156, 164–165, 321, 323, 330, 369, 371, 373, 400, 405, 428–430, 475, 528, 548; **IV**, 32, 39, 109, 113, 227, 272–273, 288, 295–296, 313; **V**, 3, 16, 97, 99–102, 105–106, 109, 115–117, 133, 136, 139–140, 149, 161, 163, 179, 184, 194, 199, 218; **VI**, 85, 149, 175, 271–273, 302, 320, 402–403; **VII**, 88, 120–121, 129, 211–212, 294, 300; **VIII**, 101–109, 170, 203–217; **IX**, 21–22, 26–27, 33, 74, 95, 97–98, 103, 157, 166, 170, 190, 218–219, 221, 227–229, 231–232, 234, 236, 238, 246, 314, 406, 431, 437

Universität Greifswald: **II**, 166; **III**, 453; **IV**, 558; **V**, 114, 144; **VI**, 407; **VIII**, 113; **IX**, 216

Universität Halle-Wittenberg: **I**, 9, 107, 187–188; **II**, 134; **IV**, 296, 456, 459, 462; **V**, 89, 195–196, 200, 205–206; **VI**, 27; **VII**, 261, 300; **VIII**, 52, 99–100, 102, 219–223; **IX**, 11, 16, 19

Universität Hamburg: **IV**, 279–280, 291; **V**, 6, 143; **IX**, 470

Universität Heidelberg: **II**, 74, 229; **V**, 133, 136, 177; **VI**, 408; **VII**, 299

Universität Jena: **II**, 104, 106, 232; **IV**, 417; **V**, 179; **VI**, 85–91; **VIII**, 170; **IX**, 335

Universität Kiel: **II**, 110; **III**, 98, 105, 501, 503; **IV**, 158, 193, 250, 252–253, 255, 313, 448; **VI**, 376; **VII**, 14, 129, 189, 281, 283; **IX**, 13, 90, 97, 188, 212, 294, 397

INSTITUTIONENVERZEICHNIS   181

Universität Köln: **IV**, 281
Universität Königsberg: **IV**, 290, 292, 294, 558; **V**, 161, 164; **VII**, 211
Universität Leipzig: **I**, 113, 116; **II**, 96; **III**, 47, 499; **VIII**, 222, 235; **IX**, 161
Universität Marburg: **I**, 5, 109; **II**, 110; **III**, 328, 331–334, 448, 451, 453–454, 456–458, 463, 465, 467–468, 475–476, 485, 487, 489–490, 498, 504, 513, 515; **IV**, 139–140, 148, 252, 453; **V**, 23, 96, 102, 105, 114–119, 123, 126–127, 130, 132, 139, 141–143, 145, 151, 153–155, 158–159, 161–163, 172; **VIII**, 206
Universität München: **I**, 30, 51; **II**, 74, 88, 94, 96, 101–102, 107, 109–110, 153, 156, 170, 174, 191–192, 211, 214, 232; **III**, 16; **IV**, 17; **VI**, 407; **VII**, 121, 271; **VIII**, 177, 186–187; **IX**, 32, 517
Universität Münster: **VIII**, 164
Universität Rostock: **II**, 102; **IX**, 135
Universität Tübingen: **II**, 96; **VI**, 52; **VIII**, 206

b) *ausländische*
Freie Universität Amsterdam: **IV**, 155, 440
Gemeenteuniversiteit Amsterdam: **IV**, 155, 372, 446–447
Universität Basel: **III**, 222, 279; **IX**, 23
Universität Belfast: **IV**, 372; **VI**, 137
University of Berkeley (California): **II**, 99
Universität Brünn: **VIII**, 155–157
University of Buffalo: **IV**, 79, 229; **IX**, 254
Cambridge University: **III**, 31, 51
Harvard University (Cambridge, Massachusetts): **II**, 92; **III**, 41, 43, 53, 57, 110, 129–130, 140, 142, 152, 159, 170, 292, 443; **IV**, 37, 42, 78, 85, 121, 192, 233, 237, 538; **V**, 90; **VI**, 302, 423, 462; **VIII**, 69, 225–227; **IX**, 129, 171, 183, 189, 217, 254, 260, 263, 378, 429–430, 469, 474–475, 490
Universität von Chapel Hill (North Carolina): **VI**, 261
State University of Virginia (Charlottesville): **IX**, 271, 512
Universität Chicago: **I**, 106
Universität Czernowitz: **I**, 4
Duke University (Durham, North Carolina): **IX**, 254, 257
Universität Istanbul: **II**, 4, 199
Universität Kairo: **II**, 214; **III**, 360
Universität Kioto: **IV**, 514, 516; **VI**, 307
Universität Krakau: **III**, 178, 316
Universität Leiden: **IX**, 157
Universität London: **I**, 111; **III**, 30, 32, 39, 48, 51, 215, 350, 357, 436; **IV**, 173, 372; **V**, 152; **VII**, 295; **VIII**, 181; **IX**, 125, 165, 192, 259
University of Southern California, Los Angeles: **III**, 103–104, 293, 512, 515; **IV**, 33, 37–38, 42–43, 200, 319; **VI**, 455; **VIII**, 229–232; **IX**, 96, 98, 190, 224, 226, 435

Universität Lwów [Lemberg]: **I**, 183; **III**, 227, 249, 265, 272, 284, 288, 444
Universität Melbourne: **VI**, 131; **IX**, 370
Universität Moskau: **II**, 36; **IX**, 32
Columbia University (New York): **IV**, 47; **VI**, 343–345, 422; **IX**, 178, 235
Universität New York (New York): **IV**, 49, 56; **VII**, 284; **IX**, 246, 469
Universität Otago: **VII**, 71
Universität Oxford: **IX**, 234
Sorbonne (Paris): **III**, 27, 212, 216, 237, 241, 243, 245–246; **IV**, 111, 179; **VI**, 179; **IX**, 72–73, 140, 178, 355, 360, 411
Universität von Philadelphia: **IX**, 494
University of Western Australia (Perth): **III**, 584
Tschechische Universität (Karlsuniversität) Prag: **III**, 305; **IV**, 52–53, 224, 350–351, 432, 436; **VIII**, 58, 157; **IX**, 192, 241, 467
Deutsche Universität Prag: **I**, 119, 188–189; **III**, 299, 305, 372; **IV**, 52–53, 75, 207, 224, 296, 298, 300, 304, 308–309, 321–323, 325, 341, 345, 356, 380–381, 432, 523; **VIII**, 58, 157; **IX**, 115, 192, 241, 452, 467
Russische Universität Prag: **III**, 237
Ukrainische Universität Prag: **IV**, 523
Imperial University Tohoku (Sendai): **IV**, 397
Universität Straßburg:[2] **III**, 117, 247, 326; **IX**, 73
Imperial University Tokio: **IV**, 372
University of Toronto: **III**, 32, 213
Universität Utrecht: **IV**, 156
Universität Warschau: **III**, 292
Universität Wien: **I**, 11, 36, 41, 105, 107; **III**, 487–488, 500; **IV**, 140; **V**, 195; **VII**, 45, 233; **VIII**, 222, 233–237; **IX**, 23–24
Universität Zürich: **II**, 117; **III**, 279; **VIII**, 199

Verlage
Akademischer Verlag (Halle): **IV**, 326
F. Alcan (Paris): **VI**, 458
Allen & Unwin (London): **VI**, 139, 143
Johann Ambrosius Barth (Leipzig): **II**, 140; **IX**, 517
Ernest Benn Ltd. (London): **III**, 291
Blackwells (Oxford): **VII**, 65
Braumüller Verlag (Wien): **VII**, 97
Cambridge University Press: **III**, 46; **VI**, 182; **VII**, 63
Benno Cassirer (Berlin): **III**, 310
Friedrich Cohen (Bonn): **I**, 117
Librairie Armand Colin (Paris): **IV**, 105; **VI**, 375, 438, 458
Elsevier (Amsterdam): **III**, 347

---

[2] 1871–1918 deutsch.

The Favil Press (London-Kensington): **III**, 489
Harper & Brothers (New York): **VI**, 337–338, 507
Herder Verlag (Freiburg): **II**, 60
Houghton, Mifflin & Co (Boston): **VI**, 338
Kerler Verlag (Ulm): **VI**, 350
Alfred Kröner Verlag (Leipzig): **VIII**, 239–241
London University Press: **III**, 30
Macmillan & Co (London): **III**, 489; **VI**, 337
Felix Meiner (Leipzig): **III**, 231, 346; **VIII**, 243–250
J.C.B. Mohr (Paul Siebeck) (Tübingen): **V**, 174; **VI**, 477; **VIII**, 267–269
Max Niemeyer (Halle): **I**, 7, 136; **II**, 7, 63, 142, 165, 173, 201, 217–218, 220–222, 226–227, 230; **III**, 28, 51, 160, 209–212, 214, 229, 231, 242, 247–249, 251, 255, 262, 267, 279, 346, 405, 409, 413–414, 419, 424–425, 436, 452; **IV**, 326, 416, 453; **V**, 186; **VI**, 134; **VII**, 93, 216; **VIII**, 251–257; **IX**, 129
Pan-Verlag Rolf Heise (Berlin-Charlottenburg): **VIII**, 52
Jules Payot (Lausanne): **I**, 17
Otto Reichl Verlag (Darmstadt): **VI**, 220, 228
Verlag der Revista de Occidente: **VIII**, 259–261
Routledge & Kegan Paul (London): **VII**, 63
Verlag der „Runde" (Berlin): **III**, 297
Verlag Ferdinand Schöningh (Paderborn): **VIII**, 263–265
Springer-Verlag (Berlin): **III**, 226, 230; **IV**, 183, 449; **VII**, 282–283
B. G. Teubner (Leipzig): **V**, 40
Veit & Comp. (Leipzig): **I**, 136; **V**, 74–75

Zeitschriften
Abhandlungen der Fries'schen Schule: **VIII**, 208, 210
Annalen der Naturphilosophie: **III**, 71, 399; **VI**, 125
Archiv für Anatomie: **V**, 228
Archiv für die gesamte Psychologie: **II**, 217; **VII**, 60, 178
Archiv für Geschichte der Philosophie: **III**, 400
Archiv für Kulturgeschichte: **VII**, 9
Archiv für Sozialwissenschaft und Sozialpolitik: **IV**, 189–190, 484
Archiv für systematische Philosophie: **I**, 183; **II**, 121; **III**, 155, 243, 367–368, 370–371, 373–374, 376–377, 398; **IV**, 78; **V**, 15–16, 40, 42, 69–71, 74, 90; **VI**, 125; **VIII**, 246, 248; **IX**, 136
Benediktinische Monatsschrift: **IV**, 166
Berichte der Akademie der Wissenschaften (Heidelberg): **VI**, 59
Bulletin de la Société française de philosophie: **VI**, 134, 140, 179, 375; **IX**, 140, 314
Deutsche Literaturzeitung: **I**, 94; **III**, 216, 499; **IV**, 106, 287, 306, 483–484, 488; **VI**, 462

Deutsche Vierteljahrsschrift für Literaturwissenschaft und Geistesgeschichte: **II**, 10

Deutsches Volkstum. Monatsschrift für das Kunst- und Geistesleben: **IV**, 295, 299, 301

Les Études Philosophiques. Organe officiel de la Société d'études philosophiques: **VIII**, 77, 79; **IX**, 105

Die Fichte-Hochschule. Beiträge zur Gestaltung der deutschen Volkshochschule: **III**, 24

Die Funkstunde: **IX**, 379

Göttingische gelehrte Anzeigen: **I**, 129; **II**, 50, 213, 217; **IV**, 39, 105–106, 189–191; **V**, 40, 100, 193

Grundwissenschaft: **III**, 507

Hegel-Archiv: **III**, 169

Hochland. Katholische Monatsschrift für alle Gebiete des Wissens, der Literatur und Kunst: **III**, 81; **VIII**, 320

Hochschul-Nachrichten. Monatsübersicht über das gesamte Hochschulwesen des In- und Auslandes: **I**, 137

Jahrbuch für Philosophie und phänomenologische Forschung: **II**, 9, 18, 20, 63–67, 74, 111, 142–148, 150, 157, 159–162, 164–168, 171–173, 197, 199, 213–214, 216–230; **III**, 15–16, 27, 32, 39, 45, 50, 83, 160, 177, 201, 203–205, 207–211, 213–215, 217, 219–221, 224–225, 228, 230, 237, 241, 249, 251–252, 255, 262, 265–267, 270, 273, 278–279, 283–285, 288, 290, 293, 353, 358, 360, 400, 405, 413–414, 419, 425, 434–435, 441–447, 452, 454, 459, 474–475, 478, 499; **IV**, 23, 25, 149, 173–174, 179–180, 182, 184–185, 190–191, 193, 265, 297–298, 416, 456, 459, 464, 477, 513; **V**, 20, 173, 186, 218; **VI**, 3, 77, 136, 140–142, 201, 312, 437, 458, 467; **VII**, 9, 64–65, 93, 107, 176–177, 181, 216, 289–290, 294–295; **VIII**, 70, 177, 212, 254–256, 269; **IX**, 165, 315, 369, 380, 389

Jahrbücher für Nationalökonomie und Statistik: **I**, 165–166

Japanisch-deutsche Zeitschrift für Wissenschaft und Technik: **II**, 243; **III**, 53, 444, 446

The Journal of Philosophy, Psychology and Scientific Methods: **VI**, 343–344

The Kaizo: **III**, 44–45, 217, 439, 446; **IV**, 512–513; **VII**, 253; **VIII**, 271–273

Kant-Studien: **III**, 33, 84, 291, 294, 414, 416, 499, 544; **IV**, 33–34, 39, 78, 133, 195, 197, 294–295, 301, 316, 319, 383, 538; **V**, 77, 163, 172, 184, 204–205, 215, 217, 228; **VI**, 60, 275, 428, 438, 463; **VII**, 171; **VIII**, 47–53; **IX**, 374, 418, 421

Der Leuchter. Weltanschauung und Lebensgestaltung: **VI**, 63

Logos. Internationale Zeitschrift für Philosophie der Kultur: **I**, 96; **II**, 217; **III**, 67, 70–71, 160, 429; **V**, 17, 27, 169–172; **VI**, 43–44, 47–48, 52, 199, 206, 277, 327, 416; **VII**, 181, 276; **VIII**, 269; **IX**, 165

Löhrs Zeitschrift: **V**, 228

Mathematische Annalen: **I**, 108; **V**, 81; **VII**, 98

Mathematische Zeitschrift: **VII**, 294

Mind. A Quarterly Review of Psychology and Philosophy: **III**, 22; **VI**, 180, 182; **VII**, 63, 66, 70–71

Nachrichten von der Gesellschaft der Wissenschaften zu Göttingen: **I**, 108

Neue Jahrbücher für Wissenschaft und Jugendbildung: **IV**, 286, 288

Die Neue Rundschau: **IV**, 414

Österreichs höhere Schule: **VII**, 233

The Personalist. An International Review of Philosophy, Religion and Literature: **VIII**, 231; **IX**, 224

Philosophia. Philosophorum nostri temporis vox universa: **III**, 305–306, 308; **IV**, 52, 57, 72, 74, 76, 85, 112, 225, 228, 230, 233, 239–240, 346–347, 359, 369, 392, 433, 492; **V**, 8; **VI**, 241; **VII**, 32, 143, 225, 227; **VIII**, 275–279, 283; **IX**, 126–127, 249–250, 253, 262, 468

The Philosophical Review: **VI**, 344

Philosophische Blätter: **VI**, 97

Philosophische Hefte: **II**, 9–12

Philosophische Monatshefte: **I**, 133; **II**, 26, 44; **V**, 39–40, 49

Philosophische Studien: **VII**, 185

Philosophischer Anzeiger. Zeitschrift für die Zusammenarbeit von Philosophie und Einzelwissenschaften: **III**, 241, 353; **VI**, 280, 478

Philosophischer Weltanzeiger. Eine Ergänzung zu jeder philosophischen Zeitschrift: **VI**, 99

Philosophisches Jahrbuch der Görresgesellschaft: **VIII**, 189, 321

Philosophy. The Journal of the British Institute of Philosophical Studies: **VII**, 70

Der Piper-Bote für Kunst und Literatur: **VII**, 305

Recherches Philosophiques: **IV**, 350

Religion und Geisteskultur: **VII**, 257

Revue de Métaphysique et de Morale: **III**, 250; **VI**, 29–30, 32, 34, 39–40

Schmollers Jahrbuch für Gesetzgebung, Verwaltung und Volkswirtschaft im Deutschen Reiche: **III**, 474; **IV**, 180

Schönere Zukunft. Wochenschrift für Religion und Kultur: **IX**, 114

Sitzungsberichte der Königlich Preußischen Akademie der Wissenschaften: **I**, 165; **II**, 134; **III**, 157

Die Tatwelt. Zeitschrift für Erneuerung des Geisteslebens: **IV**, 85; **VI**, 92, 438

Theoria. Tidskrift för filosofi och psykologi: **VIII**, 281–284

Unterrichtsblätter für Mathematik und Naturwissenschaften: **III**, 442

Vierteljahrsschrift für Musikwissenschaft: **I**, 123

Vierteljahrsschrift für wissenschaftliche Philosophie: **I**, 5, 128, 131; **V**, 193, 198; **VI**, 125; **VII**, 265–266; **VIII**, 180, 285–289

Voprosy filosofii i psichologii: **II**, 39

Der Weltspiegel: **II**, 151

Zeitschrift für Ästhetik und allgemeine Kunstwissenschaft: **II**, 103; **III**, 226, 279; **V**, 96
Zeitschrift für immanente Philosophie: **VI**, 387
Zeitschrift für Nationalökonomie: **IV**, 189, 202, 484
Zeitschrift für Philosophie und philosophische Kritik: **II**, 92; **III**, 400; **V**, 49, 129, 172, 228; **VI**, 107
Zeitschrift für Psychologie und Physiologie der Sinnesorgane: **I**, 63, 72, 94–95
Zeitschrift für das Realschulwesen: **I**, 64

Zeitungen
Allgemeine Zeitung (München): **I**, 4; **V**, 94, 204
Frankfurter Zeitung: **III**, 4, 19; **IX**, 220, 432, 480
Freiburger Zeitung: **IX**, 346
Hamburgischer Correspondent: **VI**, 408
Kölnische Zeitung: **IV**, 111; **IX**, 287
Kreuz-Zeitung: **III**, 19
Lidové Noviny (Prag): **IV**, 222
Manchester Guardian: **III**, 54
Neue Freie Presse (Wien): **I**, 16; **IX**, 17, 24, 199, 207
Neue Zürcher Zeitung: **III**, 297; **IX**, 488
Prager Tagblatt: **IX**, 104
The Times: **VI**, 142; **VII**, 64, 73; **IX**, 479
Vossische Zeitung (Berlin): **II**, 113

Lokale Institutionen
Amersfoort
Internationale School voor Wijsbegeerte: **IV**, 450

Amsterdam
Philosophische Gesellschaft (Vereeniging voor Wijsbegeerte): **III**, 245; **IV**, 441; **IX**, 176
Psychologische Gesellschaft: **IV**, 449
Verein für Rechtsphilosophie: **IV**, 450

Andover
Andover Seminary: **III**, 153

Berlin
Kaiser-Wilhelm-Institut für naturwissenschaftliche Forschung: **IV**, 226
Kant-Gesellschaft: **II**, 216–217; **III**, 76, 91–92, 273, 359, 478; **IV**, 26, 181; **VI**, 142, 375, 409; **VIII**, 45; **IX**, 80, 371, 392, 520
Staatliche Museen (Kupferstichkabinett): **III**, 91, 94, 495; **VI**, 376; **IX**, 60–61, 92, 168, 189, 368, 379, 381, 457, 463
Verband Alter Herren des Mathematischen Vereins an der Universität: **VIII**, 61–63

INSTITUTIONENVERZEICHNIS 187

Braunsberg
Akademie: **VIII**, 187

Breslau
Volkshochschule: **III**, 207

Brünn
Staatsgewerbeschule: **IX**, 3
Technische Hochschule: **IX**, 31

Bryn Mawr
Bryn Mawr College: **IX**, 154–156, 158

Cambridge
Caius College: **VII**, 265
Moral Science Club: **III**, 34
Newnham College: **II**, 19
Trinity College: **III**, 48

Dresden
Technische Hochschule (Polytechnikum): **III**, 365, 369; **V**, 162; **VII**, 45; **IX**, 234

Emmendingen
Staatliche Heilanstalt: **II**, 265

Erlangen
Akademie für Philosophie auf dem Burgberg in Erlangen: **V**, 155–157, 160
Kant-Gesellschaft: **V**, 155, 157

Frankfurt am Main
Kant-Gesellschaft: **III**, 76, 273, 359, 478; **IV**, 26–27, 181, 259; **VI**, 191, 233; **IX**, 80, 392, 520
Physikalischer Verein: **V**, 108

Freiburg
Bertoldgymnasium: **IX**, 440
Deutsch-Polnisches Institut: **III**, 305
Freundesgruppe der Deutschen Akademie: **IX**, 383, 386, 401
Literarische Gesellschaft: **IX**, 355
Phänomenologische Gesellschaft: **II**, 160; **III**, 204
Stadtverwaltung: **VIII**, 141–143
Wissenschaftliche Gesellschaft: **V**, 131; **VIII**, 85–87

Göttingen
Englisch-amerikanischer Kulturkreis: **II**, 115
Humanistisches Gymnasium: **IX**, 338
Königliche Gesellschaft der Wissenschaften: **I**, 108; **VII**, 151
Mathematische Gesellschaft: **V**, 194; **VII**, 151, 287; **IX**, 27

Philosophische Gesellschaft: **II**, 16, 218; **III**, 394, 397; **V**, 172

Groningen
Psychologischer Verein: **III**, 245; **IX**, 176

Halle
Kant-Gesellschaft: **I**, 188; **III**, 76, 273, 359, 478; **IV**, 26, 181, 298, 457; **VIII**, 45; **IX**, 80, 392, 394, 520
Lateinische Hauptschule: **VI**, 159; **IX**, 11
Waisenhausdruckerei: **II**, 63, 164, 201, 224, 227–228; **III**, 208, 211, 262, 425; **IV**, 453, 455; **VIII**, 256; **IX**, 155

Hamburg
Kant-Gesellschaft: **IV**, 285, 287
Philosophische Gesellschaft: **IV**, 278
Volkshochschule: **IV**, 301

Hannover
Kant-Gesellschaft: **III**, 85
Polytechnische Hochschule: **III**, 368–370, 439; **IV**, 416
Realgymnasium: **IX**, 282

Karlsruhe
Gesellschaft für geistigen Aufbau: **VIII**, 43–45

Kiel
Kant-Gesellschaft: **IV**, 252–253; **IX**, 371
Verwaltungsakademie: **III**, 503

Koblenz
Hochschule für Lehrerinnenbildung: **III**, 112

Köln
Albertus-Magnus-Akademie: **VIII**, 187–188
Kant-Gesellschaft: **IV**, 282

Leipzig
Akademisch-philosophischer Verein: **I**, 116

Lemberg [Lwów]
Philosophische Gesellschaft: **III**, 250

London
London School of Economics: **IV**, 213, 228
Social Society: **IX**, 480

Marseille
Société d'Études Philosophiques: **VIII**, 75–79; **IX**, 105, 442

Moskau
Gesellschaft für das Studium der wissenschaftsphilosophischen Fragen: **III**, 533
Psychologische Gesellschaft: **III**, 533, 538

München
Akademischer Verein für Psychologie: **II**, 3, 40, 47, 51, 54, 88–90, 95, 97, 99, 107, 131, 135, 189, 212; **IX**, 32
Kant-Gesellschaft: **III**, 75–76
Psychologische Gesellschaft: **II**, 89
Technische Hochschule: **IV**, 300

New York
Deutsches Haus: **VIII**, 29–31
Hunter College: **IV**, 48–49, 54; **IX**, 175, 468
New School for Social Research: **IV**, 35; **VII**, 279, 283; **IX**, 215

Northampton, Mass.
Smith College: **III**, 292; **IV**, 75, 319; **VII**, 253; **IX**, 254, 476

Olmütz [Olomouc]
Deutsches Obergymnasium: **V**, 233; **VIII**, 221, 235

Oxford
Deutscher Verein: **VIII**, 33–35

Paris
École des Hautes Études: **IX**, 410
Institut d'Histoire des Sciences et des Techniques: **IV**, 111
Protestantisch-theologische Lehranstalt: **III**, 15, 17, 205, 207

Philadelphia
American Law Institute: **III**, 111; **IV**, 79; **IX**, 129, 193, 256, 264

Pontigny
Institut International de Collaboration philosophique[3]: **VI**, 240; **VIII**, 200–201; **IX**, 259

Posen
Königliche Akademie: **VII**, 211

Prag
Brentano-Archiv: **IV**, 303, 321, 379, 381; **IX**, 105
Brentano-Gesellschaft: **III**, 299, 305, 314, 361; **IV**, 45, 303, 320, 322, 326, 328, 381; **IX**, 122
Cercle linguistique: **III**, 305; **IV**, 353–354, 564; **VIII**, 157; **IX**, 122

---

[3] Ab Herbst 1937 Sitz in Paris.

Cercle philosophique: **I**, 119; **III**, 299, 303–305; **IV**, 45, 95, 206–207, 216, 220, 225, 227, 233, 326–329, 332–333, 335–338, 342, 346–347, 352, 358, 360, 368, 370, 372, 374, 429–430, 432, 435, 450, 563–564; **VIII**, 157, 198; **IX**, 115, 117, 241–242, 244–245, 452, 467
Kant-Gesellschaft: **III**, 299
Masaryk-Institut: **IV**, 225–226, 327, 338; **VIII**, 58; **IX**, 241, 452
Volksbildungshaus (Kulturbund) Urania: **IV**, 330, 340–341, 564; **VIII**, 81–83; **IX**, 116, 242

Princeton
Institute for Advanced Study: **IX**, 125, 191, 246

Prostějov [Proßnitz]
Klub historický a státovedný: **VIII**, 55–58

Reichenau
Staatliche Heilanstalt: **II**, 163, 170, 174, 243; **IV**, 175, 505; **VII**, 31; **VIII**, 184, 307, 311; **IX**, 171

Rom
Collegium Romanum: **II**, 155

Salem
Landeserziehungsheim Salem: **IX**, 400

Speyer
Lehrerinnenseminar St. Magdalena: **VIII**, 115

Stade
Gymnasium: **V**, 184

Straßburg
Philosophische Gesellschaft: **III**, 117
St. Thomasstift: **III**, 117

Tokio
Handelshochschule: **VI**, 307

Wien
Akademisches Gymnasium: **IV**, 287
Jeiteleum: **IX**, 162, 175
Klosterschule St. Anna: **IX**, 37
Kulturbund Urania (Volksbildungshaus): **III**, 280–281, 299, 302; **IV**, 45, 181–182, 185–186, 190–191, 206, 275, 287, 328, 491; **VII**, 231; **VIII**, 83, 198; **IX**, 77, 115, 118–120, 454
Leopoldstädter Realgymnasium: **IX**, 150
Technische Hochschule: **IX**, 161
Technologisches Gewerbemuseum: **IX**, 45

Wurzen
Staatsgymnasium: **VII**, 10

Zürich
Technische Hochschule: **VI**, 261

VERZEICHNIS GEOGRAPHISCHER NAMEN

Aufgenommen sind in den Briefen selber vorkommende geographische Namen im weitesten Sinn. Die Anmerkungen werden nur berücksichtigt, soweit sie (über den Brieftext oder anderweitig) einen direkten Bezug zu Husserl haben. Bei Husserls Briefen aus der Hallenser (1886–1901), Göttinger (1901–1916) und Freiburger (1916–1938) Zeit werden Nennungen dieser Orte nur aufgenommen, wenn er nicht angibt, daß er von dort aus schreibt bzw. wenn er tatsächlich von anderswoher schreibt. In letzterem Fall wird der Absendeort pauschal verzeichnet und *kursiv* gedruckt. Absendeorte der an Husserl gerichteten Briefe sind in der gleichen Weise angegeben. Aus Band II („Die Münchener Phänomenologen") wird München, aus Band III („Die Göttinger Schule") Göttingen und aus Band IV („Die Freiburger Schüler") Freiburg nicht aufgenommen. Tritt ein geographischer Name mit Bestimmungsglied auf (z. B. „Bernau im Schwarzwald"), so wird nur der engere Name („Bernau") verzeichnet. Stadtteile bzw. heute eingemeindete Vororte erscheinen unter dem Namen der betreffenden Stadt. Substantive vom Typ „Japaner" sind (unter „Japan") aufgenommen, wenn der Name der betreffenden Person nicht bekannt ist. Adjektivformen geographischer Namen (z. B. „japanisch", „Comer See") sind einbezogen, sofern sie sich nicht eindeutig auf Kulturelles beziehen. Dagegen werden in Husserls Briefen „deutsch" und „europäisch" auch dann verzeichnet, wenn sie keine geographische Bedeutung besitzen. Die Reihenfolge der Einträge läßt Umlaute und sonstige Sonderzeichen unberücksichtigt.

Aachen: **IX**, 298
Aberdeen: **III**, 292; **IV**, 33
Adelboden: **III**, *142–143*, 149
Aeschi (bei Spiez): **III**, 447; **IV**, 177
Ägypten: **IX**, 263
Aha (Schwarzwald): **IX**, 432
Alexandrowo (Polen): **VI**, *291*
Alpen: **II**, 68; **IV**, 18; **IX**, 9, 476
Alsfeld (Hessen): **VII**, 108
Altglashütten (Schwarzwald): **IX**, 101, 239–240, 431
Althütte (Schwarzwald): **IX**, 431
Amerika: **I**, 104–106; **II**, 88, 92, 99, 105, 223; **III**, 17, 53–55, 58, 109, 140–141, 150, 166, 218, 301, 436, 443; **IV**, 31, 35–38, 40–41, 48, 50–51, 59, 71, 73, 75, 77, 85, 110, 113, 123, 196–197, 204, 229, 234, 237, 240–241, 319, 351, 357–358, 361, 365, 433–434, 485, 496; **V**, 126, 142–143, 146, 151, 157–158; **VI**, 23, 139, 160, 222, 242, 301, 315, 423, 457; **VII**, 72, 280; **VIII**, 69, 231, 253; **IX**, 101, 127, 129, 150, 155–156, 158–159, 163, 168, 171, 173, 182–183, 185–186,

189–190, 193, 217–218, 224, 226, 235, 248–250, 252, 256, 260–261, 263, 324, 400–401, 418, 429–430, 435, 444, 447, 468, 471, 474–476, 480–482, 487, 499, 501
Amersfoort (Holland): **III**, 85; **IV**, 450
Amsterdam: **III**, 239, 241, 245, 466, 478; **IV**, 153, 155–156, 158, *440–441*, 442–446, 449; **VI**, 132, 371; **VIII**, 114; **IX**, 70, 125, 139, 168, 176, 307, 378, 380, 392, 411–413, 433, 437, 450–451, 471, 477, 479, 481, 507
Andover (Massachusetts): **III**, *153–159*
Ankara: **VII**, 167; **IX**, 500
Ann Arbor (Michigan): **VI**, 315
Antwerpen: **I**, 106
Argonnen: **II**, 198; **III**, 341
Arlbergpaß: **IX**, 90, 424
Arles: **IX**, 408
Arnstadt (Thüringen): **IX**, 290–291
Arosa (Schweiz): **IX**, 420
Arras: **II**, 202–203; **IX**, 348
Aschach an der Donau: **IX**, 3, 42, 48–50, 62–63, *154–155, 285–286*, 356
Athen: **VI**, 219, 221
Atlantic City (New Jersey): **IX**, 260
Augsburg: **III**, 72
Äule (Schwarzwald): **IX**, 432
Auspitz (Mähren): **I**, 104
Australien: **IX**, 370
Avignon: **IX**, 408

Bad Aussee: **IX**, 52
Bad Goisern: **IX**, 174
Bad Ischl: **III**, 229, *397–399;* **IX**, 48, 131, 153, 174, 283, 285, 532
Bad Kohlgrub (bei Oberammergau): **VI**, *278–281*
Bad Mergentheim: **II**, 195
Bad Reichenhall: **II**, 170; **IX**, 120

Bad Sachsa: **IX**, *333–334*
Bad Sooden: **IX**, 337
Bad Wildungen: **VII**, 201; **IX**, 348
Bad Wörishofen: **II**, 199
Baden: **I**, 56; **III**, 475; **VI**, 207; **VIII**, 135, 187; **IX**, 76
Baden (bei Wien): **IX**, 20, 43, 152, 532
Baden-Baden: **IX**, 413
Badenweiler (Schwarzwald): **III**, 284, *287–288;* **IV**, *29–30, 283,* 286, *364–365, 436, 483–484,* 486; **IX**, 86–87, 186, 256–257, 321–322, 384, *402–403,* 407–408, 412–413, *481–482,* 483
Balkan: **IX**, 431
Baltikum: **V**, 95
Baltrum: **II**, 56; **IX**, 37, 39–40,
Bapaume: **II**, 147
Basel: **II**, 52; **III**, 279, 289; **IV**, 193, 195, 197, 199–200, 204, 216, 229–230, 233, 251–252, 255, 461, 483, 490, 495, 497; **VII**, *103–104;* **IX**, 23, 97, 421, 434
Battersea: **VI**, *367*
Baveno: **IV**, *90*
Bayern: **III**, 24, 326; **IV**, 216; **V**, 156
Beaulieu: **IX**, 286
Belfast: **VI**, 137
Belgien: **II**, 71, 149, 224, 383; **V**, 214, 216; **IX**, 297, 458
Belgrad: **IV**, 112, 316, 373; **VIII**, 277; **IX**, 127
Bellaggio: **IX**, 364
Belmont (Massachusetts): **IX**, 267, 271, 489, 493, 504, 507, 510, 512
Benares: **VII**, 201
Berchtesgaden: **III**, *325;* **V**, 200
Bergamo: **VI**, 405
Bergün: **IX**, 321
Bergzabern: **II**, 19; **III**, 27, 34, 385
Berlin: **I**, 9, 14, 48, 104–106, 174, 188; **II**, *8–9,* 18, 80, 105, 107,

112, 134, 172, *211–213*, *216–223*, 224, *228–231*; **III**, 4–6, 9, 47, 52–53, *86–113*, 117, *129–135*, 168, 217–218, 222, 239, 255, 261, 273, 275, 290, 294, 297, 301, 306, 310, 349, 359–360, 416, 439, 442, 444, 451, 458–459, 463, 466, 488, 499–500, 503, 512; **IV**, 26–27, 31, 39, *101*, 102–103, 108, *117*, 132, 136–137, 150, 153, 155–156, 165, 167, 176, 181, 184, 192, 201, 213–214, 218, 226, 248, 257–258, 262, 265–266, 328–329, 342–343, 408, 433, 440, 442, *445*, 449–450, 457, 505–506, 523, *527*, 549, 555; **V**, 90, 101, 124, 139, 142, 154, *199–200*, 205; **VI**, 34, *77–78*, 139, 141–142, *171*, 239, *251*, 271, 275, 284, 299–300, 302, *319–320*, *333–337*, 339, 375, *383*, *401–409*, *421–423*, 461, 475; **VII**, 55, 79, 121, 129, 143, 151, *155–157*, *211–212*, *249*, 282–283, 295; **VIII**, *51–53*, *63*, *69*, *99–116*, 129, *139*, *147*, 182, 185, 197, 206, 222, 236, *273*, 332; **IX**, 6–8, 22, 32, 34, 39, 54, 60, 62, 65–66, 68, 70–71, 82, 91, 93, 96–98, 101–103, 116, 118, 129–130, 168, 170, 172, 175–176, 181, 184, 186, 190, 193, 211, 215–216, 218, 222–223, 225–226, 228, 232, 237–240, 248, 260, 275, 286, 298, 300, 307, 309, 320, 338–339, 353, 363, 370, 373, 377, 380–381, 383, 385, 393, 397, 403, 405, 417–418, 420, 423–424, 427, 433, 435, 441–442, 446, 448–449, 463, 467–468, 480–481, 520, 537, 539

Bern: **III**, 375

Bernau (bei St. Blasien): **II**, 77; **III**, 8–9, *81–82*, 83, *179–183*, 269, 291, 342, *416–419*, 420, *421*, *543–544*; **IV**, *128–136*, 297, 406, *407–414*; **VI**, 60, *61–63*, 127, *417–421*, *427–428*; **VII**, *287–289*; **VIII**, *151–153*; **IX**, *52–55*, 56, *345–349*, 412

Bernburg: **IV**, 343–344

Berner Oberland: **III**, 142, 527; **IX**, 357–358

Berninagruppe: **IX**, 68

Besançon: **IV**, 107, 485; **IX**, 411–412

Beuvry: **III**, 403

Beverlo (Provinz Limburg, Belgien): **II**, *200–201*

Birmingham: **VI**, 136; **IX**, 191

Blauen: **IX**, 403

Bludenz: **IV**, *425;* **IX**, 424

Blumenfeld (bei Engen): **VIII**, *133*

Bodensee: **IV**, 95, 216, 368, 428; **IX**, 306

Böhmen: **I**, 111; **IV**, 372–373; **IX**, 281

Bologna: **II**, 139

Bonn: **I**, 4, 117; **II**, 217; **III**, 222, 226, 230; **IV**, 146, 157, 177, 266–267, 269–270, 274–275, *387–388*; **V**, 179; **VI**, 63, 67, 143, 300; **VII**, 276; **VIII**, *151*, 175, 187, 189, 321; **IX**, 65–66, 68, 176, 337, 397

Bosnien: **I**, 105

Boston: **III**, 153; **IV**, 113; **VI**, 338; **IX**, 192, 267, 496

Boulderwood: **III**, 19, 32

Bournemouth: **VII**, *266–268*

Bratislava: **IV**, 217, 240, 372

Braunsberg: **VIII**, 187

Braunschweig: **II**, 44, *45–46*, 57, 61–62, 76, 140, 157–158

Breitnau: **III**, *222–225*, 312, 346; **IV**, *81–85*, *139*, 152; **VI**, 73; **IX**, *262–263*, 490

Brenner: **IX**, 424

Brescia: **VI**, 405

Breslau: **I**, 65; **II**, 43, 69, 212; **III**, 16,

180, 202, 207–208, *324–325*, 341, 547; **IV**, 292, 307–308; **V**, 128; **VI**, 73, *121, 427;* **VII**, 171; **VIII**, 187; **IX**, 7, 284, 461
Bretagne: **IX**, 443
Brissago: **IV**, *506*
Bristol: **III**, 48
Brügge: **II**, *72*
Brünn [Brno]: **I**, 109; **III**, 304; **IV**, 341; **VIII**, 157, 256; **IX**, 3–4, 7, 13, 18, 20, 26, 29, 31, 40, 42–43, 207, 463
Brunnen (Schweiz): **III**, 470
Brüssel: **IX**, 297–298, *299*, 300, 356
Bückeburg: **IX**, 335
Budapest: **VI**, 40; **IX**, 138, 461
Buffalo: **IV**, 57–58, *77–81*, 229, 241, 361; **IX**, 254, 258–260
Bukarest: **IX**, 130
Bürgenstock (am Vierwaldstätter See): **IX**, 356
Bürgstein (bei Haida): **I**, *83–85*

Caen: **VI**, *27–29*
Cambray: **IX**, 348
Cambridge: **II**, 19; **III**, 31–32, 35, 39, *40–41*, 42, 47, 49, 215, 292–293, 436–437; **IV**, 200, 235, 443; **V**, 152; **VI**, *15*, 179–180, *182–183*, 496; **VII**, 265–266, 295; **VIII**, *35*, 298; **IX**, 165
Cambridge (Massachusetts): **III**, 17, 41, 51, *150–153*, *161*, 166, *168–170;* **IV**, 31, 34, 37, 79–80; **V**, 181, *299–303*, 323; **VI**, 422, 462; **IX**, 475
Carcassone: **IX**, 408
Champagne: **II**, 196; **III**, 407, 501; **IV**, 195; **VI**, 72; **IX**, 55, 138
Charkow: **VI**, 265
Charlottesville (Virginia): **IX**, 271–272, 512
Chartres: **IX**, 356
Cherbourg: **IX**, 256, 483

Chiavari (bei Genua): **II**, 177; **III**, 88, 267–268, 358; **IV**, *24–26*, 90, *247–249;* **VI**, *3;* **IX**, 74, 76, 184–185, *320–322*, 382, *385–386*, 495
Chicago: **IV**, *122*, 123, 428; **V**, 157; **VI**, 295; **VII**, 25, 217, 245; **IX**, 183, 255, 259, 271–272, 447, 477, 503, 511–512
China: **III**, 171; **VII**, 163
Chur: **IX**, 321
Comer See: **III**, 255; **IV**, 89; **IX**, 180, 315, 363–364
Compiègne: **III**, 23

Dalmatien: **IX**, 338
Darmstadt: **VI**, 219–221, 226–229, 500
Davos: **IX**, 451
Dehli: **VII**, *201*
Delaware: **III**, 53
Den Bosch (Brabant): **II**, 73
Den Haag: **IV**, 153, 156, 442–443; **IX**, 310
Dessau: **III**, 425; **IV**, 343–344
Deutschland: **I**, 3, 112–115, 181–183, 188; **II**, 93, 99, 103, 116, 157, 177, 199, 215–217, 231; **III**, 4–7, 10, 13, 15–16, 19, 22–24, 29, 45, 50, 52–53, 56–57, 76, 81, 97, 100–102, 137, 140, 144, 152, 155, 160–161, 163, 169–170, 177–179, 201, 210, 212, 216, 218, 221–223, 236–237, 246, 262–263, 278, 289, 291, 297, 301, 316, 337, 354, 359–360, 402, 408, 425, 432–434, 437, 440–441, 456, 468, 478, 490, 492, 494–495, 506, 515–516, 544; **IV**, 31, 33, 35–36, 39, 51, 65, 71–72, 80, 103, 108, 117, 121, 155, 160, 176, 214–215, 222, 224, 226–227, 262, 305, 309–310, 312–314, 323, 330, 342–343, 355–356, 378, 381–382,

391, 408, 418, 421, 439, 448, 463–464, 477, 505, 510; **V**, 6, 24, 71, 95, 122, 125–126, 147, 172, 174, 176, 181, 187; **VI**, 15, 23, 141, 211, 219–226, 238–239, 299–303, 328, 343, 376, 403, 408, 410, 422–423, 443, 456, 513; **VII**, 13–15, 25, 27, 67, 70, 73–74, 109, 120–121, 129, 161, 189–190, 219, 223, 279–282; **VIII**, 5–6, 13–15, 19, 23, 40, 67, 69, 122, 136, 166, 297; **IX**, 7, 54, 57, 60, 74, 80, 87, 89–90, 92, 101, 106–107, 111–112, 128–129, 154–155, 157–160, 163–164, 166, 168, 170–173, 181, 184–189, 217, 237, 242–243, 245, 247, 255–256, 289, 342, 388, 406, 422, 427–430, 452, 460, 462–463, 465, 467, 480, 486, 517

Diksmuide: **II**, 224; **VIII**, 51; **IX**, 293
Domodossola: **IV**, 90
Dortmund: **II**, 73; **IX**, 297, 300, *301*
Dover: **VII**, 73
Dreisam: **IX**, 319
Dresden: **II**, *204;* **III**, 135, *365–366*, 369, 385; **VII**, *45;* **IX**, 43, 234, 281
Dresselbach: **IX**, 431

Edinburgh: **III**, 528
Eichstätt: **VIII**, 189
Eisenach: **V**, 123, *196*
Elgersburg: **I**, 99
Emmendingen: **II**, 265; **III**, 18; **VII**, 293
Engadin: **II**, 68–69, 98, 139; **IV**, 121; **V**, 119, 171; **VII**, 293; **IX**, 45, 67–68, 282, 306, 351
England: **I**, 115; **II**, 110; **III**, 7, 10, 16, 26, 33, 37, 45, 216, 218, 252, 263, 274–275, 292, 294, 301, 303; **IV**, 149, 193, 200, 204, 209, 212–213, 215, 217, 228–229, 231, 234, 319, 361, 372; **V**, 158, 160; **VI**, 87, 136, 142–143, 180, 182, 374; **VII**, 64, 66, 72–75; **IX**, 159, 165, 168, 171, 188–189, 191, 220–222, 225, 256, 361, 430, 433–434, 437, 480, 486
Erlangen: **II**, 166, 168–169; **III**, 416; **IV**, 242; **V**, 155–157, 196, 208; **IX**, 23
Essen: **IX**, 300
Europa: **I**, 111, 120; **III**, 12, 18, 45, 53, 97, 149–150, 158, 176, 301–302; **IV**, 36, 45–46, 224, 230, 313, 331, 408; **VI**, 132, 159, 220, 329; **VII**, 18, 25, 163; **VIII**, 6, 14, 24, 58, 91–94, 297; **IX**, 108, 181, 183–185, 217, 221, 261, 348, 351, 413, 457, 469, 499, 521

Falkenberg (in der Mark): **V**, *33–35*
Faulenfürst: **IX**, 431
Feldberg: **IV**, 150; **V**, 171; **IX**, 55, 348, 379
Finnland: **III**, 44
Flandern: **V**, 214; **IX**, 348
Flims: **IX**, 288
Florenz: **I**, *18*, 19, 24, *30–35*, 39, 44–45, 48, *49–51*, 54, *57–59*, 93; **II**, 39, 52, 54, 139; **III**, 263; **VI**, 180, *337–339*, 404; **IX**, 305, 318, 375, 387
Folkestone: **VII**, 73
Frankfurt am Main: **I**, 153; **II**, 93, 98, 102, 265; **III**, 91, 201, 273, 275, 359, 362, 401, 478; **IV**, 26–27, 103, 109, 181, 184, 250, 259–264, 267–268, 271, 274, 277–278, 280, 290–291, 448, 457, 555–556; **V**, 108, 134; **VI**, *191*, 227, *233;* **VII**, 14, 143, 282; **IX**, 66, 94, 116, 137, 203, 214, 219, 223, 237, 239, 336, 369, 371, 392–393, 395, 405, 438, 442, 520, 539
Frankreich: **II**, 71, 223, 288; **III**, 6, 14, 23, 28, 54, 247, 269, 301, 359–360,

406; **IV**, 75, 107–108, 204; **VI**, 372; **VII**, 189; **VIII**, 5, 23–24, 79; **IX**, 87, 186, 291–292, 363, 380, 382, 408, 428–429, 448, 458, 465
Frascati: **IX**, 223
Freiburg: **I**, 56; **II**, 74, 108, 154, 173, 175, 185, 201–203, 229–230, 239, 253, 257; **III**, 5, 8, 13, 17–19, 22, 25, 28–29, 40, 55, 82, 107–108, 110, 117, 138, 140, 144, 169, *175*, 176, 180, 183, 204–205, 211, 223, 239, 242, 257, 295, 301, 303, 313–314, 328, 341–344, *345–347*, 348, 357, 362, 419, 465, 487, 501, 544, 547, 579; **V**, 121, 142, 155, 158, 160–161, 163–164, *170–171*, 177, 179–180, *193*, 217–218; **VI**, 3, 7, 60, *72–73*, 77, 93, 127, 195, 227, 229, 266, 268, 271, 287, *299*, 300, *323*, 421, 471; **VII**, 4, 64–67, 70, 93, 103, 254, 261, 293–294, 305; **VIII**, 19, 35, 49, *87*, 109, 111, 113, 119–120, 129–131, 133, 135, *143*, 157, *161–197*, 217; **IX**, 55, 65–68, 70, 138, 143, 199, 214, 216, 226, 237, 242, 251, 262, 265–266, 294, 297, 300, 312–313, 321, 324, 329, 343, 345, 347, 362, 366, 370, 391, 394, 402–403, 417–418, 421, 424, 432, 439, 441–442, 452–453, 458, 468, 476, 483, 511, 537
Fréjus: **IX**, 408
Fresnoy: **II**, 203
Friedrichroda: **IX**, 9
Fulda: **IV**, 110
Fulpmes (bei Innsbruck): **II**, 70; **IX**, 336

Galizien: **II**, 74, 199; **V**, 176; **IX**, 291
Galluzzo: **VI**, 404
Gardasee: **IV**, 464; **VI**, 405; **IX**, 278–280

Gardone: **IV**, *464*
Garmisch Partenkirchen: **II**, *224–225*
Gastein: **IX**, 69, 86, 90, 96
Genf: **IV**, 559; **VI**, 34–35
Genfer See: **III**, 470; **IX**, 364
Gent: **IX**, 299
Genua: **III**, 141–143, 149, *150;* **VIII**, 249
Gießen: **III**, 311; **IV**, 366, 375; **V**, 108, 141–142, 208; **VI**, 176, 437; **IX**, 226, 297, *484–486*, 506
Gimmelwald (bei Mürren): **II**, *70*
Gloucester: **IX**, 489
Gnadenfeld: **VII**, *257*
Göhren (Rügen): **IX**, 8
Golf von Lyon: **III**, 359
Gonsenheim (bei Mainz): **II**, *194–195*
Goslar: **IX**, 24
Gossfelden: **V**, 119; **IX**, 333, 335–336
Göteborg: **V**, 9; **VIII**, 283
Göttingen: **I**, 19, 48, 56, 59, 86, 88, 137; **II**, 17, 35, 40–41, 52, 57, 60, 76, 79, 87, 91, 96–100, 103–107, 109–113, *114–117*, 122, 133–134, 136–138, 140–141, 167, 181, 189–195, 198–203, 215, 218–220, 222, 224, 229–230, 280; **IV**, 39–40, 71, 75, 108, 121, 133, 136–137, 139, 153–155, 183, 248, 260, 270, 272–274, 288, 313, 352, 448, 458, 505, 519; **V**, 33, 79, 84, 89–90, 95–98, 100–101, 103, 107, 112, 114–115, 118–119, 122–123, 129, 133–136, 139, 148, 161, 194–196, 199–200, 203–205; **VI**, 86, *271–274*, 299–300, 302, 320, 336, 339, 343, 401–404, 406–407, 409, 457; **VII**, 14, 25–26, 55, 93, 119, *120–121*, 129, *151*, 175, 193, *201–202*, 208, 282, 287–288, 290, 296, 320; **VIII**, 19, 101–109, *114*, 205, *211–214*, 217; **IX**, 21–22,

50, 54, 57, 68, 70, 94, 96–97, 99, 103, 125, 154, 166, 168, 170, 173, 190–191, 211, 214–215, 219, 221–223, 227–231, 233, 236, 275–276, 278–279, 281, 284, 300–301, 307–309, *310–313*, 317, 319–320, 322, 334, 336–339, 342, 348, 355, 358–359, 375, 381, 393, 396, 400, 403–406, 409, 412, 415, 417, 430–433, 435, 437–438, 443, 447, 471, 487, 537

Grainau (bei Garmisch-Partenkirchen): **II**, 136

Graz: **I**, *123–148*; **II**, 83; **III**, 437

Greensboro: **III**, *166–167*

Greifswald: **II**, 166; **III**, 400, 440, 443–444, 453; **IV**, 148; **V**, 114; **VI**, *387*, 407; **IX**, 9

Griechenland: **II**, 109; **IX**, 436

Groningen: **III**, 239, 241, 245, 466; **IV**, 153, 156, 443–444, 446, 449; **VIII**, 114; **IX**, 70, 176

Grunern: **III**, 108, 112

Gufidaun [Gudon]: **II**, 43, 135, 141–142

Gundelsheim: **II**, 191

Günterstal (bei Freiburg): **IX**, 252

Haarlem: **IV**, 156

Hahnenklee (Harz): **IX**, 24

Halberstadt: **IX**, 211

Halifax: **III**, 19

Halle: **I**, 65, 69–70, 107, 157, 163–165, *187–189*; **II**, 9, 59, 63, 84, 113, 134, 142, 224, 228; **III**, 28, 34, 53, 91, 131, 160, 165, 273, 275, 340, 359, 362, 416, 428; **IV**, 22, 26–27, 109, 159, 181, 184, 262, 268, 295–296, 298, 302, 304, 323, 326, 454, *455–464*; **V**, 39, 79, 89, 95, *194–199, 203–219*; **VI**, *127*, 159, 261, 319, *447*; **VII**, *51*, 93, 143, 216, *224–225*, 261, 300; **VIII**, *49–51*, 52, 101–102, 119, 236, 245, *253–257*; **IX**, 3, 20, 23, 26, 39, 98, 116, 140–142, 145, 152, 161, 222, 297, 307, 311, 316, 393, *394–395*, 396, 407, 416, 444, 520

Hallstatt: **IX**, 174

Hallstätter See: **III**, 229, 451; **IX**, 63, 92, 175

Hamburg: **III**, 16; **IV**, 249, 252–253, 266, 274, 277–280, 282, 288, 291, 301, *501*, 555–556; **V**, *6–8*, 143, 225; **VI**, *353*; **IX**, *275*, 470

Hameln: **III**, 393–394, 420

Hanau: **II**, 61

Hannover: **II**, 36, 192; **III**, 85, *366–377*, 401, 439; **IV**, 339, 416; **VI**, 302; **VII**, 151; **IX**, 282, *297–298*, 324

Harz: **V**, 80–81, **IX**, 9, 21

Harzburg: **IX**, 25

Heidelberg: **II**, 74, 229; **III**, *137–142*, 143–144, 164, 341, 502; **IV**, 143, 511; **V**, 133–134, 177–178, 180–181, 183; **VI**, 35, *57–59*, 62, *228–229*, 300, *363–364, 415–417*, 423; **VII**, *299–301*; **VIII**, *19–20*, 119, 125, 320; **IX**, 213, *297*, 402

Heilbronn: **II**, 137

Herbesthal: **IX**, 298

Hermannstadt [Sibiu] (Siebenbürgen): **IX**, 3, 51, 127

Herzogenhorn: **IX**, 55

Hiddensee: **IX**, 336

Hinterzarten: **III**, *4–8*, 222, *407–409, 421–422;* **IV**, 128, 152; **VIII**, 161; **IX**, *55–58*, 400, 431, 439

Höchenschwand: **III**, 287; **IV**, 30, *484–485*, 486; **IX**, 88, 412–413

Holland: **III**, 44, 239–241, 466; **IV**, 153, 156, 372, 441, 443–446, 449; **VI**, 410; **IX**, 70–71, 101–102, 139, 143, 171, 176–177, 307, 309–311,

355, 358, 437, 458, 486, 488
Höllental: **III**, 222; **IV**, 435
Hollingbourne: **VII**, *63–75*
Hönebach (bei Bebra): **IX**, 211

Impruneta: **VI**, 404
Indien: **III**, 171; **IX**, 263, 269
Innsbruck: **II**, 100; **IV**, 234; **VI**, *433;* **IX**, 36, 278
Ipswich (bei Boston): **IV**, 34, 37
Istambul: **IX**, 223, 269
Italien: **I**, 45; **II**, 52, 57, 88, 91, 138, 140, 199; **III**, 142, 144, 365, 392, 537, 540; **V**, 213; **VI**, 140; **IX**, 159, 305, 338–340, 375–376, 464, 467

Jägerndorf [Krnov]: **IX**, 287
Japan: **III**, 44, 53, 171, 214, 216, 218, 443; **IV**, 9, 29–30, 75, 94, 117, 143, 204, 250, 374, 397; **VII**, 253; **IX**, 76, 81, 105, 168, 171, 263, 387, 393, 404, 480
Jena: **II**, 44, 106–107, 211, 232; **III**, 3, 201, 328, 416; **V**, 134, 179; **VI**, *85–94, 107–118,* 300; **IX**, 49, 287, 335
Jüterbog: **II**, 204

Kairo: **II**, 214–215; **III**, 291, 307, 360
Kalifornien: **II**, 99; **III**, 512, 514; **IV**, 33, 36, 38, 40–41, 319; **VII**, 280; **IX**, 96, 225, 269
Kanada: **III**, 13, 26, 167, 434; **IX**, 483
Kappel (bei Lenzkirch): **II**, *252–253;* **III**, *295–296,* 297, 299, *300–303, 348, 360–362, 387, 516;* **IV**, *49–52, 57–58, 72–75, 93–94,* 112, *167–168,* 203, *210–212,* 216, *228–229, 230–232, 333–339,* 355–356, *357–359, 425–426, 430–431,* 432, *433–435,* 491, 493; **VI**, 315, *380, 437–438;* **VII**, *15–18,* 26, 312; **VIII**, *57–58, 91–96, 198–199;* **IX**, *101–102,* 104–105, 117, 120, 126, 243, *244,* 246–247, 252–253, 262, 322, *439–446,* 448–449, 451, 454–456, *457–459, 472, 476–479,* 480, 490

Karlsbad: **IX**, 9, 311
Karlsruhe: **III**, 423; **V**, 180; **VI**, *63,* 160; **VII**, *245–246;* **VIII**, *45, 119–131, 134–135,* 171, 197; **IX**, 346–347, 420
Kärnten: **III**, 20
Karpaten: **III**, 242
Kassel: **II**, 200; **III**, 340, 501; **IV**, *405;* **V**, 92, 109, 112; **VII**, 26; **IX**, 39, 279, 413, 423
Keijo, s. Seoul
Kiel: **II**, 110, 265; **III**, 16, 255, 261, 290, 362, 495, 502; **IV**, 39, 71, 101, 140, 150, 157–160, 165, 248–249, 251–256, 262, 264, 448, 555; **VI**, 139, 141; **VII**, 72, 129, 201, 281; **VIII**, 116; **IX**, 13, 15, 34, 93, 96, 103, 181, 184, 186, 212, 218, 309, 348, 368, 370–371, 386, 388, 397, 409, 411, 417, 425
Kioto: **III**, 214; **IV**, 373, *511–516;* **VI**, *307,* 376; **IX**, 231
Kirchhain: **V**, 161
Kirchzarten: **III**, 205
Koblenz: **III**, 110, 112
Köln: **II**, 225; **III**, 451; **IV**, 146, 169, 252, 279–282, 287–290, 293, 558; **VI**, *7, 211, 476–479;* **VII**, 231; **VIII**, 187–189; **IX**, 298
Koločep (bei Gruža): **VII**, *215,* 218, 224–225
Königsberg: **I**, 41; **IV**, 252, 290–294; **V**, 161, 164, 215; **VII**, 211; **IX**, 337
Königsfeld (Baden): **VII**, *253–254;* **IX**, 394
Końskie: **III**, *183–200*
Konstanz (am Bodensee): **II**, 78, 163, 170, 173–174; **IV**, 175; **IX**, 171, 454,

505
Kopenhagen: **III**, 178; **VI**, *195;* **VII**, *107–111;* **IX**, 344, 404
Korea: **IX**, 390
Krakau: **III**, 177, 180, 183–184, 207, 315–316; **IX**, 344
Kreuzberg (bei Payrbach): **IV**, 229
Kreuzberg (Rhön): **VII**, *275–276*
Kronenburg: **IX**, 301

Laboe: **IX**, 411
Lago Maggiore: **IV**, 90; **IX**, 421
Lahore: **VII**, 201
Landau (Pfalz): **II**, *239*
Langemark: **II**, 71; **III**, 501; **IV**, 195; **V**, 217; **VII**, 129; **IX**, 98
Lausanne: **I**, 17; **VII**, 64; **IX**, 447
Le Havre: **IX**, 170
Lehrte: **III**, *523*
Leiden: **IV**, 155
Leipzig: **I**, 99–100, 103, 106, 116–118, 120, 136; **III**, 47, 135, 216, 342, 416; **IV**, 166, 224, 305; **V**, 40, 74, 86, 118, 142; **VI**, 159, 176, 265, *357–359, 415, 451;* **VII**, *35–39;* **VIII**, 57, 222, 236, *241,* 245–250; **IX**, 11, 23, 156, 297, 336, 339, 342, 395, 517
Lemberg [Lwów]: **I**, *182–184;* **II**, 41, 199; **III**, 177, 226–227, *249–266,* 294, *313–315;* **IV**, 203, 426
Leningrad, s. St. Petersburg
Lenk: **III**, 470–471; **IX**, *357–358,* 360
Lenzerheide: **II**, *100–102*
Lenzkirch: **IX**, 431, 440
Leopoldshöhe: **IX**, 346
Lindenberg: **IV**, 374
Linz: **IX**, 69, 122, 131, 285
Litauen: **III**, 242
Locarno: **III**, 502; **IV**, 31, 425; **VII**, 72; **IX**, *89–91,* 213, 420–421
Lodz: **III**, 212
Lofer: **IX**, 171

Loferer Berge: **IX**, 72
London: **II**, 110, 172; **III**, 30–32, 34–36, 38, 40–43, 47–49, 216, 237, 275, 291, 350, 357, 437, 489, 512, 514–515; **IV**, 173, 199, 210, 213, 215, 228–231, 358, 363, 372, *421,* 443; **V**, 160; **VI**, 58, 87, 132, 136–137, 179; **VII**, 64, 72; **VIII**, *9,* 27, 35, 181, 298; **IX**, 125, 163, 165, 225, 311, 361, 437, 471, 485, 487, 508
Los Angeles: **III**, 103, 292, 512, 515; **IV**, 33, 36–37, 40, 201, 231, 233–235, 319; **VI**, *315, 455–463;* **VII**, 280; **VIII**, *231–232;* **IX**, 96, 98, 190, 224, 226, 234, 249, 435, 460, 466
Lötschberg: **IV**, 90
Lübeck: **IX**, 218, 427
Lublin: **III**, 183–184
Luganer See: **IX**, 364
Lugano: **VI**, 405
Luisenhöhe: **IX**, 405
Lund: **VII**, *4;* **VIII**, 249; **IX**, 407
Lüttich: **IX**, 289

Maas: **II**, 196
Madison (Wisconsin): **VII**, 25
Madrid: **IV**, 211; **VI**, 4; **VIII**, 333; **IX**, 111, 245
Mähren: **I**, 112, 116; **III**, 486; **VIII**, 57
Mährisch Weißkirchen [Hranice]: **III**, 340–341
Mailand [Milano]: **IV**, 90, 95; **IX**, 251
Mainz: **II**, *193–194,* 195
Maisach (bei München): **II**, 77, *176–177*
Mannheim: **III**, 138
Marburg: **I**, 4–5; **II**, 94, 109, 181–182, 217; **III**, 53, *136–137,* 143–144, 218–219, 232–233, 237, *327–333,* 416, 451, 453–454, 457, *463–519,*

532; **IV**, 140, 142, 150, 178, 251, 293, 440, *453–454*, 515, 543; **V**, 4, 14, 23–24, *39–90, 92–164*, 172; **VI**, 207, 271; **VII**, *197*, 275; **VIII**, 186, 194–195; **IX**, 65, 334
Marienbad: **IX**, 154, 285–286, 290
Marienwerder: **V**, 160
Marne: **III**, 501; **IV**, 195; **IX**, 423
Marseille: **III**, 359; **IV**, 373; **VIII**, *77–79;* **IX**, 370, 442
Meckesheim: **VII**, 48
Meersburg (am Bodensee): **IV**, 89–90, 95
Melbourne: **IV**, 153; **VI**, 134, *138*, 144
Menzenschwand (bei St. Blasien): **III**, *85–86*, 438; **VII**, *293–295*
Meran: **II**, 225
Merseburg: **VIII**, 99–100
Meßkirch: **IV**, *144–148*
Metz: **V**, 121
Mönchgut (Rügen): **IX**, 7
Mönkeberg: **IX**, 388
Mont Blanc: **IX**, 359
Montpellier: **III**, 267, 358–360; **IX**, 380, 410
Morteratsch: **IX**, 313
Mosel: **II**, 196
Moskau: **II**, 39; **III**, 212, 528, *533–543;* **IX**, 66, 68, 351
Muggenbrunn (bei Todtnau): **IV**, 259
München: **I**, 7, 9, 19, 51, 90; **III**, 17, 46, *64–76*, 157, 207, 209, 295, 416; **IV**, *17–18*, 300, 421; **V**, *90*, 96, 115, 121, 140, 145, 151; **VI**, 226, 300, *342*, 343, 405, 407–408; **VII**, 121, *185–186*, 271, *305–306;* **VIII**, 186–187, 189–190, 269, 296, 320–321; **IX**, 23, 32, 37, 46, 57, 59–61, 64, 119, 162, 164, 278, 284, 335, 349, 381, 383, 391, 444, 517
Münden: **III**, 467; **IX**, 203
Münster: **I**, 41; **II**, 154; **VIII**, 164, 187, 253, 320; **IX**, 397
Murnau: **VI**, *219–228*, 500
Mürren: **II**, 41, 68–70, 79; **III**, *527–528;* **IV**, 133; **IX**, 336

Namur: **III**, 403
Nancy: **VII**, *193*
Neapel: **III**, 150
Neuhaus: **III**, 345; **IV**, 415
Neuseeland: **VII**, 71
Neustadt (Schwarzwald): **IX**, 441
New York: **III**, 301, 351; **IV**, 25, 33, *34–59*, 363; **VI**, 315, 337, *343–345;* **VII**, 280–281; **VIII**, *31;* **IX**, 125, 178, 191–192, 215, 218, 243, 246, 251–252, 256, 259, 407, 435, 470–472, 483, 485, 488, 504, 508, 510
Nîmes: **IX**, 408
Nizza: **IX**, 408
Noordwijk aan Zee: **IX**, 441
Norderney: **II**, 93, *97–98*
Northampton (Massachusetts): **IX**, 254, 476
Nürnberg: **V**, 156; **IX**, 37, 279, *329*, 460, 479

Oberhof (in Thüringen): **II**, *98–99*
Oberschlesien: **III**, 20, 23
Obstalden (bei Glarus): **VII**, *41*
Offenburg: **VIII**, *167*
Olmütz [Olomouc]: **III**, 304; **IV**, 341; **VIII**, 221–222, 235; **IX**, 281, 463
Oostnieuwkerke: **II**, 72–73; **III**, 383; **IX**, 299
Orselina (bei Locarno): **III**, *491–502;* **IV**, 31; **IX**, *187–189, 421–424*
Osnabrück: **IX**, 447
Österreich: **I**, 9, 17, 105, 107–108; **III**, 237, 278, 316, 500; **IV**, 179, 257, 425; **V**, 174, 203, 207; **VII**, 231–232; **VIII**, 58; **IX**, 31, 57–58, 60, 69, 103, 106, 114, 127, 158–160, 174, 199,

280, 289, 291
Ostsee: **IX**, 7
Ourcq: **III**, 421
Oxford: **III**, 252, 254, 260, 263, 359; **IV**, 152, 470; **VI**, 87, 140, 180, 182, 323; **VII**, 65, 108; **VIII**, 35, 231; **IX**, 215, 224
Oxshott: **III**, 49

Paderborn: **VI**, *103–104*; **VIII**, 334
Padua: **II**, 139
Palästina: **IX**, 263, 269
Palermo: **I**, 19
Paris: **II**, 163, 193; **III**, 15, 17, 27, 117, 205, 207, 209, 212, 216, 236–238, 241–243, 245–246, 311, *357–358*, 359, 463, *528–531;* **IV**, 23, 105, 108, 111, 113, 179, 234, 238, 318, 322–323, 332, 360, 369, 371, 460, 494; **V**, 75, 188; **VI**, 27, *30–35, 39–40*, 132, 134, *171–172, 265–268*, 275, 279, 323, 372–373, 375, 458, 476; **VII**, 13, 151; **VIII**, *3–5*, 6, *23,* 73, 78, 197, 199–200, 295; **IX**, 18, 73, 86, 89, 91, 140, 170, 177–179, 186, 259, 311, 315–316, 355, *360–362*, 363, 369, 378, 382, 410, 428, 483
Passau: **II**, 151
Persien: **IX**, 263, 269
Pettneu (bei St. Anton): **IX**, 90, 424–425, 536
Philadelphia: **III**, 111; **IV**, 79, 230, 434; **IX**, 129, 165, 193–194, 217, 256, 258, 272, 426, 432, 468–469, 476, 483, 485, 498, 507
Polen: **I**, 182–183; **III**, 176–179, 201, 209, 218, 231, 244–245, 277, 279, 292, 300–301; **IX**, 171
Pompeji: **III**, 150
Pontigny: **VI**, 240–242; **VIII**, 200–201; **IX**, 259

Posen: **I**, 182; **III**, 301; **VII**, 211; **VIII**, 187
Potsdam: **VI**, 319; **VII**, *93–94;* **IX**, 156
Pottendorf: **IX**, 89
Prag: **I**, 18, 48, *69–74, 85–96, 106*, 107–108, 112–113, *116–118*, 119, 188–189; **III**, 237, 292, 296–297, 299, 302, 304–305, 314, 361, 372; **IV**, 44–45, 52, 59, 75, 82, 111, 202, 205–207, 216–220, 222–226, 230, 233, 239–240, 257, 296, 298, 300–307, *308–312*, 313, 315–316, *317–318*, 320–330, *332–335*, 336–337, 339–340, 342–343, 345, 348–349, 355–356, 358–360, 362, 368, 372, 374, 378–383, 391–393, 425, 427–429, 431–432, 435, 449–450, 491–492, *523–524*, 549, 560, 563; **VI**, 237, 239; **VII**, 98–99; **VIII**, 58, 83, 95, *157*, 198; **IX**, 100, 104–105, 113, 115–118, 121–124, 192, 241–243, 245–248, 250, 255, 281, 442, 444, 446, 448–449, 451–454, 458–463, 465–467, 480, 482
Präg: **IX**, 346
Preußen: **I**, 9; **III**, 53, 88; **IV**, 265, 269; **V**, 153; **VIII**, 115; **IX**, 7
Princeton: **IV**, 71; **VI**, 315; **IX**, 125, 191, 246
Proßnitz [Prostějov]: **I**, 109, 117; **III**, 537; **VII**, *147;* **VIII**, 58, 222, 235; **IX**, 4, 18, 20, 29, 31, 40, 42–44, 88, 175, *207*, 275–276, 281, 338
Pula [Pola]: **IX**, 338, 340

Ragusa: **IX**, 340
Rapallo (bei Genua): **III**, *306*, 309, 349; **IV**, 56, *57, 95, 123*, 169, *221–228*, *352*, 353–354, 368, 433, 493; **VII**, 228; **VIII**, *6;* **IX**, 127, *251–252*, 472
Regensburg: **II**, 66, 142–143

Reichenau (bei Konstanz): **II**, 162, *163–164*, 168, *170–171, 174–175*, 243; **IV**, *505–506;* **VIII**, *132, 184*
Reinbek (bei Hamburg): **IV**, 248, 251–252, *253–268, 277–301*, 308, *315–316, 320–323, 325–327*, 362, 364, *378–383*
Rhein: **II**, 229; **IV**, 61; **VII**, 193; **IX**, 28
Riesengebirge: **IX**, 443
Riga: **IV**, *65–66*
Riviera: **II**, 177; **III**, 88, 267; **IV**, 178, 227; **VII**, 144; **VIII**, 6; **IX**, 70
Roeselare [Roulers]: **II**, 71; **V**, 217; **IX**, 293, *299–300*
Rom: **I**, *17*, 19; **II**, 140, 155; **VI**, 338, *339–341;* **VIII**, 249; **IX**, 112, 402
Römerstadt [Rýmařov]: **IX**, 13
Rostock: **I**, 41; **III**, 475; **IX**, 3, 5, 135, 395
Rothaus (Schwarzwald): **II**, *251;* **III**, *295, 387;* **IV**, *42*, 202, 462; **IX**, *143–145*, 236, *417–418, 438–439*
Roztoky (bei Prag): **IV**, *336–371*
Rügen: **IX**, 7, 28, 461
Ruhleben: **III**, 3, 14, 338; **VI**, 302
Rumänien: **III**, 404
Rußland: **I**, 118; **III**, 14, 218, 538; **IX**, 159, 168, 171, 351

Saale: **I**, 138
Saig: **IX**, 429
Saint Andrews: **IV**, 199, 319; **VI**, *442–443*
Saint-Cergue (Schweiz): **VI**, *11*
Saint Louis: **VI**, 300
Sakata: **III**, 214
Salem: **III**, 9
Salzburg: **V**, 200; **IX**, 32
Salzkammergut: **III**, 451; **IX**, 49, 67, 171
Samaden: **IV**, 142, 144; **IX**, 313, 354, 400

San Gimignano: **VI**, 405
Sankt Blasien: **IX**, 348, 431
Sankt Gilgen: **I**, 3
Sankt Gotthard: **IX**, 424
Sankt Joachimsthal: **IX**, 50
Sankt Märgen: **I**, *109–110;* **II**, 112, 163; **III**, *10–30, 72–73, 76*, 165, *202–206*, 207, *211–213, 276–277, 343–345*, 426, *431–435;* **IV**, 26, 28, 165, *259, 264–267, 415;* **V**, *182–184;* **VII**, 143; **IX**, 378, 393–394, 469
Sankt Peter (Nordfriesland): **IX**, 408, 411–413
Sankt Petersburg: **IX**, 66, 68, 351
Santa Margherita: **VI**, 131
Saßnitz (Rügen): **IX**, 8
Scharbeutz: **IX**, 411
Schauinsland: **III**, *283–284;* **IX**, 379–380
Scheveningen: **III**, *239–240*, 241; **IV**, 153, 446; **IX**, *70–71*, 139, 309
Schierke (Harz): **IX**, *20–26*
Schluchsee: **II**, 117; **III**, 291, 511; **IV**, 32, *194–198, 312–314;* **VI**, *463–464;* **VIII**, *23–24;* **IX**, 93–94, 95, 97, *216–219*, 232, *426–432*, 440, 480, 536–537
Schönbühel an der Donau (Melk): **I**, *6–7, 18–24, 40–44, 51–52*, 54, 88, 90; **IX**, 286
Schönwalde (bei Berlin): **VI**, *97–99*
Schwarzes Meer: **IX**, 130
Schwarzwald: **II**, 185; **III**, 7–8, 41, 82, 85, 164, 222, 230, 288, 361, 416, 422, 438, 455, 466, 512; **IV**, 43, 195, 247, 407, 432–433, 486; **VI**, 60, 315, 471; **VII**, 48; **IX**, 58, 101, 107, 137, 236, 294, 337, 408, 439, 536
Schweden: **II**, 4; **VI**, 328; **VII**, 5
Schweiz: **I**, 19; **II**, 69, 100, 103, 157; **III**, 141, 144, 222–223, 233, 279,

288–289, 308, 446, 470, 495; **IV**, 176–177, 259, 559; **V**, 117; **VII**, 65; **VIII**, 39, 57; **IX**, 159, 187, 408, 421–422
Sedan: **I**, 100; **III**, 501; **IX**, 422
Seebad Heringsdorf (Usedom): **II**, *225–227*
Seefeld in Tirol (bei Scharnitz): **I**, 90; **II**, 43–44, 48, 76, 78, 135–137, 158; **III**, *391;* **VI**, 343; **IX**, 35, *36–37*
Semmering: **IX**, 53, 276
Sendai: **IV**, 397
Seoul: **III**, 303; **IX**, 404
Settignano: **VI**, 405
Sibirien: **III**, 14
Siebenbürgen: **III**, 117, 409; **VI**, 320; **IX**, 3, 14, 117, 124
Siena: **VI**, 405; **IX**, 387
Sils (Engadin): **II**, 67–68; **IX**, 45
Silvaplana (Engadin): **II**, 216; **V**, 171; **VII**, 276; **IX**, 45, *50, 67–70*, 321, 351
Simplon: **IV**, 90
Somme: **II**, 202–203; **III**, 405
Southampton: **III**, 309; **IV**, 234; **IX**, 483
Spanien: **III**, 263, 298; **IV**, 75; **IX**, 111, 245, 387
Speyer: **III**, 80, *547;* **VIII**, 115; **IX**, 343
Spoleto: **IX**, 340
Stade: **III**, 425–426; **V**, 184
Stans (Inntal): **II**, 55
Steeg (am Hallstätter See): **IX**, 62, 92, 100
Stettin: **VI**, *159–168;* **IX**, 9
Stöberhai (am Harz): **III**, 141, *142–143*, 144; **V**, 197
Stockholm: **IX**, 404, 406
Straßburg: **II**, 215, 229; **III**, 83, *117, 120–121*, 238, 242, 245–246, 288–289, 325, *326–327*, 533; **IV**, 107, 153, 368, 421, 434, 485; **V**, 78, 118; **VI**, 133, *409–411*, 457; **VII**, 13; **IX**, 57, 73, 114, 179, 341, 360–363, 407, 411–412, 448–449, 451, 470
Stubbenkammer (Rügen): **IX**, 8
Stuttgart: **VIII**, 169; **IX**, 377, 410
Südamerika: **IX**, 101
Tabarz (Thüringen): **IX**, *3–4*, 9, 141–142, 145
Tanneck: **II**, 216
Taunus: **III**, 103
Tautendorf: **IX**, 70
Thiessow (Rügen): **I**, 9; **IX**, 6–9, 11, 15
Thüringen: **V**, 142; **IX**, 3, 9
Tielt: **IX**, 297, 301
Tirano: **II**, 69
Tirol: **II**, 70; **III**, 495; **VI**, 376; **IX**, 7, 90, 278, 336, 424, 426
Titisee: **III**, *220–221;* **IX**, 348, 379
Todtnauberg: **III**, *230–231*, 233, *347, 455;* **IV**, 138, 140, 149–150, 258, *378, 388;* **IX**, *65–67*
Tokio: **III**, 214; **IV**, 372, 421; **VI**, *287*, 307; **VIII**, 273; **IX**, 386, 480
Toronto: **III**, 26, 31–32, 213
Toruń [Thorn]: **III**, 214, 220
Tremezzo: **III**, *248–249, 347;* **IV**, *89;* **VI**, 134; **IX**, 315–316, 363, *364–367*, 368, 394
Trier: **VI**, *471–476*
Triest: **IX**, 338–339
Tripolis: **I**, 52
Trübau (Mähren): **IX**, 281
Tschechoslowakei: **I**, 118; **IV**, 217, 222–223, 226, 228, 314–315, 321, 343, 391–393; **VI**, 138; **VIII**, 57–58, 157, 177; **IX**, 113, 465, 467
Tübingen: **I**, 41; **II**, 96, 190, 205; **IV**, 295; **V**, 3; **VI**, 52, 91, *397–398*, 477; **VII**, 63–64, 121; **VIII**, 206; **IX**, 335
Tullnerbach (bei Wien): **IX**, 379

Tunis: **IX**, 412
Tweng: **IX**, 141–142, 145

Überlingen: **IX**, 444
Ukraine: **I**, 187
Ulm (an der Donau): **VI**, *215, 349–350*
Unter-Uhldingen: **IX**, 431
Untersee (am Hallstätter See): **III**, 226; **IV**, 247, 501; **IX**, 64, 67, 174
Urfahr (bei Linz): **IX**, 121
Uri: **III**, 142
USA: **II**, 88; **III**, 170, 301, 309; **IV**, 44, 61, 73–74, 77, 229, 241, 369, 494; **VI**, 142, 315; **VII**, 253; **IX**, 157, 167, 191, 194, 245, 248, 261, 470, 479, 483
Utrecht: **IV**, 155, 442–443
Utzenfeld: **IX**, 346

Varenna: **IX**, 363–364
Vaux (bei Verdun): **III**, 406, 501; **V**, 122
Venedig: **II**, 57, *138–139*
Verdun: **II**, 75, 202; **III**, 543; **IV**, 132; **V**, 121, 176; **VII**, 189; **IX**, 160
Verona: **II**, 139
Versailles: **III**, 23; **VIII**, 297; **IX**, 362
Vicenza: **II**, 139
Villars-sur-Ollon: **IX**, 357, *358–360*
Virginia: **IX**, 272
Vorarlberg: **IX**, 91, 99, 213, 423–424

Wales: **VII**, 74
Warschau: **II**, 167–168, 199; **III**, 16, 181, 183–184, 202, 204, 210, 212, 214, 217; **IX**, 429
Washington: **II**, 92; **VI**, 302
Weimar: **VI**, 92
Weinheim: **IX**, 398
Weißer Berg: **I**, 108
Wernigerode: **IX**, 25
Westerland (Sylt): **IX**, 93, 215, 536
Westrozebeke: **IX**, 293

Wien: **I**, *6, 8–15, 63–64*, 69, *99–105*, 117, 120; **II**, 48, 173; **III**, 20, 280, 288, 292, 297, 299, *300*, 302, 331, 392, 414, 475, 500, 537, 540; **IV**, 39, 43–45, 49–51, 81, 83, 111, *167*, 173, 175, *178–242*, 254–258, 265, 268, 270, *271–277*, 287–288, *302–307*, 308, 328–332, 339, 342, 356, *391*, 408, 426, 430, 434, 450, 464, *477, 481–483*, 491–493; **V**, 76–77, *98–104*, 195; **VI**, 72, *149–152*, 205, *258, 391–393*, 403, 407; **VII**, *139, 231–234, 241*, 314; **VIII**, 57–58, 157, 198, 221–222, *235–237;* **IX**, 5, 18, 20, 23, 29, 31, 37, 40, 42–47, 52–53, 57, 59–60, 63, 86, 88, 91, 94–96, 103, 106, 113, 115–116, 118–123, 126, *130–132, 138*, 143, 150, 160–161, *174–175, 199*, 242–243, 248, 254, 276, 279–282, 284, 287–288, 291, 338, 340, 343–344, 356, 386, 391, 393, 396, 407–408, 447–448, 454, 457, 480, 483
Wiesbaden: **II**, *88–91*, 93; **VI**, 57, 404; **IX**, 280
Wolfgangsee: **IX**, 72
Worms: **VII**, 9
Würzburg: **I**, 56; **VII**, 60
Wurzen (Sachsen): **VII**, *9–10*

Ypern: **II**, 74–75; **III**, 338, 403; **V**, 122, 176; **IX**, 158, 293

Zuoz: **VII**, *290–293*
Zürich: **I**, *55–57*; **II**, 117; **III**, 279; **IV**, 157, 495; **V**, 163; **VI**, 323; **VII**, 224, 245, 294; **VIII**, 200, *287–289*; **IX**, 213, 379

NACHWEIS DER VERÖFFENTLICHTEN MANUSKRIPTE

A I 4/4: **VIII**, 173
A I 4/35: **II**, 277, 278–279
A I 4/74 und 86: **VIII**, 121
A I 8/29b: **V**, 3
A I 10/4b: **V**, 239
A I 11/20 und 48: **VIII**, 125–126
A I 11/121: **I**, 89–90
A I 11/122: **I**, 89
A I 11/123–124: **I**, 90–93
A I 11/126: **I**, 202
A I 12/1 und 26: **VIII**, 169
A I 13/7b: **I**, 17–18
A I 17 I/110a: **VI**, 81
A I 33/120b: **IX**, 519–520
A I 33/126 und 138: **VI**, 353
A I 36/109 und 132: **VIII**, 164–165
A I 38/2: **III**, 523
A I 38/6: **VIII**, 254–255
A I 39/9–12: **IX**, 518–519
A I 40/1 und 34: **VIII**, 127
A I 40/14 und 33: **VII**, 9–10
A III 2/16b: **VII**, 17–18
A III 4/74 und 91: **II**, 20
A III 9/5 und 11: **VIII**, 249–250
A III 11/80–81: **VIII**, 51–52
A III 11/85: **VIII**, 162
A III 12/2: **VIII**, 265
A IV 3/14–15: **II**, 117
A IV 5/79: **VIII**, 128
A IV 7/18b: **VII**, 261
A IV 17/6b: **VI**, 94
A IV 22/68: **VIII**, 171
A V 4/46: **VIII**, 254–255
A V 4/55: **IV**, 178
A V 5/158–159: **VI**, 287
A V 16/8b: **IX**, 520
A V 21/38–40: **I**, 174–178
A V 21/51: **IX**, 518

A V 21/55b: **V**, 241
A V 21/59–60: **II**, 257–260
A V 21/61–64: **II**, 260–265
A V 25/10b: **IV**, 113
A V 26/6–7: **III**, 583
A VI 1/7: **VII**, 320–321
A VI 11 I/100 und 122: **VII**, 171
A VI 11 II/15b: **VIII**, 253
A VI 12 I/145–146: **VIII**, 253–254
A VI 12 III/159 und 168: **II**, 9
A VI 19/2 und 15: **VII**, 103
A VI 26/82 und 88: **IV**, 510
A VI 26/86: **VIII**, 129
A VI 26/114: **II**, 239
A VI 29/21 und 29: **VIII**, 49–50
A VI 30/25 und 42: **VIII**, 113
A VI 31/2: **VIII**, 52
A VII 4/12b: **IX**, 254
A VII 6/6b: **VIII**, 69–70
A VII 12/41, 64 und 83: **I**, 117
A VII 17/8: **VI**, 195

B I 3/19 und 24: **VIII**, 122
B I 3/32–33: **VIII**, 121–122
B I 7/22b: **VI**, 496
B I 7/41 und 45: **VIII**, 45
B I 8/13b: **VII**, 327
B I 9 I/13–14: **IV**, 421
B I 9 I/41b: **VII**, 327
B I 9 II/2 und 19: **IV**, 501
B I 9 II/114 und 134: **III**, 547
B I 12/10 und 15: **IV**, 387
B I 13/3a: **VI**, 496–497
B I 15/30: **VII**, 224
B I 22/29: **III**, 345
B I 35/21 und 28: **VIII**, 45
B I 37/27b: **VIII**, 334
B I 38/70b: **VIII**, 70
B I 38/114–115: **III**, 36–38

B I 38/151b: **VIII**, 135, 301
B II 7/31–32: **IV**, 9
B II 7/91b: **IX**, 520
B II 7/134a: **VII**, 129
B II 7/146–149: **VI**, 243–247
B II 12/33: **VII**, 224
B III 10/22b: **VIII**, 175
B III 10/23b: **IX**, 203
B III 10/25–26: **VIII**, 213–214
B III 11/15b: **II**, 288
B III 12/50 und 77: **VIII**, 256
B III 13/11–12: **VIII**, 147
B IV 5/15–16: **VIII**, 116
B IV 6/48–49: **III**, 346–347
B IV 6/65b: **VIII**, 317
B IV 9/7b: **III**, 597; **VIII**, 35

C 3/40b: **III**, 89
C 8/1 und 22: **VIII**, 87

D 3/1 und 20: **V**, 241–242
D 13 I/62: **VIII**, 177–178
D 13 I/69: **VIII**, 127
D 13 I/164–165 und 168–169: **IV**, 519–520
D 13 III/129b: **VIII**, 317
D 13 III/155b: **VI**, 71
D 13 III/184: **III**, 175
D 13 III/224b: **IX**, 517
D 19/104: **VIII**, 181
D 19/109 und 117: **V**, 23
D 19/118: **III**, 345
D 19/119: **IX**, 329

E I 3 I/111 und 127: **IV**, 473
E I 4/15b: **VII**, 108
E III 4/34–37: **VII**, 18–22
E III 9/26 und 35: **VI**, 191

F I 12/3–5: **I**, 169–173
F I 18/1 und 25: **VIII**, 249
F I 20/2 und 15: **VIII**, 108
F I 24/3b: **IV**, 387
F I 24/27a: **VI**, 423

F I 24/57–58: **VIII**, 126
F I 24/67 und 91: **VIII**, 128
F I 29/107: **III**, 212
F I 30/1 und 78: **VIII**, 167
F I 32/2 und 13: **VIII**, 196
F I 32/14: **IX**, 138
F I 33/98b: **IV**, 568–569
F I 34 I/12 und 43: **IV**, 388
F I 34 I/26b: **III**, 599
F I 36/5 und 14: **VIII**, 114
F I 36/15 und 31: **IV**, 247
F I 37/20b: **VIII**, 177, 318
F I 41/13–14: **VII**, 249
F I 42/36a: **VI**, 125–126
F I 42/37a: **V**, 225–226
F I 42/41 und 111: **IV**, 17–18
F I 44/33: **VIII**, 87
F II 5/26–27: **VI**, 99
F II 7/164–165: **VII**, 45
F II 7/178 und 217: **IV**, 509
F II 7/186–188 und 227: **IV**, 509–510
F II 7/218–219: **III**, 385
F II 7/222: **VII**, 139
F II 7/232 und 234: **III**, 357–358
F III 1/140–141: **VI**, 205–208
F IV 1/27: **IX**, 521
F IV 3/36: **VIII**, 265
F IV 3/45–46: **VIII**, 255
F IV 3/50 und 59: **IV**, 527
F IV 3/60 und 75: **VIII**, 241
F IV 3/139: **IX**, 199

K I 7/111b: **I**, 15–16
K I 10/7–8: **I**, 165–168
K I 24/56–59: **VII**, 176–182
K I 24/65: **VII**, 175–176
K I 26/18: **I**, 199
K I 39/1–3: **VIII**, 67–68
K II 3/2b: **I**, 210
K II 4/20: **VIII**, 126
K II 4/119b: **VIII**, 217
K II 4/125: **IX**, 199

K III 1/136: **VIII**, 83
K III 1/170b: **VI**, 295
K III 3/33b: **VIII**, 279
K III 4/19: **VII**, 225
K III 4/25b: **VIII**, 231–232
K III 5/34–35: **IV**, 391
K III 6/45 und 66: **VII**, 225
K III 12/28: **IX**, 392
K III 14/1 und 13: **VII**, 224
K III 16/24: **II**, 4
K III 21/8–9: **VIII**, 324
K III 27/15: **IV**, 240
K III 28/62b: **VII**, 18; **VIII**, 199, 324
K III 28/64b: **VIII**, 157
K IV 2: **II**, 21, 274–275; **III**, 125–126; **VIII**, 205–207, 216–217, 326–327
K V 2: **II**, 135
K VI 2: **I**, 124–128

L I 2/1 und 17: **VIII**, 122
L II 15/2 und 24: **VIII**, 50–51

M I 3 II a/145a: **IV**, 139–140
M II 4 II a/76: **IX**, 554
M III 5 I/13 und 25: **VIII**, 277–278
M III 10 III 3/1–6: **IV**, 144–148

P II 2: **III**, 519–520

X III 2: **VIII**, 235–237
X III 5: **VIII**, 151
X III 6: **IX**, 271, 481
X IV 1: **VIII**, 99–100, 221–223
X IV 2: **VIII**, 102, 107–108
X IV 3: **III**, 316–317, 351–353, 516–517, 548; **IV**, 96–97, 469–470, 501–502; **VIII**, 133–134, 162, 164–169, 172–181, 183, 185–201
X V 1: **VIII**, 99–100
X V 2: **VI**, 121; **VIII**, 101–109, 211–212
X V 3: **VIII**, 109–113, 119–120, 123–124, 129–136, 139, 151, 161, 170–171, 182–185, 197
X V 4: **VIII**, 256–257
X V 5: **VIII**, 3–6, 9, 19, 23–24, 27, 31, 63, 69, 77–79
X V 7: **VIII**, 52–53
X VI 2: **IV**, 4–5; **VII**, 104
X VII 2: **II**, 204–208; **III**, 354, 548–549; **IV**, 61, 62, 417–418; **VIII**, 205, 212–213

HUSSERLIANA - DOKUMENTE

1. **Karl Schuhmann: Husserl-Chronik.** Denk- und Lebensweg Edmund Husserls. 1977 ISBN 90-247-1972-0
2. **Eugen Fink: VI. Cartesianische Meditation**
   2/1: *Die Idee einer transzendentalen Methodenlehre.* Hrsg. von H. Ebeling, J. Holl & G. van Kerckhoven. 1988 ISBN 90-247-3443-6
   2/2: *Ergänzungsband.* Hrsg. von G. van Kerckhoven. 1988
   ISBN 90-247-3444-4
   Set 2/1 – 2/2 ISBN 90-247-3436-3
3. **Edmund Husserl: Briefwechsel**
   In Verbindung mit E. Schuhmann hrsg. von K. Schuhmann
   3/1: *Die Brentanoschule.* 1993 ISBN 0-7923-2173-1
   3/2: *Die Münchener Phänomenologen.* 1993 ISBN 0-7923-2174-X
   3/3: *Die Göttinger Schule.* 1993 ISBN 0-7923-2175-8
   3/4: *Die Freiburger Schüler.* 1993 ISBN 0-7923-2176-6
   3/5: *Die Neukantianer.* 1993 ISBN 0-7923-2177-4
   3/6: *Philosophenbriefe.* 1993 ISBN 0-7923-2178-2
   3/7: *Wissenschaftlerkorrespondenz.* 1993 ISBN 0-7923-2179-0
   3/8: *Institutionelle Schreiben.* 1993 ISBN 0-7923-2180-4
   3/9: *Familienbriefe.* 1993 ISBN 0-7923-2181-2
   3/10: *Einführung und Register.* 1993 ISBN 0-7923-2182-0
   Set 3/1 – 3/10 ISBN 0-7923-1925-7

KLUWER ACADEMIC PUBLISHERS – DORDRECHT / BOSTON / LONDON